Strade blu

NON FICTION

Javier Zanetti

GIOCARE DA UOMO

La mia vita raccontata a
Gianni Riotta

MONDADORI

Giocare da uomo
di Javier Zanetti con Gianni Riotta
Collezione Strade blu

ISBN 978-88-04-63351-8

I edizione ottobre 2013

Indice

3 I La Partita Infinita

11 II Surf sul mare di Disneylandia

26 III Insidiosa trasferta del Talleres a Morón

39 IV Paula

48 V Zanettate

61 VI Un vestito da festa

74 VII Al Parc des Princes con Rodolfo e Gigi

85 VIII Colpi di testa

94 IX «Vuoi tu, Javier Zanetti, allenarti anche in questo giorno?»

104 X Mai paura

115 XI L'ombra del Real

122 XII Un giorno da amare

129 XIII L'orgoglio non conosce sconfitte

149 XIV Il campo fuori dal campo

163 XV La stagione migliore

179 XVI Il Mister

194 XVII Il rigorista del secolo

204 XVIII Rivincita del «veneziano»
223 XIX «Pressão» alta
232 XX Un sogno è più puro di un'ossessione
238 XXI Conversazione a Madrid
246 XXII Un'altra pagina di questo libro
259 XXIII Il sorriso più bello di La Traza
271 XXIV Lo spogliatoio dei Fratelli del Mondo
281 XXV La parte migliore del calcio

Giocare da uomo

A Pau, luce e faro
della mia vita,
alla mia famiglia
e a chi mi sta accanto
ogni giorno.
Javi

I

La Partita Infinita

«E sette, e otto, e nove...» Luis García, il fisioterapista della Nazionale argentina, piega la mia gamba sinistra e conta i movimenti che mi restano da fare. «E uno, e due, e tre...» Seguendo il ritmo di Luis, un uomo minuto, serio, guardo fuori dalla vetrata che circonda la palestra, verso i grandi prati verdi e il bosco fitto di alberi. La luce è chiarissima, un aereo passa alto in cielo, l'aeroporto di Buenos Aires, a Ezeiza, è poco lontano. È mattino presto, fa fresco. In Argentina è ancora inverno, mentre in Europa la gente scappa verso le spiagge e le vacanze, leggendo entusiasta le notizie della campagna acquisti, e il campionato sta per iniziare, le squadre sono in ritiro, i giovani sognano gloria, i veterani tornano in campo sicuri di sé. Calcio *pasión de multitudes*, passione delle masse dicono qui, nella metropoli di tredici milioni di abitanti dove sono nato e cresciuto, e che quando si gioca una partita dei Mondiali si svuota, strade fantasma dal pittoresco centro del Caminito all'antico porto sul Río de la Plata.

Sono concentrato sull'allenamento, è la mia vita di ogni giorno. Sono famoso fra i tifosi – e vengo preso un po' in giro dagli amici – perché mi sono allenato anche il giorno del matrimonio con Paula, la madre dei miei tre bambini. Avevo del tempo, e allora perché non farlo, sfilandomi il tight da cerimonia? Nella vita c'è sempre tempo per tutto, ma dobbiamo saperlo trovare, il tempo, avere metodo, non lasciare che la vita ci sfugga via in fretta senza che ce ne accorgiamo. Forse aver giocato oltre mille partite, centomila minuti inesorabili sul campo, mi ha insegnato a rispettare il valore del tempo.

Il tempo somiglia a un miraggio, a un'illusione ottica, e a volte può tradirci. Un grande campione e mio compagno all'Inter, Samuel Eto'o, l'unico calciatore ad aver vinto due Triplete, ossia campionato, coppa nazionale e Champions League nello stesso anno, il 2009 e il 2010, ricorda ridendo che in una partita entrata nella storia – al Camp Nou, nella semifinale di Champions League contro il Barcellona del mio amico Lionel Messi, per molti la più forte squadra di sempre – passandogli accanto gli gridai per incoraggiarlo, dopo un suo strepitoso recupero difensivo, lui attaccante costretto da un'espulsione a fare il terzino: «Bravissimo, Samu, dai che manca poco!». Rinfrancato, Eto'o alzò gli occhi verso il tabellone, scoprendo però che eravamo solo al 37' del primo tempo. Non ti prendevo mica in giro, grande Samuel, ma da capitano, nella tensione, dovevo ricordarti che possiamo governare il tempo, non lasciarci mettere sotto.

Stamattina presto, mentre mi alleno con Luis e calcolo il tempo degli esercizi, la mente vaga – capita quando provate a concentrarvi e il corpo fatica – e allora alzo lo sguardo intorno a me, per riprendere il filo dei pensieri.

Sono al Predio, il campo di allenamento della Nazionale argentina, un luogo dove sport, storia e mito si respirano sui prati, come al verdissimo Coverciano per la Nazionale azzurra o all'immacolato Saint George's Park per l'Inghilterra. Nella sala appena fuori dalla palestra dove sudo, alcuni pannelli fotografici ricordano le vittorie della gloriosa *albiceleste*, la Nazionale argentina così definita per la maglia biancoceleste, i Mondiali vinti e i grandi allenatori: César Menotti solenne, Carlos Bilardo sorridente.

Ai muri sono appese foto e divise dei magici numeri 10

argentini che rivaleggiano con Pelé per la fama dell'asso degli assi: Diego Armando Maradona e Lionel Messi. Li guardo ogni volta che entro al Predio: Diego che a sorpresa non mi convocò in Nazionale ai Mondiali del 2010, senza un motivo tecnico e purtroppo con poveri risultati in campo, Lionel che da capitano dell'*albiceleste* ho visto crescere: un amico, un ragazzo semplice e timido fuori dal campo, una stella che in partita è capace di aggirarti come fossi il birillo di uno slalom e andare in gol. Sui giornali leggo l'elenco infinito delle sue partite, ci scambiamo sms sul telefonino, e da fratello maggiore vorrei dirgli: «Lionel riguardati, non giocare troppo, non farti imporre match inutili dal sistema e dal calcio *show business*. Anche il tuo tempo passerà, difendi il tuo corpo».

Io sono un uomo fortunato e felice, il mio fisico non si è logorato. A quarant'anni ho battuto, secondo l'onnisciente Wikipedia, ogni record di presenze, con l'Inter nella Serie A italiana e nelle coppe europee per club, con la Nazionale argentina tra Mondiali e Coppa America. Il mio numero 4 è sceso in campo più di qualunque altra maglia della mia generazione. Dei ragazzi che hanno cominciato con me non resta più nessuno, solo qualche portiere: chi era insieme a me nelle giovanili oggi allena, fa il giornalista, il dirigente, magari tira qualche calcio al pallone in partitelle tra ex giocatori che – all'insaputa della stampa e dei tifosi, in gran segreto, su campetti di periferia – gli assi di un tempo continuano a disputare. Ma non provano più la pressione dello spogliatoio, non sentono l'urlo dei tifosi e i fischi degli avversari. Per loro il Novantesimo Minuto dell'ultima partita è stato già fischiato.

Penso a Iván Ramiro Córdoba, difensore dell'Inter e oggi team manager, un compagno con cui ho diviso la stanza in ritiro e che è il padrino di uno dei miei figli: io sono religioso, sono cattolico romano, ho scelto Iván perché crede negli stessi valori. Ricordo quel che mi disse subito dopo il suo ultimo match: «Guardavo la palla e riflettevo: ecco il mio ultimo fallo laterale, ecco il mio ultimo rilancio, guarda quell'attaccante che prova a passare, ora gli faccio il mio ultimo fallo, un tackle...» e Dio sa se ne ha fatte di entrate toste Iván!

Farò anch'io come lui? Non lo so, se sto qui al Predio a faticare, mentre colleghi più giovani di me sono ancora in ferie a rosolarsi alle Maldive, è perché voglio tornare in campo. Per una stagione o un derby non importa, ma dopo l'infortunio che a Palermo ha chiuso il mio campionato 2012-2013 voglio riprovarci.

Ricordo bene il guaio: ero sceso sul fondo, allo stadio della Favorita, in una delle mie volate – quelle che il telecronista Victor Hugo Morales amava al punto da soprannominarmi «El Tractor», il trattore – a puntare l'uomo, e decidere poi se saltarlo o crossare per i compagni in area. Invece un dolore terribile, sono caduto, e ho capito subito che era qualcosa di serio. Paula non s'è neppure preoccupata: se è vero che in partita non ho mai fatto male a un avversario, è anche vero che non mi sono mai fatto male io. Quando vedo certe scene di giocatori che si avvoltolano sull'erba rantolando, mi viene da sorridere: di botte ne ho prese tante, ma tutte sopportabili senza fare Hollywood. Mia figlia Sol, invece, a otto anni ha capito subito e si è messa a piangere: «Mammina, papà s'è fatto male...».

Dalla panchina sono accorsi i sanitari dell'Inter, il dottor Combi e il massaggiatore Dellacasa, e hanno capito anche loro che era un brutto infortunio. Un mio amico milanese, supertifoso, mi ha chiesto: «Che cosa hai pensato mentre eri seduto a terra, con il tendine d'Achille del piede sinistro lacerato?». Non ho dovuto fare molti sforzi per ricordare, avevo bene in mente la risposta: «È una pagina nuova del libro della mia vita, né una vittoria da celebrare né una sconfitta che mi schiacci. Devo semplicemente rialzarmi, ricominciare, come sempre».

Come quando l'Independiente, la squadra per cui tifavo e tifo ancora, decise che ero troppo gracile per giocare professionista, e da bambino mi cacciò dalle giovanili. Andai a fare il muratore con mio padre Rodolfo, i sogni di diventare un calciatore finiti sul nascere. O quando con l'Inter non c'era verso di vincere un campionato, malgrado la squadra fosse forte e s'impegnasse. O quando ancora, nella finale di Coppa America con l'Argentina, a pochi secondi dalla vittoria, Adriano, un compagno che all'Inter avevo aiutato a combattere i fantasmi della depressione, pareggiò per il Brasile, portandoci ai tempi supplementari e a rigori per noi infelici.

Palla al centro e ricominciare, sempre. Io mi alleno per essere in campo. «Sarà una partita infinita» scandisce il coro che a San Siro i miei ultras tante volte mi hanno dedicato.

Luis si stupisce che con il piede ferito riesca già a spingere 160 chili alle macchine di allenamento. Altri colleghi di passaggio oggi, Fernando Gago che ha appena vinto lo scudetto con il Vélez Sarsfield, il portiere dell'Argentina Sergio Romero, parlano piano con il magazziniere, con qualche amico che bighellona qui, elogiando il mio «Spirito di sacrificio». Faccio finta di non sentirli, continuo a spingere i 160 chili con la gamba sinistra, poi con la destra. Vorrei dire loro: «Ragazzi, niente sacrifici. Amo questa fatica, amo questo sport, amo questa vita. Ogni allenamento, al freddo e sotto la neve o sudando per il caldo torrido, mi ha dato gioia, mi ha fatto sorridere. Sono un uomo fortunato e felice».

Sul campo centrale del Predio adesso è in corso una partitella e il vento mi riporta suoni familiari: «Tua!», «Lascia!», «Ora!», «Esci!». Ordini gridati dalla panchina, il pallone colpito al volo. Sono i calciatori che non hanno trovato un posto in squadra per il campionato, la «Nazionale disoccupati» direbbero i cronisti più cinici. Per me sono invece bravissimi colleghi cui auguro subito un ingaggio e una maglia. Qualcuno è giovane, poco più che adolescente, se mi capitasse di marcarlo il telecronista direbbe, come è successo durante il match contro il Vaslui, in Romania: «Zanetti dribbla un avversario che potrebbe essere suo figlio...». Ed è vero, o almeno lo sarebbe se io e Paula, pur fidanzati sin da ragazzi, non avessimo aspettato un po' per diventare papà e mamma di Sol, Ignacio e Tommy.

Ho quarant'anni, molti, pochi, non lo so, so che spingo 160 chili per gamba con la fretta e la voglia di correre sul prato, entrare in campo, urlare la posizione al pivello che gioca, un po' spaventato, da centrale, volare sul fondo sperando che il centravanti mi segua e riceva il cross... gol! E vai. Partitella? Finale di Champions League? Che cosa importa se non ci sono le telecamere della diretta in alta definizione, chi conosce il calcio e ama questo sport sa che in campo emozione e gioia sono uguali.

«Passione delle masse», il calcio è oggi un business globale che coinvolge miliardi di esseri umani, la politica di Stati giganteschi, organizzazioni, aziende e sponsor multinazionali, che impegna intellettuali e docenti universitari e ha portato paesi sull'orlo della guerra. Eppure rimane la gioia più vera e segreta sia per personaggi famosi senza una preoccupazione al mondo, sia per derelitti con poche speranze. Lo show delle luci e del successo, la corsa delle televisioni e dei campionati rischiano però di cancellare il segreto di questa passione. Che cosa c'è di magico nel calcio, che cosa fa sognare ai bambini in Africa, in Asia, in America Latina, di tirare una punizione come Beckham, di dribblare come Ronaldo, di difendere come Maldini o uscire dall'area alla disperata come Casillas?

Guardo la serietà con cui quei ragazzi senza lavoro si allenano di là dal prato, e sussurro a Luis García quel che ho sempre pensato: «La cosa migliore del calcio sono i giocatori». Lo so, sulle prime pagine dei giornali si legge di giovani veline portate in spiagge alla moda, di Ferrari e Maserati parcheggiate in doppia fila davanti alle discoteche, di eccessi alla festa di quel magnate o di crociere sullo yacht di quel lobbista. Ogni professione ha le sue teste calde e i soldi fanno il resto. Ma chi parla di questi calciatori che stamattina, mentre io spingo 160 chili con le gambe, corrono in campo sperando di tornare presto a giocare la loro Partita Infinita? Nessuno.

Ho alzato la Coppa dei Campioni sulla mia testa allo stadio Santiago Bernabeu di Madrid, mentre la nostra curva viveva quella che per tanti sarà l'ora più felice della vita. Ma quando giocavo da bambino sul campetto del *barrio* di Dock Sud, il rione di Buenos Aires dove sono cresciuto, non pensavo alla gloria. Pensavo solo a giocare, vivevo per saltare il mio compagno di banco e fargli gol, nella porta segnata con sassi e libri di scuola.

Non spingo i 160 chili per dovere, così come i ragazzi senza squadra non stanno solo cercando un lavoro: io fatico, loro sudano, per passione. Ho quarant'anni, ho giocato più match di ogni professionista che ancora calzi scarpini e parastinchi, più di tutti i ragazzi davanti a me messi insieme, eppure è il gioco che mi fa battere il cuore.

Luis García controlla con attenzione la cicatrice dell'intervento sulla mia caviglia sinistra: è guarita bene e in fretta, è soddisfatto. Romero, uno dei portieri più bravi che ci siano in giro, sta regalando al magazziniere dozzine di paia di scarpe da calcio, di diverse misure. Le daranno ai ragazzi poveri delle scuole, che non se le possono permettere. «Sai quanto costano nei negozi giù a Buenos Aires? Con la crisi che c'è quale mamma può comperarle?» Più tardi io devo passare alla Fondazione Pupi, dove con mio suocero Andrés de la Fuente ci prendiamo cura degli studi e dell'educazione di bambini che altrimenti finirebbero in strada. Sono contento che anche Sergio si dia da fare. Sorrido, sotto la doccia: «I giocatori sono la parte migliore del calcio».

Sul prato del Predio ora volano i *tero*, pittoreschi uccelli molto comuni in Argentina, fieri, eleganti, credo che in Italia si chiamino pavoncelle. Ai cancelli del campo vedo già mio padre Rodolfo con il suo eterno amico Gustavo, scambiano due battute con i guardiani. È venuto a prendermi come faceva quando ero bambino, preoccupato che tirando calci mi fossi rotto le scarpe. Allora non c'erano benefattori alla Sergio Romero, io giocavo a calcio con quelle con cui andavo a scuola e papà, se le laceravo, doveva ricucirle a mano. Salgo in macchina e gli dico: «Papà, ho deciso di andare a Dock Sud domani, voglio vedere la vecchia casa dove vivevamo con la mamma e con Sergio». Sergio è mio fratello più grande, anche lui calciatore. Rodolfo e Gustavo mi guardano sorpresi: da anni non torno laggiù, il quartiere è cambiato, Buenos Aires è cambiata. In meglio per tante cose, l'inflazione non fa aumentare più il prezzo del pane dalla mattina alla sera come un tempo, la polizia non sequestra più ragazzi innocenti strappandoli alle famiglie, purtroppo però scompaiono solidarietà e affetti, e quartieri un tempo poveri, ma sicuri, finiscono preda di gangs e spacciatori.

Mio padre non mi chiede il perché della decisione, non dice nulla. Come sempre, nei momenti di gioia per i trionfi sportivi o di dolore, come quando mamma Violeta se ne è andata, reagisce annuendo, sicuro e sereno, la forza del friulano di Sacile, dalle parti di Pordenone, temperata dalla saggezza del *porteño*, l'uomo semplice di Buenos Aires.

Domattina, dopo l'allenamento, tornerò a Dock Sud, sul campetto di Disneylandia, alla mia scuola, alla casa che Rodolfo ha costruito, mattone su mattone, con le sue mani. La mia Partita Infinita è cominciata là, là è cominciata la passione della mia vita, e per raccontare come un bambino diventa campione là devo tornare.

Il cuore già batte forte: che cosa troverò?

II

Surf sul mare di Disneylandia

Giornalisti e calciatori non sempre si capiscono, qualche volta sì, altre no, e capita che nella foga dello sport si perdano l'essenziale.

Il mio compagno Álvaro Pereira, prima di un radicale passaggio dal barbiere, non piaceva a qualche cronista per la sua acconciatura in stile samurai (i tifosi, a dire il vero, preferiscono chiamarlo «Donkey Kong», come il simpatico personaggio del videogioco Super Mario). Álvaro viene dall'Uruguay, e per noi argentini gli uruguagi sono vicini di casa: da Puerto Madero, la zona residenziale dove Buenos Aires, tra grattacieli e ristoranti, con l'elegante ponte disegnato dall'architetto Calatrava, si dà arie da Manhattan, fino a Colonia, in Uruguay, al di là del Río de la Plata, il traghetto Buquebus impiega appena un'ora.

Come noi argentini, anche gli uruguagi vanno matti per il mate, l'infuso caldo di *yerba mate* che si gusta in una tazza tonda, chiamata appunto mate, succhiandolo da una cannuccia, la *bombilla*. Meglio chiarire subito: io non bevo mai caffè, malgrado da vent'anni sia in Italia e nonostante l'amicizia con il campione francese Youri Djorkaeff, che aveva sempre la tazzina in mano. Ma il rito del mate, lo stare in famiglia o tra amici, il passarsi in circolo la tazza e bere a turno l'infuso, è per me uno dei piaceri della vita. Quando vado a trovare mio padre Rodolfo e andiamo a fare due passi in giardino, il suo amico Gustavo ci segue con il thermos e appena la tazza si svuota, la riempie perché nessuno resti mai senza.

Anche in ritiro con la Nazionale argentina, alla vigilia di una partita cruciale, lo spogliatoio si coalizza intorno al mate. All'Inter, anzi, qualcuno ha sollevato polemiche sul «clan degli argentini», che difende o attacca gli allenatori. Ricordo titoli sul «clan *albiceleste*» che avrebbe sostenuto Mourinho o sabotato Benítez, prima appoggiato Stramaccioni poi abbandonato Stramaccioni al suo destino. Leggo e sorrido: vorrei invitare chi crede a trame oscure a venire un giorno con noi, magari dopo che abbiamo lasciato i bambini a scuola, di corsa al mattino, assicurandoci che abbiano nel cestino la merenda, o prima di fare un salto in chiesa per la novena di Santa Rita, come mi è capitato di fare con il grande centravanti Diego Milito. Scoprirebbero che, anziché congiurare contro questo o quell'allenatore, beviamo il mate e scambiamo due chiacchiere, tra amici.

In Giappone la cerimonia del tè è arte antica di secoli. Se anche il rito più umile della *yerba mate* dovesse diventare una cerimonia, non ho dubbi che il sommo sacerdote sarebbe Walter Samuel, arcigno difensore centrale dell'Inter e della Nazionale argentina. Mia moglie Paula dice sempre: «Visto in campo Walter sembra un killer di quei film americani di gangster, barba lunga, sguardo di ghiaccio, spietato in ogni intervento. Poi lo vedi a casa con i bambini ed è l'uomo più tenero che ci sia». È verissimo, ma quanto al mate Walter si comporta come fosse in area durante una finale con gli avversari che fanno pressing. Nessuno, compagno o rivale, può permettersi di contrariarlo. È lui a preparare la bevanda, ad assicurarsi che gli invitati possano gustarla, a controllare l'esatta miscela dell'infuso.

Al rito del mate partecipano insieme agli argentini – ecco dove nasce il mito del «Clan ammazza-allenatori» – anche gli uruguagi, e Álvaro Pereira, che ha i figli a scuola con i miei vicino a Como, non manca mai all'appuntamento. Che sorpresa sarebbe sentirlo parlare, per chi lo considera un curioso samurai o un cartone da videogioco: Álvaro è serio, informato, segue quello che accade nel mondo.

Così un giorno, mentre Samuel sta offrendo il mate con solennità, Pereira mi dice: «Capitano, l'altra sera in televisione guardavo un canale latinoamericano e hanno trasmesso un documentario su Dock Sud, a Buenos Aires. Era il tuo quartiere, no?».

Un po' distratto ho risposto: «Come no? Ci sono cresciuto con mio fratello Sergio, là ho tirato i primi calci al pallone. Ho ricordi bellissimi».

«Che peccato» replica Pereira.

«Perché peccato?» gli ho chiesto, e il suo racconto ha fatto il silenzio intorno, mentre tutti ascoltavamo: «Guarda, lo trovi ancora su YouTube, è un programma che si chiama *Calles salvajes*, strade selvagge. Dock Sud è considerato dalla polizia il *barrio* più pericoloso di Buenos Aires, come una volta il Bronx a New York. Rapine, stupri, gangs, la parrocchia è stata assaltata da una banda di uomini mascherati e saccheggiata...».

Il mate si fa d'improvviso amaro: «La chiesa? Ma è quella dove ho fatto la prima comunione, dove sono stato battezzato e cresimato...».

«Temo di sì, purtroppo.»

Anche per questo stamattina ho preso la macchina e sto guidando verso Dock Sud. Voglio vedere cosa è successo al mio quartiere, al mio primo campo di Disneyland che noi chiamavamo Disneylandia, alla mia scuola, alla strada senza ciottoli dove tiravamo calci alla palla senza che avesse troppi rimbalzi improvvisi. Voglio rivedere me bambino, la mia infanzia. Non tutti sono d'accordo con questa gita nella memoria: «Bada che è pericoloso! La tua è una delle facce più note d'Argentina, non vorrai trovarti in brutte situazioni?».

Non hanno torto, l'*autopista* verso Dock Sud gode di un

record sinistro e non sportivo: secondo la Comisión Nacional de Víctimas del Transporte Público è l'autostrada più pericolosa di Buenos Aires, e chi non ha voglia di studiare i documenti e i rapporti ufficiali lo sa bene da amici e parenti che riferiscono spaventati le loro brutte esperienze. Ha fatto rumore su Twitter il racconto di Federico Sturzenegger, presidente del Banco Ciudad, che proprio su questa *autopista* è stato assaltato e derubato da banditi armati di pistole. Al casello, però, prima di lasciare l'*autopista* ed entrare a Dock Sud, la ragazza a cui pago il pedaggio mi sorride tranquilla.

Giro sotto le torri, il cui nome ufficiale è Conjunto Habitacional Nicolás Avellaneda, ma ci limitiamo tutti a chiamarle Las Torres. Finite di costruire nel 1980 come parte del Plan Alborada, vi abitano famiglie perbene – papà, mamma, figli – costrette a subire le prepotenze di gangs criminali e a proteggere i ragazzini dai teppisti. Non ho bisogno di accendere il navigatore: record di criminalità o meno, amo questo quartiere, lo conosco come il prato di San Siro. È casa mia, mi sembra di riconoscere tutti i trentaseimila abitanti come amici.

Sul mio primo campo da calcio – Disneyland o Disneylandia, chiamatelo come volete, alla *yanqui* o alla *porteña* – hanno costruito un piccolo parco giochi, qualche altalena colorata, un paio di giostre dove i bambini volano felici. È un giorno d'inverno, le scuole sono aperte, ci sono solo i più piccoli. Mentre si rincorrono, penso a me bambino, davanti alla televisione a seguire Maradona che, ai Mondiali del 1986 contro l'Inghilterra, attraversa tutto il campo per fare gol: quante volte su questo terriccio bruno ho scartato alla Diego, per fare gol come lui…

Sento la voce di mamma Violeta, che tifa per me, come già per mio fratello, la sua voce che grida: «Forza Javier! Forza Sergio!», la più alta di tutte nella «Curva delle mamme». Che mamma, che tifosa! Faceva tutti i lavori di casa, si prendeva cura di noi, e poi andava a fare le pulizie altrove, per contribuire al salario di papà, sempre sorridendo.

Rodolfo ricorda: «A fine partita tua mamma collezionava tutte le maglie dei vostri compagni, le lavava in casa, le lasciava asciugare sul filo con le mollette in cortile, e ve le restituiva profumate per la gara successiva». Papà, in partita come nella vita, restava quieto, silenzioso, una forza tranquilla, mamma non la fermavi mai, ovunque a tifare, a lavorare, a organizzare.

L'area di Disneylandia era una specie di discarica, serviva un campo da calcio per noi bambini e così Rodolfo e i papà dei miei compagni di scuola si mettono al lavoro. Allora mica chiamavi uno sponsor o telefonavi all'assessorato allo Sport. Tolgono le erbacce, levano a mani nude le pietre e i mattoni dimenticati, spianano la terra battuta trasformandola in qualcosa che somigli a un campo.

Mi è capitato da professionista di giocare su terreni impossibili, per esempio a Brașov, in Transilvania. «Qui c'è ancora il castello del conte Dracula» spiegava l'allenatore Héctor Cúper, ma a succhiarci il sangue era il terreno di gioco: zolle aperte come tombini, fondo durissimo, campo da coltivazione di patate. Oppure in Russia, semifinale di Coppa Uefa, al posto dell'erba una pista di pattinaggio sul ghiaccio: lì Ronaldo riuscì a schettinare, scartando quattro difensori a meno dodici gradi e segnando.

Ho giocato su campi gelati, campi senza erba, ruvidi o sabbiosi, dove scivoli, non stai in piedi, il pallone rimbalza a caso o si affloscia e non rimbalza proprio. Fatichi a scattare, con il fango dentro le scarpe. I compagni si lamentano: «Dove diavolo ci hanno portati a giocare stavolta?». Ma a me, in un certo qual modo, quegli stadi umili fanno tenerezza, mi sembra di tornare a Dock Sud: non mi faccio troppo male cadendo, né i rimbalzi assassini mi impressionano troppo, ci sono abituato, sono Zanetti di Disneylandia quanto Zanetti di San Siro! Insomma, quasi sorrido mentre gli altri giocatori mi guardano storto, impantanati sull'erba marcia.

Sul campetto di Disneylandia, dopo la scuola nei mesi invernali, vivevamo tutte le giornate d'estate. Io mi facevo la telecronaca da solo, usando il ritmo e la cadenza del grande Victor Hugo Morales, il commentatore diventato celebre per l'inno che sciolse al gol di Maradona ai Mondiali del 1986. Se la domenica vedevo uno dei miei assi – su tutti Ricardo Bochini dell'Independiente – segnare un certo gol, cercavo di riprodurlo esattamente: stop, dribbling, pallonetto, gol... Non sempre, devo ammetterlo, i risultati erano alla sua altezza: magari la palla, invece che il palo fatto con i libri di scuola, sfiorava la finestra dei vicini, ma la voglia di far bene non mancava.

A volte avevamo la gioia di calciare un pallone vero, di quelli leggeri, di plastica, difficili da controllare, altre volte legavamo insieme stracci, calze bucate e via a cercare di fare gol. Questo pallone «soffice» lo usavamo soprattutto in casa, per evitare l'eterna rottura di vetri e soprammobili. «Rompevate tutto: finestre, vasi, ninnoli. Toccava a me aggiustarli prima che la mamma se ne accorgesse. Se non facevo in tempo, erano urla» ricorda Rodolfo.

Se invece ci comportavamo bene, o si avvicinava una partita nel *barrio*, la mamma preparava gli *alfajores*, i dolcetti argentini che ogni turista assaggia nei bar più popolari di Buenos Aires, ma che, usciti caldi dalla sua cucina, erano davvero un'altra cosa: profumati, soffici, un «doping casalingo» per noi quando eravamo esausti.

C'era da pagare qualcosa per le poche spese, per la costruzione e la manutenzione di Disneylandia, e per i piccoli tornei che organizzavamo e dove giocavamo noi bambini e i ragazzi più grandi. Mamma Violeta e papà Rodolfo, insieme agli altri genitori, cercavano di trovare in giro i «premi». Non pensate a coppe rilucenti o a targhe dorate, andavano in palio al vincitore un bel fiasco di vino rosso, di quelli all'antica, italiani, panciuti e fasciati di paglia, un prosciutto piuttosto smilzo, un paio di bei salami tondi. Per quelli ci si spaccava le gambe la domenica pomeriggio e al momento della premiazione i vincitori, dopo qualche rigore tirato alla morte, non tenevano affatto per sé il loro premio, ma stappavano il fiasco, affettavano i salami e tutti insieme, sudati e accaldati, si faceva festa fino a cena. La luce veniva da qualche precaria lampadina appesa a un filo elettrico volante e se c'era un po' di carne si preparava la brace per l'*asado*, il tradizionale barbecue argentino.

Oggi i grandi «profeti» dell'*asado* sono mio suocero Andrés de la Fuente, mio padre Rodolfo, Gustavo. Io li guardo accendere il fuoco, magari nella mia casa di campagna a La Quinta, il vecchio quartiere che in gergo chiamiamo Ferrovia, dove per un po' ha vissuto anche Maradona. I miei figli corrono con l'acquolina in bocca, i cani li inseguono festosi sperando di prendere al volo il primo osso spolpato delle costolette.

A Dock Sud, al campo di Disneylandia, si metteva con cura la *parrilla*, la griglia, sulla brace, ricolma di *chorizos*, salsicce, *mollejas*, animelle, *morcillas*, il sanguinaccio, croccanti *chinchulines*, le interiora arrostite (che nel Sud Italia ho poi sentito chiamare «gnemurielli» o «stigghiole»), *provoleta*, il formaggio da fondere condito con gli aromi. Nel terreno si piantava l'*asador*, la croce metallica dove si sospendono a cuocere i carré di vitello e maiale, che sfrigolano tra fumo e calore.

Lo scrittore argentino Osvaldo Soriano, grande appassionato di calcio, ha narrato in un bellissimo racconto, *Il rigore più lungo del mondo*, una partita come le mie di allora, con due squadre del campionato di Valle de Río Negro, l'Estrella Polar e il Deportivo Belgrano, a contendersi un penalty che per una settimana intera non si riesce mai a tirare. Sul dischetto c'è il cannoniere Constante Gauna, tra i pali il portiere «El Gato» Díaz, che sogna di parare il rigore per conquistare la ragazza più bella del *barrio*, la *rubia* Ferreira.

Soriano compone una delle frasi più belle dedicate al gioco del calcio, che tante volte ho visto realizzarsi in campo, maledicendola quando toccava alla mia squadra, benedicendola quando colpiva subdola gli avversari. Immaginando la finale tra il Bardia del Medio e il Confluencia di Cipolletti, Soriano scrive: «Quel giorno non avrebbero segnato neppure in una porta grande come l'arcobaleno», inutile provarci, la palla non entra mai, beffarda o provvida...

Mentre guardo i bambini giocare in quel che resta di Disneylandia, penso che Soriano descrive i miei giorni più felici, in un paese che viveva momenti difficili, tra dittatura e povertà, ma che aveva speranza, forza, amore.

Sono un uomo fortunato e felice perché ho questi ricordi, questi valori, le urla da tifosa di mamma Violeta, l'incoraggiamento virile e bonario di papà Rodolfo: «*Huevos* Javier!», Javier fuori gli attributi!

Faccio a piedi un piccolo viale acciottolato, intorno ci sono botteghe semplici che vendono alimentari, frutta e verdura, mercerie e schede telefoniche. Nei pressi dell'Azienda del Gas, con le sue strutture gigantesche, i ciottoli sono rimpiazzati dall'asfalto: chiamavamo quel nostro secondo campo improvvisato La Liscia, da usare quando Disneylandia era già troppo affollato o fangoso. A destra c'è un muro di mattoni rossi, in fondo una palizzata a fare da porta. Striscio la suola della scarpa, La Liscia trent'anni dopo è fedele al suo nome.

Dock Sud raccoglieva emigranti da tutto il mondo, muratori, manovali, carpentieri, artigiani che sudavano in fabbrica e poi la domenica andavano sul fiume per una scampagnata in famiglia. Le sigle di quelle fabbriche, in vernice che si scolorisce sotto la pioggia, sono ancora visibili nei vecchi cartelloni pubblicitari: i frigoriferi Anglo e La Blanca, la cartiera Chiozza, i detersivi Lever Hnos, i ventilatori Thot, le cucine Dauco, le officine navali Príncipe y Menghi, le raffinerie Shell, Esso e Astra, i giganteschi cantieri navali Alianza, tra i più grandi del Sudamerica. Dietro le fabbriche, ogni famiglia provava a vivere una vita migliore di quella che s'era lasciata alle spalle in Europa, fatta di fame e disoccupazione, ma noi bambini sognavamo il calcio non la tuta da lavoro dei padri.

Voglio ritrovare i miei passi, tornare alla mia scuola elementare, l'Escuela 35 Esteban De Luca. Devo andare a piedi, è giovedì, c'è il mercatino locale, bancarelle di ambulanti che vengono una volta la settimana, giusto come allora. Per non finire imbottigliato attraverso la strada, alzo lo sguardo verso una fila di finestre sulle case basse: ecco, là al primo piano abitava la mia morosa di quando ero ragazzino, si chiamava Carina. A dire il vero anche la seconda morosa che ho avuto si chiamava Carina, la sua casa era due isolati più in là, tutto il mondo in una strada. La si vede ancora quella casa, bianca, squadrata, qualche graffito sui muri. Delle preoccupazioni di Pereira, della cattiva fama di Dock Sud ho dimenticato tutto, è troppo forte l'emozione.

Ero bravo a scuola, alle elementari e alle superiori. Mi sono diplomato all'Istituto commerciale per ragionieri 5 San Martín. Mamma Violeta mi chiamava: «Javier! Hai fatto i compiti? Non andare a giocare a calcio se non hai finito». Le dicevo di sì e non erano bugie, ero uno studente come sono stato poi un centrocampista: tutto in ordine, presto, al volo, «di prima». Alle elementari la maestra Norma mi adorava, ma in realtà in classe non riuscivo neppure a organizzare troppe scappatelle: un giorno vedo fermarsi davanti casa il camion dei traslochi lucido di cromature, cominciano a scaricare mobili, sono arrivati i nuovi vicini, lei è una donna bionda, indaffarata, scosto le tendine... è la preside Dora, ragazzi! «Cavolo, adesso sarò controllato ogni momento» penso, ma la preside era molto brava, incuteva rispetto e da lei si imparava a stare al mondo, mi affezionai presto.

Mi piaceva studiare, andavo bene soprattutto in matematica, in storia il mio personaggio preferito era il liberatore dell'Argentina José Francisco de San Martín y Matorras, di cui conoscevo tutte le imprese, dalla guerra contro Napoleone agli ordini della Spagna alla ribellione per la libertà di Argentina, Cile e Perú. Mi piaceva il suo motto: «O sarai quello che devi essere o non sarai nulla». Mi colpiva, mi sembrava un segno del destino.

Mi guardo intorno, magari ritrovo qualche vecchio compagno di allora: so che uno fa il maestro di tennis, uno è fornaio e sforna pagnotte calde ogni giorno, un altro ancora lavora in uno studio come designer. Saltavamo a volte sul bus, lo chiamavamo «El Blanco», il bianco. Come in un film, non appena mi torna alla memoria, ecco davvero lo stridere di freni del «Blanco» alle mie spalle. Fedele gira l'angolo e raccoglie i passeggeri alla fermata. L'autista annoiato li osserva appena, poi nota questo tipo in maglia chiara, blue jeans e scarpe da tennis che si sta guardando intorno cercando il suo passato. Mi fissa, tira giù il finestrino e mi chiama sorridendo: «Pupi! Ehi, Pupi! Capitano!». Dock Sud torna a salutarmi, dopo di lui altri passanti mi riconoscono: «Pupi, Pupi», il mio vecchio soprannome.

Mi guardo specchiato sui vetri del «Blanco», pettinato, a posto. Una volta un cronista curioso mi chiese: «Che brillantina usa? Non le va fuori posto un capello neppure dopo una battaglia in campo sotto il diluvio...». «Nessuna brillantina» dovrei rispondere, mamma mi pettinava solo con l'acqua, la divisa sempre a posto (allora a scuola ci davano una specie di uniforme), scarpe lucidissime. Papà le puliva ogni sera, lustrate a specchio. Lui insegnava senza parlare, solo con l'esempio. Il nuovo Papa Francesco, l'argentino Jorge Mario Bergoglio, ha detto predicando: «Insegnate ai giovani con l'esempio, non con la parola». Ci penso sempre per i miei figli. È inutile dire: «Fai questo, fai quello...» se poi noi genitori facciamo l'opposto. Rodolfo, in campo, diceva schietto: «*Huevos* Javier!», non da Papa il tono, serio però l'esempio. Le scarpe potevano pur essere povere, ma dovevano luccicare senza un'ombra.

Pettinato, scarpe pulite, compiti fatti e testa al pallone, ecco chi ero davanti alla mia scuola, proprio lì dove oggi i ragazzi con le cuffiette nelle orecchie passano ridendo. Io, Javier Aldemar Zanetti, nato il 10 agosto 1973, giorno di san Lorenzo, la notte delle stelle cadenti.

Aldemar era un medico brasiliano, un ginecologo di quelli da film western, capaci di far nascere un bambino da soli, la puerpera sul letto e le donne intorno a far bollire una tinozza d'acqua. Mamma aveva avuto dei guai, la sua salute e la mia vita erano a rischio, ancor prima che nascessi. Per poco niente Capitano! Ma Aldemar non era uomo da spaventarsi dinanzi a un parto difficile. A volte si parla troppo in fretta di rivalità tra brasiliani e argentini, ma poi quando davvero ci incontriamo abbiamo dietro mille ricordi e mille vite spese insieme sulle strade del Nuovo Mondo. Il dottor Aldemar fece il suo dovere alla grande, come ho visto fare a tanti miei compagni brasiliani in campo: il portiere Júlio César, il difensore Maicon. Prodezze incredibili, tu li abbracci felice e stupito, e loro a ridere come bambini, come avessero solo azzeccato la mossa facile, naturale al gioco più bello.

Così, come stesse giocando, Aldemar salvò la vita a Violeta e a me. In casa non c'era nulla da regalargli in segno di gratitudine, eravamo poveri a Dock Sud. Mamma mi diede allora il suo nome, che è scritto sulla prima riga del mio primo contratto da calciatore professionista, come in ogni documento ufficiale che mi riguardi, e che tanto fece meravigliare l'impiegato all'anagrafe di Buenos Aires: «Aldemar? E che nome sarebbe, scusate?».

Il mio, Javier Aldemar Zanetti detto – e tra poco vedremo anche perché – Pupi, «El Tractor», il Capitano.

Giro ancora un angolo, passo veloce tra le massaie che fanno la spesa al mercato tra i vari chioschi: *chimichurri, empanadas, carbonada,* fragole, lamponi, patate, riso, mais, paprica, cipolle, peperoni... Arrivo alla chiesa di Santa Catalina de Siena, la parrocchia saccheggiata nelle immagini del video di cui mi ha parlato Pereira. L'intonaco bianco, la piccola croce. Comunque sia andata, il parroco e i suoi fedeli hanno lavorato sodo per ripulire, dall'esterno e dall'interno non si vede più nulla dei danni, sembra ormai tutto già a posto. Dalla facciata pendono i manifesti con il calendario delle processioni, la scuola per i bambini, il catechismo.

Mamma Violeta era religiosa, devota a Santa Rita, la santa dei miracoli impossibili, la cui festa si celebra il 22 maggio. Io sono cattolico, la fede per me non è superstizione: qualcuno entra in campo facendosi il segno della croce come se stesse scegliendo un piede particolare, il destro o il sinistro, o ricordandosi per scaramanzia di non calpestare la riga bianca. Altri si affidano davvero al cielo: ho visto compagni islamici, Emre, Kallon, Hakan Şükür, credere nella loro religione con altrettanto fervore, il giovane Belfodil, mio compagno della nuova Inter di Walter Mazzarri, al primo ritiro, nella canicola estiva, si è allenato senza bere un goccio d'acqua per rispettare il digiuno del Ramadan. La fede per me, come per loro, non è scaramanzia. Non sono superstizioso, ne ho viste troppe in campo per non sapere che l'unico talismano, l'unico portafortuna che davvero funzioni è il lavoro. Faticare, darci dentro, il resto non giova a niente.

La vigilia del 22 maggio 2010, quando l'Inter doveva giocare la partita più importante della sua storia con il presidente Massimo Moratti – e io la più importante della mia vita da calciatore – ho ripensato a quante volte mia mamma mi ha portato a pregare davanti a questa semplice chiesa di periferia intonacata di calce chiara.

Allora con il mio compagno di stanza Iván Ramiro Córdoba abbiamo acceso una candela alla santa, pregando che accadesse quello che per anni era sembrato a milioni di tifosi nerazzurri «il miracolo impossibile», la terza Coppa dei Campioni dopo le due con il presidente Angelo, il papà di Massimo. Con noi ha pregato, seguendo poi una novena in chiesa, anche Diego Milito.

Papà Rodolfo, come tanti uomini che hanno vissuto le vicissitudini della sua generazione, non è praticante: «Sono andato in chiesa per sposarmi e per i vostri battesimi, comunione e cresime, poi basta». Io invece sì, come la mamma, e tutto è cominciato qui, con preti che avevano la schietta semplicità di Papa Francesco.

Quando sono andato a trovarlo a Santa Marta, in Vaticano, in una visita sorprendente per semplicità, mi è sembrato di rivivere le ore del catechismo trascorse a Santa Catalina. Ma compirei subito peccato di falsa testimonianza, se non ammettessi che anche in parrocchia aspettavo con ansia l'ora di tornare a Disneylandia per giocare a calcio fino a sera. Fino a quando le scarpe non erano rotte del tutto, scalcagnate, come il mio primo paio di scarpini da calcio con i bulloni sotto, da vero campione con la maglia rossa dell'Independiente, che papà mi regalò stringendo un po' la cinghia quel mese, ma che a furia di calcioni alla palla e cadute sul cemento della Liscia e sulla terra battuta di Disneylandia, si aprirono come gli scarponi dei cartoni animati. Soldi per ricomprarne non ce n'erano, e scendere in campo per la partita successiva – un derby per me, allora poco più che ragazzino, di storica importanza – con quelle due ciabatte rovinate ai piedi era impossibile. Andai a dormire deluso, certo di aver perduto l'occasione della vita. Il «miracolo impossibile», quella notte, non lo fece Santa Rita ma mio padre Rodolfo.

In silenzio, cocciuto e lavoratore come suo nonno, il primo Zanetti emigrato in Argentina dal Friuli, come i suoi quattordici fratelli – una famiglia enorme, una schiera di zii e cugini – si improvvisò ciabattino e mi riparò le scarpe, con l'ago grosso da materassaio e un rocchetto di filo fortissimo, trovato chissà dove. Poi le lucidò con il grasso, lasciandole davanti al mio lettino e andandosene a lavorare all'alba. Non so neppure se mio padre sia riuscito a chiudere occhio quella notte, so che io giocai la partita, fortunato e felice.

Per concludere il ritorno a Dock Sud devo ancora passare da casa mia, tornare indietro da scuola, girare oltre la chiesa, passeggiare sotto le finestre delle prime fidanzatine, Carina I e Carina II. Lo confesso, mi fermo a guardare i nomi sui campanelli. E se suonassi? Se mi facessi riconoscere? Se riuscissi a trovarle? Meglio non tentare il passato e andare dritto a casa, come dopo la scuola.

Come con le scarpe, Rodolfo Zanetti ha costruito la nostra casetta da zero, mattone su mattone: il piccolo patio, la cancellata, un prospetto dignitoso e semplice. Poggio le mani sulla grata bianca, guardo dentro, nulla è cambiato. Un camionista passa rombando e fa squillare il clacson. «Bentornato a casa Pupi!» Lo saluto con gratitudine.

Noi di Dock Sud venivamo insultati nei quartieri ricchi di Buenos Aires, e chiamati senza troppa simpatia *los inundados*, gli alluvionati. Quando il Río Matanza-Riachuelo faceva le bizze, allagava tutto il *barrio*, per la nostra disperazione. Nel 1953 il maestro del cinema neorealista argentino Tulio Demicheli girò da noi un film drammatico dal titolo *Dock Sud*, dedicato alla dura vita del quartiere e alle lotte dei suoi operai. Una storia che ricordo da vicino, a ogni alluvione, mentre qualcuno rideva di noi *inundados*, e papà e mamma correvano a mettere mattoni sotto gli elettrodomestici, il frigo, la televisione, le stufette, sollevandoli per evitare che l'acqua li rovinasse, fulminandoli con un cortocircuito.

Per andare a scuola dovevo indossare stivaloni di gomma alti fino al ginocchio, mentre le strade si mutavano in un grande lago limaccioso. L'acqua, grigia e sporca, era attraversata dalle autocisterne cariche di petrolio della vicina raffineria Shell, che rallentavano alzando grandi baffi di schiuma. Noi ragazzini attendevamo in agguato il momento giusto, saltavamo lesti dietro il cassone e ci facevamo dare dal camionista uno strappo non autorizzato fino a scuola, in precario surf sull'immenso stagno dell'alluvione.

S'è fatto tardi, devo rientrare, Paula e i bambini mi aspettano per pranzo. Devo lasciare questa casa come feci a nove anni, quando cominciai a giocare con i ragazzini dell'Independiente, la poderosa squadra del rione Avellaneda per cui tutti vanno matti a Dock Sud. Allora il confine del mondo mi appariva chiuso qui, fra i tiri in porta a Disneylandia, la scuola, la casa, la parrocchia. Fino alla mattina in cui Rodolfo e Sergio mi accompagnarono all'Independiente, per cominciare a giocare con i ragazzi più grandi. Allora ero una punta, attaccante o mezzala.

Lascio Dock Sud per riprendere la famigerata *autopista* e incappo in un posto di blocco della polizia: mi torna in mente il video di *Calles salvajes*, le strade selvagge e dimenticate, dove ancora vivono persone perbene che si battono per il mio *barrio*. In fila indiana, una dopo l'altra, le auto vengono perquisite da un poliziotto, mentre il capo della pattuglia esamina i documenti. In un attimo l'agente, un bambino in divisa, richiama il superiore: «C'è Zanetti!». Mi sorridono, mi lasciano venir fuori dalla coda, torno a correre.

Ho visto speranza anche a Dock Sud, ma le inferriate che bloccano le finestre della vecchia scuola parlano ancora di paura. Ho visto la mia casa e dal traffico di Buenos Aires chiamo al cellulare (lo so che non si dovrebbe telefonare guidando, ma qui lo facciamo tutti): «Papà? Sono Javi, torno da Dock Sud... sì, tutto ok, tranquillo... sì, senti la casa è a posto... sai, è pulita, ben tenuta. Ascolta, ho deciso: la ricompriamo, che ne dici? Magari ci facciamo una sede della Fondazione Pupi, lavoriamo con i ragazzi di strada anche là, no?».

Mi sembra una bellissima idea, forse è possibile anche per Dock Sud, come per me bambino, ripartire da quella casa, dove una mattina di tanto tempo fa mio padre e mio fratello mi portarono al primo allenamento. Ero certo che avrei giocato a vita con il rosso dell'Independiente, che avrei indossato la maglia cara al mio idolo, Ricardo Bochini, di cui custodivo gelosamente in stanza l'autografo strappato alla fine di un derby. Pensavo che tutta la mia vita di calciatore sarebbe stata all'Independiente. Sbagliavo.

III

Insidiosa trasferta del Talleres a Morón

Mio padre Rodolfo, mia moglie Paula e i miei tre bambini mi aspettano a pranzo, ma quando si parte per un viaggio della memoria rispettare gli orari non è facile. Dò uno sguardo all'orologio, lascio l'*autopista* e guido verso lo stadio dell'Independiente.

In giro per il mondo, in Europa, in America, in Asia – là dove il calcio si diffonde non appena arriva un po' di benessere, e la gente esce dalla povertà e si innamora del pallone, dalla Cina all'Indonesia – ho provato tante volte, temo senza riuscirci, a spiegare cosa sia lo sport nel grande *barrio* di Avellaneda. In qualunque paese Avellaneda sarebbe da sola un'importante città. Nella megalopoli che è Buenos Aires, invece, Avellaneda è un *partido*, un dipartimento della grande provincia della capitale. Trecentotrentamila abitanti, un porto frenetico sull'Oceano Atlantico, i nonni la chiamavano Barracas al Sur, poi in onore del presidente Nicolás Avellaneda prese il nome attuale. La politica in Argentina, come ovunque, ama le autocelebrazioni.

Vero simbolo della città, immagine insieme indimenticabile e bizzarra, sono i suoi due stadi. Supero lo svincolo e sto per arrivarci, uno accanto all'altro, divisi appena dall'esile striscia di case popolari. Due stadi, due squadre, due mondi rivali. Di qui il Club Atlético Independiente, detto semplicemente Independiente, di là, ad appena duecento metri, una distanza che Bolt copre prima che finiate di leggere queste poche righe, il Racing Club de Avellaneda, detto semplicemente Racing.

Tutto li oppone. I colori: rosso per l'Independiente, biancoceleste per il Racing. I soprannomi: «El Rojo», il Rosso, «Los Diablos Rojos», i Diavoli Rossi, «Rey de Copas», il Re delle Coppe, per l'Independiente, «La Academia», l'Accademia, per il Racing. Una squadra scatenata, l'altra compassata.

Lo stadio dell'Independiente si chiama Estadio Libertadores de América ma se andate in giro per Avellaneda e usate il suo nome ufficiale potete vagare in tondo per l'*autopista* tutto il giorno. È meglio chiedere: «*Por favor, donde está la Doble Visera?*», cioè la «doppia visiera», la sagoma particolare di quello che fu il primo stadio in cemento dell'intera Argentina.

Anche lo stadio del Racing ha un nome solenne: Estadio Presidente Juan Domingo Perón, in onore del leader che dal 1946 al 1955 guidò il paese e i poveri *descamisados*, gli «scamiciati», ancora amato e rispettato dai lavoratori di allora, fra cui mio padre Rodolfo e mio suocero Andrés. Un politico che ha affascinato il mondo, al punto che anche una rockstar come Madonna ha interpretato il musical su Evita, la moglie di Perón, cantando la celebre *Don't cry for me Argentina.*

Con sagacia la gente di Buenos Aires riduce ciò che è pomposo e ufficiale a qualcosa di familiare e semplice: se lo stadio dell'Independiente è La Doble Visera, quello del Racing è El Cilindro de Avellaneda, o ancora meglio solo El Cilindro. La rivalità tra i due club vicini di casa è tale che perfino la geometria li separa: lo stadio dell'Independiente racchiuso da un gigantesco parallelepipedo in rosso, quello del Racing da un enorme cilindro. I solidi su cui a scuola me la cavavo bene ad Avellaneda diventano tifo, non scienza.

Il giorno del derby è una sarabanda, due squadre rivali in tutto con gli stadi in un fazzoletto di terra. Il palmarès dei trofei impressiona, questo è l'isolato più vittorioso al mondo: sedici scudetti, sette Coppe Libertadores (quattro consecutive, dal 1972 al 1975), sedici coppe internazionali, comprese due Coppe Intercontinentali (nel 1973 e nel 1984) per l'Independiente. Sedici scudetti, dodici coppe nazionali e sette internazionali, tra cui una Coppa Libertadores, una Coppa Intercontinentale e una Supercoppa Sudamericana. Insomma, i due stadi che sto guardando adesso, distanti poco più di due campi da calcio, sono la gloria dello sport argentino.

Ormai oltre trent'anni fa, nel 1982, debuttai poco più che bambino all'ombra della Doble Visera, certo che la mia carriera sarebbe finita tra i Diavoli Rossi, e le mie vittorie si sarebbero consumate tutte in questo torrido labirinto di cemento armato, scaldato da due calderoni di tifo, ad Avellaneda, provincia di Buenos Aires.

Giocavo bene, qualche volta provai da punta, poi a centrocampo, sulla fascia, quindi in difesa. Mi pareva di cavarmela. Bravo a scuola, a casa eravamo sereni: come oggi sono un uomo fortunato e felice, così mi sentivo da bambino. Non avendo ancora conosciuto Paula de la Fuente, le due Carine di Dock Sud bastavano a farmi battere il cuore. Il mio idolo era Ricardo Bochini, di origini italiane (il nonno era di Palermo), 97 gol con l'Independiente, così gentile da fermarsi a regalare l'autografo a uno scugnizzo come me.

A volte alcuni amici, businessmen che lavorano nel calcio, si meravigliano della mia pazienza, dentro e fuori gli stadi, nel dedicare tempo a firmare autografi ai tifosi. È la mia filosofia di vita: c'è tempo per tutto, se lavoriamo con metodo e serietà. E poi ho in mente il ricordo degli assi di allora, come Bochini: a me che ero un bambino di Dock Sud con le scarpe rotte Bochini appariva un eroe di quelli che amavo a scuola – il greco Alessandro Magno, il romano Giulio Cesare – con la maglia rossa a volare in campo, come lo vidi in Coppa Libertadores nel 1984. Finito il match, si dedicava a noi monelli e io non l'ho mai dimenticato. A Como, a San Siro, firmo autografi sempre volentieri, cinque minuti non mi cambiano la vita, e per il tifoso è un bel souvenir.

Una sera mi spiegarono che sullo scaffale delle vittorie della mia squadra, l'Independiente, mancano giusto le due coppe più luccicanti, le Coppe Intercontinentali perse nel 1964 e nel 1965 contro una squadra europea di là dall'oceano, l'Internazionale di Milano. I compagni più grandi favoleggiavano di match infuocati, intravisti su apparecchi televisivi in bianco e nero grandi come armadi. Prima vittoria dell'Independiente il 9 settembre 1964 qui, alla Doble Visera, con gol di Rodríguez. L'Inter aggiusta il conto a Milano il 23 settembre con Mazzola e Corso: 2-0. Allora la differenza reti non contava, c'era da giocare lo spareggio tra la squadra di Avellaneda e i nerazzurri, guidati da un argentino pittoresco come un personaggio di Cervantes, uno di quei mister che hanno cambiato il calcio: HH, Helenio Herrera. La «bella», in campo neutro, si gioca a Madrid solo tre giorni dopo, il 26 settembre: vittoria dell'Inter dopo disperati tempi supplementari, al 110' segna l'ala sinistra Mariolino Corso.

L'anno dopo rivincita, ma stavolta l'Inter a Milano non perdona: 3-0 con gol di Peiró e doppietta di Mazzola, a Buenos Aires è pareggio per 0-0. È quella la Grande Inter, la formazione che ogni bambino italiano degli anni Sessanta conosce a memoria, e che il famoso regista Nanni Moretti fa ripetere al protagonista di un suo film, durante l'esame di maturità: «Sarti, Burgnich, Facchetti...».

Le due squadre avevano, e hanno tuttora, fama di «pazzia» per i comportamenti bollenti in campo e fuori dal campo. In quelle finali tengono fede alla leggenda: nel 1964, all'andata, il terzino Rolan si rompe una gamba e l'Independiente vince in dieci (allora non c'erano le sostituzioni), mentre l'anno dopo, al ritorno, gli interisti sono bersaglio di una sassaiola. Nel 2013 l'Independiente è retrocessa per la prima volta nella sua gloriosa storia, e ho tifato fino alla fine perché si salvasse. L'Inter, di cui sono capitano, si vanta invece di essere l'unica squadra in Italia, e una tra le pochissime in Europa, a non aver mai conosciuto la Serie B.

Sono considerato un giocatore saggio e un uomo tranquillo, rispettato dagli arbitri e dagli avversari, ma sono cresciuto calcisticamente tra i Diavoli Rossi, e maturato nella Pazza Inter. È strana la vita, ma per sentire che la mia indole serena e il Dna di follia si fondessero ho dovuto aspettare una notte magica a Madrid, molti anni dopo. L'idea di Javier Aldemar Zanetti sempre pacato, che non va mai oltre le righe, è imprecisa e parziale, come sa chi mi conosce davvero.

I miei sogni di gloria, la passione per l'Independiente di Bochini, la felicità del calcio alla Doble Visera, finirono d'improvviso un pomeriggio incolore, i cui dettagli ho cancellato dalla memoria. Un funzionario della squadra comunicò a me e ai miei genitori: «Il ragazzo è troppo gracile, magro, *chiquito*, un grissino. Guardatelo voi stessi che braccetti che ha. Non cresce. Ci dispiace, Javier Zanetti non sarà un calciatore professionista, non in Serie A, in nessuna serie».

Tagliato, bocciato, escluso dalla squadra per cui tifavo (e tifo ancora). E senza appello, per sempre: non avrei più giocato a calcio. Quando, nella solitudine del Predio, guardo i professionisti argentini rimasti prima del campionato senza squadra, che si allenano per riavere una possibilità, mi ricordo di me bambino, della delusione che provai quel giorno. Niente Doble Visera, niente maglia rossa alla Bochini. La scuola e il lavoro diventavano il mio solo mondo: avrei aiutato mio padre, non per punizione, ma quella era la nostra vita, e tutti davano una mano a Dock Sud. Se non giocavo nelle giovanili, dovevo faticare al cantiere.

La mia vita allora cambia: mio padre si sveglia alle cinque del mattino, poi alle sei chiama me. Per andare a scuola mi prepara la colazione, poi resta a guardarmi sulla porta finché non giro l'angolo e allora devo salutarlo con la mano, è il nostro rito. Una volta che, sovrappensiero, mi dimenticai di dargli il «ciao papà», ci rimase male, lo capii dalla faccia avvilita che fece.

Il rapporto con mio papà era, ed è ancora, così buono che lavorare con lui non mi pesava. Anzi, imparai presto a essere svegliato non più per andare a scuola ma per recarmi al cantiere. Sussurrava con la sua voce bassa, affettuosa: «Javierito, andiamo a guadagnarci la pagnotta». Se incassava quello che oggi possono essere duecento euro, cento li metteva da parte. «Risparmiamoli perché verranno di certo momenti difficili.»

Sapeva che in giro c'erano ragazzi tosti, spacciatori, c'erano le droghe. «Occhio alle compagnie, Javier. Neppure fermarsi a dire "ciao" con quelli lì, intesi?» ammoniva. E nemmeno il *porro*, la marijuana, ho mai avuto voglia di provare. Tante volte per strada te la offrivano: «Uno spinello?». L'educazione che avevo ricevuto era troppo solida per ascoltare, quello che ti insegnano padre e madre resta lo scudo migliore, sempre.

Se non ho perduto l'equilibrio, anche quando sono arrivati la fama, i soldi, il mondo brillante, lo devo a Rodolfo e Violeta. Mi hanno fatto capire che la «gloria» non è reale, è miraggio fine a se stesso, non ti nutre davvero come il lavoro e la famiglia. Lo sport che faccio mi ha reso famoso, ma so di essere uguale a chiunque altro. Non posso sentirmi diverso e migliore solo perché ho la fortuna di giocare mentre altri guardano la partita. Finiti i novanta minuti, tornati a casa, siamo tutti uguali.

Diventai un buon muratore. Costruivo muri, aiutavo a impastare il cemento, portavo i secchi pieni di calce con due braccine piccole, le stesse che avevano fatto storcere il naso ai tecnici dell'Independiente. Mi stancavo da morire ma non dicevo niente. Avevamo una vecchia Chevrolet, una macchina americana di fine anni Ottanta che papà aveva trasformato in camioncino per gli attrezzi, la pausa pranzo durava un'ora. Io non arrivavo a un metro e mezzo di altezza per 45 chili, ero davvero uno scricciolo.

Mamma e papà, dopo l'esclusione dalle giovanili dell'Independiente, mi portarono dal dottor Piccaluga, che mi misurò, mi pesò, mi auscultò con lo stetoscopio, poi mi fece tossire, guardò in gola, e infine fece la sua diagnosi: «Il ragazzo deve mangiare più proteine, capito? Ceci, latte, lenticchie». Sapeva benissimo che non potevamo permetterci bistecche e perciò mi affibbiò questa dieta. Papà Rodolfo, sangue del Nord Italia nelle vene, non si persuase e modificò il regime alimentare a modo suo: «Javier mangerà più polenta».

E quanta ne mangiai di polenta, preparata da mamma Violeta, nelle nostre gamelle da lavoro, impolverato e sporco di intonaco, seduto di traverso su una trave, ascoltando mio padre parlare: «Sei piccolo ma crescerai. Mangia, lavora, tieni duro». In silenzio lo vedevo arrampicarsi sulle impalcature, manovrare cazzuole, filo a piombo, pale. Capivo i suoi sacrifici. Mi raccontava di quando era giovane, della miseria che aveva visto: «Dicono tante cose di Perón figlio mio, ma almeno lui era sempre dalla parte dei lavoratori, di chi non aveva nulla, di quelli come me. Tua madre da bambina non aveva mai avuto un giocattolo, mai niente. Ma Perón ed Evita decisero che ogni bambina doveva avere una bambola e ne fecero distribuire milioni in Argentina, capisci? Io starò sempre dalla parte dei lavoratori».

E con la sua voce bassa, piano che nessuno lo sentisse, intonava l'inno del movimento, la *Marcha Peronista* che il cantante Hugo del Carril aveva reso celebre:

Los muchachos peronistas
todos unidos triunfaremos,
y como siempre daremos
un grito de corazón:
«¡Viva Perón! ¡Viva Perón!».
Por ese gran argentino
que se supo conquistar

a la gran masa del pueblo
combatiendo al capital.
¡Perón, Perón, qué grande sos!
¡Mi general, cuanto valés!
¡Perón, Perón, gran conductor,
sos el primer trabajador!
Por los principios sociales
que Perón ha establecido,
el pueblo entero está unido
y grita de corazón:
«¡Viva Perón! ¡Viva Perón!».

Non mi sono mai occupato di politica, né in Argentina né in Italia, ma ho imparato in quel cantiere, da mio padre, che un uomo deve essere informato, capire ciò che gli capita intorno, come si comporta chi comanda, da che parte sta, che interessi difende. Quella sera arrivai a casa e mentre la mamma stava preparando per la cena – nel mio piatto ceci, lenticchie e una fetta di polenta – davanti a un bel bicchierone di latte, le chiesi: «Mamma, ma tu avevi dei giocattoli da bambina?». «Solo la bambola che ci regalò Perón» disse lei, finendo di apparecchiare.

Quando ci si riusciva mi davano da mangiare la carne: mamma friggeva le cotolette alla milanese e le metteva dentro il panino. Un giorno, mentre ne addento una – ne sono ancora ghiotto – Rodolfo a sorpresa mi chiede: «Javierito, ma tu al calcio hai proprio rinunciato?». Mi fermo con il pane a mezz'aria e lo guardo stupito. Dopo la bocciatura dell'Independiente non avevo più parlato di pallone con papà né con mamma né con Sergio. Perché riaprire quella questione che avevo cancellato girando malta e pulendo cazzuole? Ancora con la bocca piena rispondo: «Sai che dicono che sono troppo secco. Io voglio fare il calciatore, ma non mi vogliono».

Mio padre indica allora le mie braccia abbronzate dal sole. «Ti sei irrobustito. Quando dobbiamo tirare su i secchi pieni di cemento con la carrucola, a forza di muscoli, vai benissimo. Il cantiere ti fa da palestra, guardati allo specchio: sei cresciuto, sei un uomo. E la polenta ti fa bene» mi dice strizzando l'occhio.

Non mi fido, ho provato troppa amarezza. «Papà, lo sai, hanno detto di no una volta, non vorranno perdere la faccia tornando indietro sulla loro decisione, quelli sono l'Independiente.»

«Siamo in Argentina, figliolo, per fortuna le squadre non mancano. Hai avuto una delusione, come tutti nella vita, non fermarti alla prima batosta, ne avrai tante. Sei bravo. Fai come me» e con uno straccio mima un dribbling. «Lo vedi? Ai miei tempi scartavo pure il portiere e al volo... gol!» Prende la mira tra due secchi di cemento, segna e poi esulta. Io rido, mi faccio coraggio.

Per quel giorno finisce lì ma pian piano, nelle pause, mentre trasportiamo gli attrezzi o controlliamo con la livella un muretto di cinta, quando gli altri operai lasciano il cantiere a fine turno e mio papà comincia a preparare per il giorno dopo, Rodolfo torna a ragionare con me. «Ami il calcio, devi ritentare. Non puoi fermarti al primo ostacolo, un uomo va avanti anche dopo che le ha prese di brutto. Sei bravo e io ho fiducia nei miei figli, in te e in Sergio.»

Come potevo dirgli in faccia quel che mi addolorava? «Papà, io sognavo di fare il calciatore per guadagnare abbastanza soldi da far smettere a te di fare il muratore e alla mamma di faticare con le pulizie. Volevo farvi godere finalmente un po' la vita. Tu costruisci le case, io voglio fare gol. Hai già cinquant'anni, papà, ma appena guadagnerò voi smetterete di lavorare e riceverete tante cose belle da un figlio. Così avrei voluto che andasse, e invece ho fallito e non posso che aiutarti come manovale.»

Molti anni dopo, da capitano della Nazionale argentina e dell'Inter, dissi a mio padre, per ringraziarlo: «Se non fosse stato per te che al lavoro, da muratore, mi hai preso per mano e mi hai riportato all'idea di giocare, non sarei mai diventato un professionista». Eravamo nella sua stanza prediletta, nella nuova casa, un tinello che ha foderato di legno, come in Tirolo, e attrezzato con una piccola scala che porta al piano superiore, dove dorme adesso che è rimasto vedovo e dove ha una stanza con i giocattoli e i lettini per i nipoti. Alla parete ha appeso, a sinistra, la maglia del Deportivo Español di mio fratello Sergio – lui ha giocato per vent'anni in Serie A tra Deportivo e Racing –, a destra la mia dell'Inter, in centro la grande foto dei suoi due figli, Sergio e Javier, che in una giornata di sole si stringono la mano, fratelli avversari in un match tra Deportivo e Banfield. Tutti gli ospiti restano colpiti dalla scelta di Rodolfo, attento a dedicare a me e a mio fratello gli stessi centimetri sul muro dell'onore familiare. I giornali possono dare più peso alla carriera di un calciatore rispetto a un altro, un padre ha amore uguale per i suoi figli.

Ascoltando il mio «grazie» per la tenacia con cui mi sostenne nei giorni dell'«esilio» da muratore, Rodolfo non si scompone: «Io? Ti ricordi male, furono mamma e Sergio a convincerti a tenere duro, non io» dice, schivo fino all'ultimo.

Sergio, che diventerà poi allenatore per le giovanili dell'Inter, si fa carico di me, e senza troppe cerimonie mi presenta alla squadra dove aveva giocato, il Talleres, i biancorossi con sede a Remedios de Escalada, detti per affetto «Tallarines», Tagliatelle, non certo per arrendevolezza, visto che dal 1906 sono un club rispettato nel duro calcio argentino.

I dirigenti di azienda, allo stadio o nei talk show televisivi, mi chiedono spesso: «Voi campioni come gestite lo stress della vittoria e della sconfitta, l'ansia della performance e dei risultati?». Io rispondo: «Devi credere in te stesso e nel tuo lavoro, faticare senza dare troppo peso a risultati positivi e negativi, con carattere».

L'ho capito quella mattina al Talleres, al provino che feci sotto gli occhi dell'allenatore Norberto D'Angelo. Se avessi pensato al no dell'Independiente, ai pomeriggi passati a tirare su mattoni e cemento, le gambe mi si sarebbero intrecciate, altro che Tagliatelle. Invece ho «lavorato» in campo con D'Angelo come al cantiere con mio padre. Silenzio, sudore, impegno, e ha funzionato.

L'allenatore mi ha visto tirare senza sosta e mi ha detto: «Javier, io sto creando un gruppo speciale di ragazzi, molti sono già nel mirino della Nazionale Under 18, dell'Olimpica. Dacci dentro e sarai uno di loro». Immaginate come ci ho dato dentro. Da matto, altro che Zanetti il saggio! Finché, con i suoi modi spicci, D'Angelo non mi richiama con un gesto a centrocampo. «Javi, ascoltami: in questo gruppo oltre ai talenti di cui ti ho parlato, ci sono troppi Javier, siete almeno quattro o cinque. Ogni volta che vi chiamo in allenamento, per darvi un'indicazione, si gira mezza squadra, così non va.»

Mi imbarazzai. «Cosa posso fare, mister?»

«È semplice. Ti ha portato qui al Talleres tuo fratello Sergio, prima di andarsene al Deportivo. Noi lo chiamavamo Pupi, Pupi Zanetti, non era il soprannome che gli dava la sua fidanzatina? Un po' lo sfottevamo: "Ti amo Pupi, ti amo Pupi". Eppure Pupi è rimasto. Bene, da adesso Pupi sei tu, hai capito?»

Ero stato fin lì Javier Aldemar, in casa Javi, ma non dissi nulla, come un cavaliere che riceve il nome di battaglia dal re alla Tavola Rotonda: per diventare il Capitano ci volevano ancora tanti duelli in campo, ma Pupi sono rimasto, e difatti anche la mia fondazione benefica si chiama così, Fondazione Pupi.

Paula ride da una vita dei miei soprannomi. «Pupi era una cosa dolce, tenera, da innamorata languida, e grazie a te è diventato un nome da guerriero: "Pupi!". "El Tractor" ti si adatta per quanto fatichi in campo ma per noi in famiglia sei rimasto Javier o Javi, e in Italia sei il Capitano. Mi fa impazzire la mania degli italiani di definire le persone dal loro lavoro: Agnelli è l'Avvocato, Berlusconi il Dottore, Moratti il Presidente, Zanetti il Capitano. In Argentina basta un bel soprannome e siamo felici. I tifosi mi fermano per strada: "La moglie del Capitano! Una foto per favore". Manca poco e mi chiameranno la Capitana!»

Al Talleres l'impegno è duro, io tiravo il gruppo ogni giorno, finché alla fine di un allenamento particolarmente gravoso, con il fiato stremato, quel galantuomo di D'Angelo per la terza volta da quando sono in squadra mi prende in disparte e mi chiede: «Pupi, dimmi la verità: tu lavori ancora?».

«Sì mister, devo aiutare la mia famiglia, con il calcio ancora prendo solo i rimborsi spese.»

«E che fai?»

«Il lattaio, mister.»

«Come il lattaio, Pupi?»

«Ho smesso di fare il muratore con mio padre, mister. I ritmi sono troppo pesanti, rischiavo di farmi male, di strapparmi. Ora aiuto mio cugino Carlo. Sa, mio padre aveva quattordici fratelli, io ho una squadra immensa di cugini. Carlo lavora in latteria e io gli dò una mano: ci svegliamo alle tre del mattino e dalle quattro alle otto con il camioncino distribuiamo latte fresco, formaggio, yogurt, poi scappo a scuola e di pomeriggio vengo qui allo stadio del Talleres.»

«Quanto guadagni ammazzandoti così, ragazzo?»

«Ottanta pesos al giorno, mister», meno di trenta euro oggi.

Norberto D'Angelo era un uomo serio, uno degli italiani che si sono spezzati la schiena di fatica in Argentina. Mi guarda incredulo. «E dormire? Riposarti? Passa domani a trovarmi, dai...»

Il giorno dopo, nel suo ufficio, trovai il mio primo contratto da professionista, intestato a Javier Aldemar Zanetti, anche se tutti facevano i complimenti solo a Pupi. Era redatto con una delle vecchie macchine da scrivere, ma a me sembrò più prezioso di un'antica pergamena. Ho giocato un'amichevole con il Talleres per raccogliere fondi per beneficenza nel 2013, e il presidente mi ha regalato l'originale, lo tengo a casa a Buenos Aires, incorniciato, in sala da pranzo.

Un giorno i miei figli capiranno quanta importanza abbia avuto nella vita della nostra famiglia: «Contratto tra il Club Atlético Talleres e Javier Aldemar Zanetti. Ingaggio: mensilità duecentotrenta pesos, più cinquanta pesos per ogni punto in partite ufficiali, e cinquanta pesos per ogni partita amichevole vinta. Firmato: presidente Pedro Luchetta».

Non ero certo Maradona, ma almeno non dovevo più sudare sotto la polvere di cemento o svegliarmi nel cuore della notte per andare a consegnare il latte. Da ora in avanti, per Pupi Zanetti il lavoro è il calcio.

Ma se credevo che la vita mi fosse già cambiata abbastanza, sottovalutavo il potere magico che la stagione al Talleres avrebbe avuto su di me come calciatore e uomo. Perché oltre al football, il Club Atlético Talleres organizzava tante altre discipline: atletica leggera, *futsal* (il calcetto a cinque), pallamano, ginnastica, tennis da tavolo, arti marziali e basket. E proprio nel basket eccelleva una biondina, figlia di uno dei dirigenti del club, un intellettuale impegnato, che seguiva con apprensione la vita politica argentina di quegli anni, insieme con la moglie Monica, psicopedagoga, e un gruppo affiatato di amici. Nello sport quel dirigente, Andrés de la Fuente, vedeva un modo per tutelare i ragazzi dal caos sociale, dare loro valori, inserirli in una comunità.

Andrés e Monica non perdevano mai di vista la figlia Paula, vivace *playmaker* del Talleres Basket Femminile. Finché un giorno, a soli quindici anni, senza aver mai guardato una partita di calcio nella vita, Paula chiede con l'aria più ingenua del mondo: «Papà, domenica mi accompagni a vedere una partita del Talleres? Giocano in trasferta, a Morón...».

«Come mai Paula? Ti interessi anche di calcio adesso?»

«No, macché! Figurati papà, dai… Il calcio io? È solo che, insomma, una mia compagna forse è amica, dico forse… di un giocatore e vuole vederlo… Una mia compagna, papà, non io…»

IV
Paula

Era una parola che non avevo mai sentito prima, «*amigovio*», centauro formato a metà da *amigo*, amico, e concluso da *novio*, fidanzato. Come dire, in italiano, «amidanzato». A inventare il neologismo era stato Andrés de la Fuente, barbuto, serio, coltissimo padre della ragazza di cui mi ero innamorato, Paula.

Al Club Atlético Talleres si occupava dei ragazzi, cercava di inserirli nello sport e nella vita, difendendoli dai fantasmi che avevano rovinato l'Argentina: la «guerra sporca» dei *desaparecidos*, l'inflazione che dissanguava poveri e lavoratori, la dittatura.

Il mio nuovo dilemma non era di facile soluzione. Io, Javier Aldemar Zanetti, detto Pupi, avevo diciannove anni e non ero più il ragazzino dalle costole sporgenti che i medici consideravano non abbastanza robusto per il calcio. Ero divenuto un bel ragazzo, due centimetri sotto il metro e ottanta, 75 chili di peso, un atleta professionista che stava per entrare nel giro della Nazionale Under 21. Lei, Paula de la Fuente, bionda, minuta, allegra, intelligente, piena di energia, scatenata sul parquet da basket, sulle piste da ballo e nelle feste con i coetanei, di anni – e qui vi chiedo scusa – ne aveva solo quattordici.

«Roba che oggi, negli Stati Uniti, ci vai in galera dritto dritto» se la ride ancora sornione alle cene di famiglia

Andrés. «Un uomo fatto di diciannove anni con una bambina – che dico? – con la mia bambina! Pupi, il Capitano, "El Tractor", come lo chiamava il telecronista Victor Hugo Morales. Javier Zanetti è famoso nel mondo con tanti soprannomi, ma scommetto che questo che gli ho affibbiato io non l'avete mai sentito: "Abductor de Cuña", il Rapitore delle Culle!»

Così la famiglia di Paula decise che – ufficialmente – non eravamo fidanzati, ma neanche solo amici, eravamo insomma tanto intimi da essere considerati almeno «*amigovi*», «amidanzati».

Alla partita in trasferta del Talleres nel *barrio* di Morón – per nulla a due passi, una bella sfacchinata da affrontare nel traffico della capitale – dove Paula chiese di essere accompagnata dal padre, mi tradii subito, perché dal campo salutai con la mano verso la tribuna dove sedeva con le amiche. Mi sentivo un po' il torero nell'arena, romantico, forte, e smascherai i miei sentimenti.

Andrés, flemmatico, chiede: «Scusate, ma chi sta salutando quel Zanetti là?». E Paula – quando vuole le bugie mia moglie le sa dire eccome – risponde: «Papà, non è certo me che saluta. Ti ho detto che a una delle mie compagne piace un altro calciatore del Talleres, così per aiutarla a conoscerlo siamo venute a vederli giocare».

Ricorda Andrés: «È mezzogiorno, pioveva a dirotto, e nella tribuna degli ospiti noi del Talleres non eravamo neppure in venti. Io ero il presidente delle giovanili, quindi in teoria il dirigente di Javier, e avevo accanto cinque teenagers scatenate. D'improvviso questo ragazzo arriva sotto la gradinata e si sbraccia ancora a salutare verso di noi. Guardo Paula: "Secondo me Zanetti saluta te". E lei: "Ma che dici papà, non vedi? Sta salutando la mia amica, la sta guardando fisso". Neanche per sogno, Javier guarda proprio Paula. A quattordici anni!».

Se chiedete a Paula, che nella vita è sbrigativa e schietta

come sul campo da basket, non fa misteri: «Javier lo chiamano Capitano e Gentiluomo? Forse perché non sanno com'era da innamorato, e spero che mio padre non lo sappia neppure adesso. Temo invece che Monica, mia madre, abbia capito tutto subito già allora. Perché, dopo la trasferta sotto il temporale di Morón, Javier mi baciò subito, al nostro primo appuntamento. Niente corteggiamento romantico da fidanzatini, fiori, cioccolatini, musica di violini zigani. Subito un bel bacio, come al cinema. Lui era certo, una ragazza lo capisce eccome, di essere il primo a baciarmi, ma sarebbe rimasto con un palmo di naso ad apprendere che Paula, la "bambina" Paula, qualche bacetto l'aveva già dato. Non eravamo più ai tempi della regina Vittoria: io ero sveglia, sicura di me. Pupi mi prende in giro: "Piccola come sei, a basket non potevi che giocare *playmaker*". Dice così solo perché, se ci capisce di calcio, e magari di tennis e di pallavolo, sul basket non è ferrato: un *playmaker* deve avere l'anima o si perde in campo, circondato da colossi alti il doppio. Io non mi perdo d'animo, mai. La mia vita era fatta di sport e di scuola. Non c'erano tanti soldi, mia mamma curava bambini con disagi di apprendimento o motori, mentre papà era impegnato nell'insegnamento universitario e nelle sue attività sociali. Ogni male dell'Argentina feriva i miei genitori e li ferisce ancora. Ogni ingiustizia. Hanno innato il desiderio di riparare i torti.

«I miei fratelli» ricorda ancora Paula sorridendo «giocavano a calcio, avevano l'età di Javier. Stavano tutto il giorno nel gruppo dei più bravi, quelli che si allenavano senza risparmiarsi non solo per farsi belli con le ragazze come vitelloni. Un giorno Roberto Besasso, un amico comune, viene a prenderci in macchina con la sorella, e tra loro c'è questo ragazzo bello, pettinato, pulito. Ci rivediamo una seconda volta, ed è colpo di fulmine: ma solo per lui, cotto subito, io ci ho messo tempo a innamorarmi. L'ho fatto "rosolare" per un paio di mesi. Roberto continuava a dirmi: "Guarda che Javier vuole vederti!". Non capivo neppure bene quale giocatore fosse in squadra. Allora mi sono intrufolata alla partita – lui stava in panchina – a guardare. Mi sono innamorata anch'io, e nel novembre 1992 ci siamo fidanzati.»

«Dovevo però» continua mia moglie «accennare alla mamma che il flirt s'era fatto serio. E allora, mentre mettevamo a posto non ricordo cosa, mastico: "Mamma, ho un ragazzo".»

«"Quanti anni ha?" chiede lei e, poiché vivevamo tutti nell'ambiente sportivo, aggiunge: "Di che categoria è? 1978, 1979 o 1980? Non sarà compagno di Sebastián?". Mio fratello Sebastián è del 1976. Io provo a prendere tempo. Se le dicevo: "Guarda che Javier Zanetti ha il cartellino del 1973", e mio padre, da dirigente, poteva controllare al volo, mi ammazzava. Quindi faccio finta di nulla, nicchio, e così si va avanti per anni con la storia "dell'amico di Paula un po' più che amico", l'«*amigovio*».

«Solo molto tempo dopo qualcuno mi spiegò che anche il liberatore dell'Argentina José Francisco de San Martín y Matorras aveva sposato la moglie Remedios de Escalada, da cui prende nome il quartiere dove si trova il Club Atlético Talleres, secondo il costume di allora, quando lei aveva solo quindici anni. L'avessi saputo, magari avrei fatto bella figura con Andrés.»

Non posso negare che Paula, prima «*amigovia*», poi fidanzata, infine moglie e madre dei nostri figli, se non si perde mai d'animo, con il tempo ha invece un rapporto speciale: le scivola addosso come acqua fresca. Vi ho detto di quanto cruciale sia per me governare il tempo, non perderne neppure un attimo. Se il tempo è denaro – come dice il proverbio – io sono Paperon de' Paperoni mentre Paula, con i suoi cronici ritardi, sembra avere le mani bucate.

Siete curiosi di sapere come andò il primo appuntamento della coppia di «*amigovi*» di diciannove e quattordici anni? Magari su queste storie d'amore, fuori dal campo, non vi fidate dei miei ricordi e allora sentite quel che dice Paula.

«Javier non ha aspettato e mi ha baciato già al primo appuntamento, forse perché in realtà era il secondo, il primo era saltato. Lui dice per colpa mia, che mi sarei presentata in ritardo, io dico per colpa sua che scambia il corteggiamento tra innamorati con la seduta di allenamento. Pronti, partenza, via. Chissà tra quanti impegni calcistici aveva incastrato quel giorno il nostro incontro. E sapete dove mi ha chiesto di vederci? Nella città del tango e del Río de la Plata, in una delle città più romantiche al mondo, per il primo incontro con la sua amata, Javier non sceglie un caffè nel quartiere di Palermo, vetri scuri e mobili antichi, o magari una passeggiata al Caminito, il viale dove i turisti non si stancano di scattare foto, ieri con le Kodak, oggi con i cellulari. Niente set da film d'amore: Javier mi convoca alla stazione degli autobus! Sarà dura raccontarlo a mia figlia Sol quando sarà adolescente: "Sai, papà mi ha invitato tra polverose corriere di linea, pendolari affaticati e frettolosi, gas di scarico puzzolenti e chiazze d'olio sull'asfalto". E a che ora? Non al tramonto, alle prime ombre della sera. "Paula, vediamoci alle 14.45." Era chiaramente il solo momento libero tra la partitella e la palestra. Mi è sembrato tanto assurdo che ho capito le tre e un quarto, sempre un orario da matti ma già meglio, no? E visto che, diciamo, sono sempre un po' in ritardo di natura – e del resto una ragazza deve farsi desiderare le prime volte con il suo *boyfriend* – non mi sono presentata prima delle tre e mezzo. Quindi ci siamo persi, allora non avevamo i cellulari in tasca e anche con i vecchi telefoni pubblici attaccati al muro non avrei saputo come trovarlo, sospetto fosse già a correre dietro al pallone nel vecchio campo dipinto di rosso e bianco del Talleres. Non male come debutto...»

Qui immagino che la simpatia dei lettori – e soprattutto delle lettrici – vada a mia moglie Paula, contro la mia scelta terribile di darle appuntamento alla stazione degli autobus e di non averla neppure aspettata per «appena» tre quarti d'ora. A mia difesa dirò che lei era davvero un osso duro da ragazzina. Io ero più grande ma ero anche ingenuo, cresciuto a Dock Sud in famiglia, qualche zingarata con gli amici il massimo della sregolatezza.

Prima di condannarmi e schierarvi con lei, ascoltate quest'altra storia e ditemi se, autobus o non autobus, non sono anch'io romantico.

In Argentina quando una ragazza compie quindici anni organizza una festa particolare, tutti gli amici si danno da fare, è una splendida occasione. In più, nel nostro caso festeggiavamo un anno di amore, che per Andrés era da «*amigovi*», per noi da fidanzati. Per farle una sorpresa decido di stendere, attraverso la strada dove abitava, un *pasacalles*, uno striscione da casa a casa, alto sopra tutti i balconi, con la scritta gigantesca: «PAULA TE AMO». Non sapete che fatica con gli amici per arrampicarsi, annodare le corde, stare attenti che le macchine di passaggio nel micidiale traffico di Buenos Aires non ci mettano sotto. Quando finalmente ce la facciamo, non resisto e, tornato a casa, la chiamo subito al telefono, mellifluo: «Paula, sai cosa ha fatto il mio amico Hugo? Ha dedicato uno striscione alla sua ragazza, da un marciapiede all'altro, che tutti vedano il suo amore: romantico, no?». Mi aspettavo che lei si mostrasse invidiosa: «Vedi cosa fanno i veri innamorati, di quali gesti sono capaci? Mica gli appuntamenti alle tre meno un quarto tra lo smog della stazione degli autobus!». Dopodiché, il mattino dopo, l'avrei sorpresa con la mia bravata da Don Giovanni.

Niente di tutto questo, con la voce tagliente di quando vuole demolire qualcuno, Paula precisa: «Hugo? Ma che cafone, pensa che imbarazzo per quella povera ragazza. L'amore, i sentimenti sono roba intima, riservata. Adesso tutti in strada spettegoleranno, non faranno che ridere di lei. Poverina, questo tuo amico non sa davvero come comportarsi con le donne».

Attacco il telefono sudando freddo. In campo non perdo mai la testa ed è difficile per un avversario confondere la mia bussola ordinata. Imparai quel giorno che in amore è un'altra cosa, non ci sono schemi, verticali, contropiede, pressing. Sei certo di avere fatto la cosa giusta e invece sbagli!

Riconvoco al volo tutti gli amici: «Ragazzi, il piano cambia!». Stavolta loro sbuffano scocciati, ma poi torniamo di soppiatto sotto casa di Paula e, tra gli sguardi esterrefatti dei pochi passanti, smontiamo lo sfortunato striscione fantasma con scritto «*PAULA TE AMO*». Per anni l'ho tenuto nascosto in casa, poi finalmente gliel'ho regalato, raccontandole tutto e ridendo: ce l'abbiamo ancora, trofeo della mia ingenuità e della sincerità di Paula.

Da quella volta mi limito a invitarla a ballare con gli amici: non sono John Travolta sulla pista, ma me la cavo. Insieme ci piaceva ballare la *cumbia*, divertente musica sudamericana che va ancora di moda. Mi ricordo che un mio amico d'infanzia aveva il padre tipografo al giornale «Crónica», e quando i locali chiudevano passavamo lì in redazione. Finito il turno di notte, per guadagnare qualche spicciolo, si preparavano panini con la cotoletta, e io davo una mano come potevo.

In campo, però, sognavo altri trofei. Al Talleres, dopo l'anno nelle giovanili in quarta divisione, il campionato 1992-1993 in Primera B Nacional (la Serie B argentina) era andato bene: piazzamento di metà classifica, quattordicesimi su ventidue squadre. Avevo disputato 33 partite, debuttando il 22 agosto 1992: a dieci minuti dalla fine mi alzo dalla panchina e sostituisco Miguel Ángel Fretes contro l'Instituto Atlético Central Córdoba, vittoria per 2-1. Ho segnato anche un gol, il mio primo ufficiale, il 20 marzo 1993, nel pareggio 1-1 con l'Arsenal de Sarandí.

In giro si sente la voce che forse il Banfield, squadra che lottava per andare in Serie A, vuole comprarmi. Avrei debuttato nella massima divisione, entrando finalmente, sia pure da avversario, nella bolgia della Doble Visera che l'Independiente mi aveva negato. Avrei giocato il Derby Famiglia Zanetti contro mio fratello Sergio, titolare del Deportivo, per la gioia di Rodolfo e Violeta.

La trattativa viene condotta in gran segreto, poi si arriva alla firma della cessione tra i due presidenti. È fatta, giocherò finalmente in Serie A, a vent'anni!

Non che il Banfield abbia tanti soldi, dieci soci eccellenti devono autotassarsi per comprare il mio cartellino, ma nel Talleres li ho impressionati e siglano gli assegni. Mi chiedono però di non divulgare la notizia, il campionato di Serie B deve ancora disputare una partita, lo spareggio decisivo per la promozione in Serie A tra il Banfield e il Colón de Santa Fe, appaiati in testa alla classifica a 56 punti.

Si gioca il 23 giugno 1993 nello stadio Chateau Carreras di Córdoba, che oggi prende il nome del campione Mario Alberto Kempes. Allo stadio ci sono scontri tra le tifoserie rivali. Io guardo lo spareggio con altri compagni e tifosi al bar del Talleres. Banfield e Talleres si detestano, è una specie di derby, e quindi giocatori e passanti tifano Colón in odio al Banfield. Nel mio cuore io spero invece che vinca il Banfield, promuovendo così anche me in Serie A. Ma non posso tradirmi né posso esultare perché tutti si stupirebbero, mi darebbero del traditore e carpirebbero il segreto della mia cessione. Devo perciò tormentarmi in silenzio, e tormento sarà, perché lo spareggio Banfield-Colón fu una partita talmente drammatica che i giornali argentini la definiscono ancora oggi una *herida abierta*, una ferita aperta.

I novanta minuti finiscono 0-0 e il primo dramma è il Colón che sbaglia un calcio di rigore. Al bar del Talleres imprecano stizziti, io sotto il tavolino stringo i pugni: «Evvai!». Poi i rigori, un rito che riesce a stressare perfino me. Il Colón va avanti due volte, basterebbe un nulla per vincere, e invece in una maratona di tiri dal dischetto il Banfield rimonta e io, tra la delusione e gli insulti di tutto il bar del Talleres, vengo promosso, anonimamente, in Serie A. La sola a gioire con me, in silenzio, è Paula, anche lei attenta a non tradirsi. I tifosi non dimenticano lo spareggio del

23 giugno 1993, sui siti e alla radio il Banfield festeggia ancora, mentre il Colón lamenta brogli nel campionato: una *herida abierta* che per me è la carezza della Serie A.

Al Banfield mi aspettano due allenatori con la fama da duri, «killer» di ragazzini dalle belle speranze e troppo innamorati del dribbling: i due Oscar, Oscar López e Oscar Cavallero. Hanno già messo sotto mio fratello Sergio al Deportivo e quindi so da lui cosa mi aspetta. Ma io ho vent'anni, mi sento pronto, fortunato e felice.

V
Zanettate

Diventare un personaggio pubblico è un destino che tanti desiderano: la fama e il successo ammaliano leader politici, intellettuali, attori e cantanti così come noi uomini di sport. Non sono ipocrita, è bello sentire intorno l'affetto dei tifosi e della gente, fa piacere quando i bambini ti chiedono una foto, la maglia o l'autografo. Vorrei solo che l'immagine pubblica non deformasse troppo il carattere reale delle persone, che la vita di un personaggio famoso non venisse schiacciata da una caricatura che, alla fine, rende infelice.

Quando leggo di me, quando vedo sui giornali o sento nei programmi televisivi «Javier Aldemar Zanetti, numero 4 dell'Inter e della Nazionale argentina, il Capitano», mi riconosco e non mi riconosco. Certo, sono io: i capelli, la maglia, la corsa da «El Tractor» in campo, l'incoraggiamento ai compagni – «Al lavoro!» – quando si vince e quando si perde. Ma sono davvero io, o si tratta solo di una parte di me, certo importante, che però lascia fuori troppi elementi della mia vita e della mia personalità? Javier Zanetti, il Capitano, è davvero così saggio, così ammodo, sempre così beneducato come lo ritraggono le figurine Panini degli album che tanti ragazzini amano?

Up to a point, up to a point, fino a un certo punto, come amava bofonchiare tra sé e sé il solo allenatore con cui abbia avuto un celebrato e pubblico diverbio, ma con cui sono invece in ottimi rapporti e che stimo, il compassato commissario tecnico della Nazionale inglese Roy Hodgson. *Up to a point*, fino a un certo punto Pupi non sbaglia mai. Sentite i ricordi di mio padre Rodolfo: «Pupi da bambino era bravo, eccome, in campo e a scuola. Un bravo ragazzo. Ma quando gli prendevano le mattane, guai. Una volta eravamo in giro con mia moglie Violeta, mio figlio maggiore Sergio e con Javier. A un certo punto lui non lo vediamo più. Cerca di qua, cerca di là, niente. Chiamiamo a voce alta, mia moglie quasi sviene dall'ansia. Allora non erano tempi facili a Buenos Aires, la politica era nel momento più buio, per strada girava brutta gente, dei ceffi spaventosi, e c'è poco da stare allegri quando scompare un bambino. Sergio corre ovunque, io cerco di restare calmo, come è nel mio carattere, lo stesso che ho trasmesso a Pupi. Niente, Javier non si trova. Quando siamo ormai disperati e stiamo per chiamare, riluttanti, la polizia, lo vediamo rispuntare, senza un capello fuori posto. Si era nascosto in una cisterna d'acqua vuota, solo per godersi il fracasso dell'intera famiglia che si sbatteva a cercarlo! Che cosa dovevo fargli? Era un ragazzo così ammodo, ma quando gli prendeva... e credo in fondo che non sia troppo cambiato».

Mamma Violeta, che purtroppo non c'è più, confidava alle amiche: «A scuola, sul campo da calcio, in parrocchia, Javier è un modello di bambino, una madre non potrebbe chiedere di meglio. Ma se lo chiudete in casa, in un giorno di pioggia, addio... Lega i calzettoni a forma di palla, disegna una porta sul comò e via, inizia la partita insieme a Sergio contro avversari invisibili. In casa la palla è proibita: Rodolfo ha costruito con grande lavoro e pazienza la nostra casetta di Dock Sud, soffro se vedo vetri rotti e mobili ammaccati. Ma non potete neppure immaginare quanti danni possa fare un bel pallone di calze legate e avvolte insieme, calciate con la furia di quello che diventerà uno dei centrocampisti più potenti del mondo. Addio a cornici e adorati soprammobili, precocemente sepolti nella spazzatura. Quanti oggetti fragili non ho più trovato, spariti nel nulla: Javier deve averli frantumati con un rigore e fatti sparire nella discarica dietro il gasometro, prima che io potessi notarlo. Per non dire di quando, con Sergio, scappavano a Disneylandia a giocare. Di nascosto facevano di corsa i duecento metri da casa e chi li vedeva più? Nella furia del calcio era un diavoletto, per il resto un angelo».

Antonio Cassano è considerato uno dei calciatori più estrosi sui campi di gioco, che ha onorato con le maglie di Roma, Real Madrid, Milan e Inter, uno dei pochissimi campioni ad avere giocato in tanti club importanti. La sua fama fuori dal campo è altrettanto scintillante: lui stesso si è vantato di una legione di conquiste sentimentali e apposta per lui è stato coniato un sostantivo, «cassanata» (nulla a che vedere con il dolce tipico siciliano), per indicare l'allegro, incavolato e incontrollabile comportamento che stupisce amici e avversarsi, deliziando le cronache televisive. Antonio è un ragazzo sincero, certo a volte fa il matto, ma è spontaneo, dice quel che pensa e, nel profondo del cuore, è un buono. Eppure, quando è venuto in ritiro con noi all'Inter, ad Appiano Gentile – il bel complesso sportivo costruito da Angelo Moratti e ristrutturato dal figlio Massimo –, il suo stupore è stato grande nell'apprendere che il capo, quando c'è da «fare casino», è il presunto compassato capitano, proprio io.

Quasi deluso, Antonio è andato da Paula e, con l'accento di Bari Vecchia che calca sempre quando vuole fare battute da attore consumato, le ha detto: «Uè Paulè, ma qua il casinista dovevo essere io, Cassano re delle "cassanate", e invece tuo marito mi batte. Solo che le "zanettate" non finiscono mica in prima pagina sulla "Gazzetta dello Sport"! E non è giusto, non è...» e rideva battendo le mani. Insieme ne abbiamo combinate parecchie di «cassanate-zanettate», e se foste stati con noi ad Appiano Gentile, be'... la figurina del capitano azzimato non vi avrebbe convinto più.

La storia vera la racconta Yuto Nagatomo, irrefrenabile difensore dell'Inter e della Nazionale giapponese campione d'Asia allenata da Alberto Zaccheroni. Yuto arriva all'Inter dal Cesena nel 2011. Non sono ancora molti in Serie A i giocatori asiatici e dunque, come è nella cultura del suo paese, si mostra riservato, si muove in punta di piedi. Per primo viene a salutare me, il Capitano, e io, serissimo, lo prendo da parte e gli dico: «Yuto, tu sei il nuovo acquisto, devi farti benvolere dai compagni e seguire le nostre tradizioni, giusto?».

Impeccabile, un po' in inglese e un po' a gesti – la babele delle lingue nelle nostre squadre è incredibile e divertente – Nagatomo risponde, sull'attenti come un militare: «Sì, capitano, sai che da noi in Giappone la tradizione conta molto».

«Bene,» continuo io, sempre con la faccia più severa del mondo «siamo in ritiro e alla fine della cena, stasera, tu senza dire nulla agli altri devi cantare e ballare, hai capito?»

«Ballare e cantare? Ma che cosa?»

«Non lo so, Yuto, decidi tu. Una ballata in giapponese, un vostro inno antico... Basta che onori la tradizione con i veterani della squadra» gli rispondo, lasciandolo in dubbio.

In ritiro le giornate possono essere monotone: chi legge un libro, chi guarda la televisione, chi si diverte giocando a biliardo, chi si appassiona a un videogame o chiama casa su Skype per spezzare la noia. Immaginate i ragazzi quando, nella sorpresa generale, alla fine della cena il piccolo Yuto Nagatomo si alza in piedi e, rigido come un attore del teatro *kabuki*, ballando a scatti che fanno ridere tutti a crepapelle, canta una sua pazzesca canzone in giapponese. È diventato il beniamino della squadra, tutti a dargli pacche sulle spalle, ed è stato accettato come un compagno. La sua etica del lavoro fa il resto: oltre a essere capace di scherzare, Yuto impressiona per la serietà con cui si allena, lavora, gioca. È davvero un monumento alla concentrazione dei samurai. In allenamento lo salutiamo con un inchino, e lui risponde inchinandosi a sua volta. Al suo primo gol a San Siro, Yuto mi corre incontro, salutandomi con la classica riverenza. Lo stadio è venuto giù, le troupe televisive giapponesi che lo seguono ovunque trasmettono quella gag tante di quelle volte che a Tokyo, su YouTube, ormai è virale, viene scaricata senza sosta.

Un capitano non crea armonia in squadra urlando come il sergente dei marines nel film *Full Metal Jacket* di Stanley Kubrick. Io non ho mai alzato la voce. Forse una volta ho strillato a Davide Santon, che avevo visto crescere nella Primavera dell'Inter, per incoraggiarlo a fare di più come può chi ha la stoffa da campione, ma anche a famosi caratteracci – come Mario Balotelli o Zlatan Ibrahimović – ho sempre parlato con voce bassa e ferma, senza scenate. Funziona meglio, ve lo assicuro, e quando sul lavoro dovete vedervela con gente dalla personalità tosta, che vi tocca fare rientrare nei ranghi perché non rovini il gruppo, vi raccomando la stessa strategia: voce piana, cortesia formale, comunicare forza attraverso il carattere, guardandoli negli occhi, senza mostrare né rabbia né timore reverenziale. Nulla lascia di stucco un emotivo che si è arrabbiato e sta facendo una piazzata, più del vedersi riprendere con gentile fermezza.

La persona che meglio testimonia del filo di follia che anima il Capitano dietro il rigore della sua calma è, come scontato, mia moglie Paula, che mi sopporta da oltre vent'anni. Quando un cronista, un amico o un tifoso elogiano davanti a lei il mio aplomb, la mia correttezza formale, lei fa uno di quei suoi sorrisini che sì, mi hanno fatto innamorare, ma che al tempo stesso sono in grado di smontarvi all'istante, lasciandovi sul posto peggio di un dribbling stretto del mio amico Roberto Baggio. «Lei, dunque, crede che Pupi sia sempre assennato? Perché non si fa dare un passaggio in auto da lui qualche volta, forse cambia idea, si fidi...»

Paula si riferisce alla storia della mia Fiat 147, un modello che non ho mai ben capito se esistesse anche fuori dall'Argentina ma che insomma a me, da ragazzo, sembrava una

Ferrari, abituato com'ero alla Chevrolet che papà aveva trasformato in camioncino per la nostra squadra di muratori.

Quando, finalmente, sono riuscito a risparmiare qualche pesos giocando nel Talleres, ho deciso di prendere la patente, stufo di accalcarmi sugli stracarichi autobus di Buenos Aires o di scroccare passaggi agli amici. Solo che non avevo mai tempo per passare gli esami, e quando alla fine superai il temuto *final* e mi diedero la patente, avevo il documento in mano ma non sapevo affatto guidare nel caos della nostra capitale, dove tutti vanno sparati, le motociclette ronzano scattando a ogni semaforo, gli autobus volano poderosi di fermata in fermata e i passanti allo scoccare del verde si lanciano ad attraversare i grandi viali, sperando nella frenata delle auto, ma lo stesso fanno con il rosso, contando sul proprio sprint.

Guidare a Buenos Aires è un'avventura e io, con la mia fresca patente, non sono pronto per nulla a quei rally. Un amico mi dice: «Guarda, Pupi, nessun problema: domenica dopo la partita andiamo a fare qualche prova. Vieni con me, tu guidi, io ti insegno a schivare gli autobus, sono quelli che fanno i danni peggiori». Per sapere come va a finire bisogna ascoltare ancora Paula. Sta già inculcando la sua versione di parte ai bambini, dopo averla diffusa per anni agli amici. Tanto vale, dunque, che da queste pagine diventi definitivamente *La versione ufficiale del debutto di Zanetti alla guida*. Una guida che, temo, non passerà alla storia insieme alle imprese di Fangio e Schumacher.

«Comincia con un sorriso, il sorriso di una quattordicenne» racconta Paula. «Pupi dice sempre che quando voglio fargli fare qualcosa di cui lui ha poca voglia, io sorrido e lui cede. Non so se sia vero o meno, ma certo quel giorno ho sorriso dicendogli: "Pupi, mi porti tu alla festa, vero?".

"Quale festa, Paula?"

"Niente, solo la festa di una mia amica, domenica, te l'avevo già detto, è poco lontano da qui, in macchina saranno meno di dieci minuti."

"In macchina...?"

"Sì, in macchina. Pupi, hai la patente no? Mica serve l'astronave."»

Il racconto di Paula si conclude in fretta: «Non era più il *barrio* di Dock Sud, eravamo a Lanús, traffico sostenuto. Pupi pensa: "Sono solo dieci minuti, che sarà mai, me la caverò". Mi viene a prendere e si butta. Ho capito subito che le cose non andavano bene, non riusciva a mettere in moto, la macchina parte a singhiozzo e si ferma. Quando, finalmente, riesce ad avventurarsi in strada, io lo dirigo come posso verso la casa della mia amica, quindi ho la sfortunata idea di dirgli: "Guarda, siamo quasi arrivati, è al di là del sottopassaggio". Siccome siamo su un viale a senso unico, volevo dire: "Vai sul cavalcavia, torna indietro e siamo arrivati alla festa". Invece a Javier non deve essere sembrato vero di cavarsela tanto facilmente, e appena intravede il sottopassaggio vi si getta dentro: contromano! Tutti i pericoli che il suo amico doveva insegnargli a evitare, le auto veloci, i motociclisti a sciami, gli autobus, i passanti inferociti, sembrano adesso schizzarci intorno frenetici, e hanno tutti ragione, siamo noi i pazzi in senso vietato! Chiudo gli occhi, certa che arrivi subito il botto di lamiere dell'incidente, e invece risbuchiamo sotto il cielo azzurro, lasciandoci alle spalle, salvi per miracolo, il cemento grigio del cavalcavia e i "vaff..." di chi ci ha visto venirgli contro a tutta birra. Pupi parcheggia soddisfatto. "Bene, eccoci arrivati!" dice, come se avesse effettuato la manovra più semplice del mondo. Non ho sorriso stavolta, ho tirato su il finestrino in modo che nessuno ci sentisse e gliene ho dette di tutti i colori. Javier non ha cambiato stile di guida con il tempo: le code lo rendono nervoso, parla al telefonino cambiando marcia, taglia le corsie in diagonale senza schemi, né a uomo né a zona, insomma, se non si infila contromano nei sottopassaggi è per amore dei bambini, almeno fino a quando non si dimenticherà che sono a bordo».

Anche il Capitano, dunque, ha qualche filo di pazzia, pur nel carattere da saggio dei soliti titoli di giornale.

La mitica Fiat 147 è importante per la mia storia, non solo perché alla sua guida ho rischiato di sterminare la mia famiglia ancora prima di sposarmi, ma anche perché al suo volante, ormai pilota – diciamo – provetto, mi presento al primo allenamento di Serie A, con la solita voglia di sempre di faticare. Parcheggio timido – niente manovre da sottopassaggio in contromano – e da quella recluta che ero cerco di non farmi notare troppo, quando mi sgomma accanto una Honda Civic: non è una Maserati, ma almeno è nuova di zecca e al confronto la mia Fiat 147 di terza mano sembra un rudere. Si apre la portiera e scende un titolare del Banfield, il centrocampista Jorge Jiménez, per la grinta chiamato dai tifosi «Patrulla», pattuglia di polizia. Ora siamo «compari», mi ha chiesto di fare da padrino di battesimo a suo figlio, ma allora era per me prima di tutto un idolo, e io cerco di sparire nel parcheggio per non farmi vedere lì.

Macché, «Patrulla» mi chiama: «Ehi Pupi, Pupi!». Mi abbraccia e mi accompagna nello spogliatoio, presentandomi ai nuovi compagni, uno per uno, e facendomi sentire come fossi a casa. Loro scherzano da veterani, sbattendo le ante degli armadietti, raccontandosi le imprese dell'estate e anticipando le partite a venire. «Il Boca ha comprato un'ala», «È forte il portiere del Racing», «L'Independiente ha venduto quel difensore»: le chiacchiere quiete da spogliatoio sono la vita del calcio, è lì che una buona squadra costruisce, nell'intesa, le proprie vittorie e una cattiva squadra fa maturare, nella discordia, le proprie sconfitte.

Io non apro bocca, indosso in un lampo maglia e pantaloncini, non mi pare vero di avere addosso quei colori, gli altri miei compagni se la prendono comoda. Per non dare nell'occhio, allaccio e slaccio gli scarpini cento volte, finché «Patrulla» Jiménez non mi strizza l'occhio: «*Vámonos Pupi, alla cancha!*» ed entriamo sul rettangolo di gioco.

Neanche il tempo di abituarmi alla luce del sole e capisco che per me, il giorno del debutto agli allenamenti di Serie A, le sorprese non sono finite. I due allenatori con lo stesso nome, Oscar López e Oscar Cavallero, sono seduti al centro del campo, tranquilli, ognuno usando un pallone come seggiola. Con un gesto, mi invitano accanto a loro: «Siediti qui Pupi». Avendo lavorato con mio fratello conoscevano perfino l'origine languida del mio nomignolo.

Mi guardano negli occhi e, parlando a turno, come fanno Qui, Quo e Qua nei fumetti di Paperino, cominciano: «Ce la fai a giocare in Serie A?».

«Qui ci vogliono *huevos*, tu ce li hai i coglioni, Pupi?»

Cosa rispondere a una domanda così? Io mormoro a occhi bassi: «Sì...». E loro, sempre a turno: «Guarda, siamo sinceri. Noi puntiamo molto su di te, Pupi».

«Qui al club i dirigenti vorrebbero portare un terzino dal River Plate, un altro dal Boca Juniors.»

«Noi un terzino lo vogliamo, ma per noi sei tu.»

«Capito?»

«Mi raccomando.»

López e Cavallero erano due romantici del pallone, persone che andavano in panchina con la tuta se giocavamo contro le squadre piccole, ma quando l'avversario si chiamava Boca Juniors o River Plate, squadroni titolati, si presentavano agghindati di tutto punto: vestito, giacca, cravatta. «Mister,» chiedo io «come mai oggi siete così eleganti?» E loro: «Pupi, oggi andiamo a una festa, la festa del calcio».

Era un calcio professionistico, di alto livello, con campioni di classe internazionale che avevano girato il mondo, ma mancava ancora, per fortuna, il parossismo, l'ossessione, la legge troppo ferrea del business che oggi sta stringendo il nostro sport. L'aria allegra e disincantata dei racconti di Soriano, quando per tirare un rigore servivano giorni e giorni, o il profumo dei tornei a Disneylandia, con in premio un fiasco di buon vino rosso e due salami da mangiare dopo il fischio finale, al Banfield del mio debutto in Serie A non erano perduti.

Un giorno con due miei compagni di Rosario, Juan José Rossi, «El Yaya», e Ariel Cozzoni, «La Chancha», partecipiamo alla riunione tattica nello spogliatoio con gli allenatori. Quindi Cavallero dice: «Forza, adesso in campo a lavorare». Faccio per imboccare l'ingresso verso il terreno di gioco, quando vedo «El Yaya» e «La Chancha» che si attardano.

«Che fate? Non venite?» chiedo, con l'ingenuità del novellino.

«No, noi oggi prima di allenarci andiamo al mercato.»

«Al mercato? E a fare cosa?»

«Pupi, oggi è il giorno dell'*asado*, facciamo la brace e la grigliata mista. Preparati, ci sarà una *parrilla* piena di bistecche e pesce. Stiamo andando giusto a fare la spesa per i ragazzi.»

Me ne vado in campo sorpreso, López coglie il mio sguardo e grida: «Forza Pupi, corri che ti viene fame e poi si mangia».

Non era pigrizia, si lavorava duro, ma restava un tocco di gioia e di familiarità che serviva a fare squadra, a creare l'intesa. Con Walter Samuel, Esteban Cambiasso e altri compagni, assi che hanno vinto tutto in campo, abbiamo cercato di mantenere questa stessa atmosfera: quando vediamo che c'è stress nello spogliatoio, accendiamo la brace dell'*asado* e, come per miracolo, il profumo della carne che rosola, le gocce di grasso che lentamente scivolano sul fuoco riportano il sorriso. So che quello che sto per scrivere mi farà passare come un veterano d'altri tempi, ma non m'importa. Oggi vedo ragazzi della Primavera che debuttano in prima squadra e arrivano agli allenamenti con macchine di lusso e supertelefonini. Ai miei tempi l'auto nuova era un privilegio, almeno in Argentina. E poi, anche se io giocavo in Serie A, andavo allo stadio con l'autobus.

La partita che mi fece conoscere al grande pubblico fu Boca Juniors-Banfield. Uno degli amici di Dock Sud non sta nella pelle: «Vengo a vederti». Allo stadio arriviamo insieme a piedi, da tifosi qualunque. Entro alla Bombonera: è la prima giornata, lo stadio è stracolmo, in campo una squadra stellare di grandi campioni. Paula non è in tribuna, ha un match di basket. Come in un film, il perfetto sconosciuto Javier Zanetti se ne va palla al piede, seguito dallo stupito «oooooh» dei tifosi. Lascio sul posto di fila cinque assi del Boca – gente che ancora si chiede: «Ma chi era poi quel pivello?» – tocco la palla a un compagno che segna, Radaelli, non lo scorderò mai. Fa gol anche Julio Cruz, «El Jardinero», che poi sarà con me all'Inter, vinciamo 2-1.

Finita la partita, solo per educazione tutti intorno a me non mi chiedono: «Scusa, ma chi sei?». Capisco benissimo, però, che lo pensano. Per la prima volta nella vita mi circondano i giornalisti, e uno di loro fa: «Ascoltami, *chico*, stasera va in onda il nostro show "Futbol de Primera", sei invitato». È l'equivalente argentino di «Controcampo» o «La Domenica Sportiva». Il Banfield non è uno squadrone, i giocatori andavano in televisione un paio di volte al mese, per me debuttare a «Futbol de Primera» è un'occasione unica. Mormoro: «Va bene, grazie, verrò» e mi avvio verso la doccia.

Fuori dallo stadio mi abbraccia Rodolfo, e come ai tempi del cantiere ce ne andiamo insieme alla fermata dell'autobus per tornare a casa. L'autobus, però, è pieno di tifosi del Boca, gli avversari. «Scusa? Tu non sei quello che ha fatto l'assist a Radaelli? Cavolo, sei bravo, l'anno prossimo devi venire al Boca a giocare, va bene?» Manca poco che mi chiedano l'autografo. In autobus con i tifosi dell'altra squadra, a chiacchierare della partita appena finita, in cui avete fatto il passaggio decisivo per la vittoria: vi immaginate questa scena oggi?

L'autista sente il chiasso, si gira. «Ma tu sei Zanetti? E stai ancora sul mio autobus ingolfato nel traffico della domenica? Quando mai ci arrivi così in televisione? Alla radio hanno appena annunciato che sarai ospite a "Futbol de Primera". Devi correre ragazzo o farai tardi.»

Con papà ci affrettiamo, arrivati a casa io mi cambio, vorrei telefonare, ma per noi *inundados* di Dock Sud il telefono è un lusso. Vado da una vicina, le chiedo con il sorriso d'occasione: «Signora, le spiace se faccio una telefonata?». Al telefono cerco Paula per dirle: «Amore, sono a "Futbol de Primera". Sì, in televisione... sì, proprio io, e chi se no? Scusami... Guardami, dai. Come? Vuoi venire anche tu? Ok, mi organizzo». Prego un altro mio amico: «Dammi un passaggio al volo, dai, andiamo. Paula è sull'autobus in avenida General Paz, sta tornando dalla partita di basket. La intercettiamo e si va al programma». Nel caos del traffico di Buenos Aires riusciamo a vedere i capelli biondi di Paula dal finestrino, suoniamo il clacson alla disperata, lei scende alla prima fermata e, violando ogni norma del codice della strada, arriviamo in tempo agli studi per la mia prima intervista televisiva della vita.

La notte vado a dormire pensando di svegliarmi e che tutto sia un sogno. Invece mi scuote mia mamma: «Javier, c'è fuori un *remís*» (una sorta di taxi privato a Buenos Aires). «Dice che deve portarti a un altro programma televisivo del mattino. Ti hanno visto a "Futbol de Primera", pare che tu sia piaciuto molto.» Mezzo addormentato mi infilo nel *remís*, e l'autista mi chiede: «E tu saresti proprio Zanetti?».

«Sì.»

«Questo l'hai visto, almeno?» Mi lancia un quotidiano sportivo ancora fresco di inchiostro. Il titolo recita: *Zanetti 10!*.

«Benvenuto alla fama del calcio, ragazzo. Ora non darti delle arie» conclude filosofico il tassista.

Al Banfield ho passato due anni di lavoro e festa, due anni bellissimi durante i quali ho anche giocato il famoso Derby Famiglia Zanetti: io contro mio fratello Sergio del Deportivo Español, la foto di noi due abbracciati a centrocampo che troneggia in casa di nostro padre. Mi sembra non mi manchi nulla: sono innamorato e gioco in Serie A. Come penso sempre di me, sono «fortunato e felice».

Poi un giorno squilla il telefono, il centralinista dice: «Parla Javier Zanetti? Un attimo, per favore, le passiamo Daniel Passarella». Daniel Passarella? Il durissimo difensore del River Plate, squadra di cui nel 2009 diverrà presidente, Fiorentina, Inter, due Mondiali vinti con la Nazionale argentina, nel 1978 e nel 1986, il secondo giocando a sprazzi, pare per dissapori con Maradona. L'attesa al telefono sembra infinita, poi arriva la voce spiccia di Daniel: «Pupi? Stai giocando bene, mi dicono che sei un ragazzo serio. Occhio che alleno sia la Nazionale sia l'Olimpica, presto ti convoco, ok? Continua a darci dentro».

In Argentina la Nazionale *albiceleste* era allora feudo dei grandi club, Boca Juniors, River Plate. Ai Mondiali del 1994 il commissario tecnico Alfio Basile, detto «El Coco», aveva schierato uno squadrone con quattro attaccanti: Balbo, Caniggia, Batistuta e Maradona, quest'ultimo poi squalificato per il caso efedrina. Ma quell'attacco atomico non era bastato ed eravamo usciti agli ottavi, eliminati dalla Romania di Gheorghe Hagi. Passarella vuole rinnovare la squadra e così viene il mio turno. Debutto con la Nazionale maggiore a Santiago del Cile il 16 novembre 1994. Ho ventuno anni, gioco l'amichevole contro il Cile, 3-0 per l'Argentina.

Ora non mi manca davvero più niente, o almeno così credo. Perché mi manca ancora l'Internazionale di Milano, a cui i tifosi nerazzurri dedicano il grido: «Amala!». La stessa squadra che nel 1964 e nel 1965 negò la Coppa Intercontinentale alla mia amata Independiente.

Ora il tempo è arrivato. Il tempo di comprarmi un vestito e attraversare l'Oceano Atlantico.

VI

Un vestito da festa

Questa è la storia di un vestito doppiopetto che amo ancora, e che conservo in fondo a un armadio nella mia casa di Buenos Aires, di un angelo dalla faccia sporca, del destino, di una cravatta con il disegno di cavalli in corsa e di un paio di scarpe nuove, troppo strette. Chi non crede agli angeli e neppure al destino, be', potrà almeno fidarsi del vestito, della cravatta e di quelle scarpe strette...

Tutto cominciò con un «angelo», che da giovane aveva per i cronisti «la faccia sporca» perché veniva dall'Argentina, per giocare a pallone nell'Internazionale di Milano. È il 1957, l'Italia è appena uscita dalla fame del dopoguerra e il boom economico ha rimesso in moto le fabbriche e le città. Si gira in Fiat, Vespa o Lambretta, chi se lo può permettere va allo stadio con eleganti Lancia e Alfa Romeo. Fervono i preparativi per le Olimpiadi di Roma, le prime trasmesse in mondovisione, che ridaranno agli italiani un posto in prima fila tra le grandi nazioni. Sono gli anni della «dolce vita», che il regista Federico Fellini lancerà nel suo famoso film, e che faranno sognare via Veneto e i suoi night club a tanti ragazzi, con le attrici arrivate da Hollywood, i seducenti artisti italiani, i nuovi ricchi, e quella figura ormai onnipresente – di cui anche io ho esperienza – che è il «paparazzo», il fotografo che aspetta in agguato le celebrità, battezzato così proprio dal nome di fantasia che Fellini nel film aveva dato al suo fotografo di personaggi famosi.

Dall'Argentina, richiamati dal benessere italiano, tornano ad animare gli stadi i figli degli emigranti. Il centrocampista Humberto Maschio, da Avellaneda, il *partido* della grande Buenos Aires che conosco palmo a palmo, nel 1957 va al Bologna, una squadra che nel corso degli anni Trenta aveva segnato un'epoca, al punto da essere chiamata «lo squadrone che tremare il mondo fa». Nella stessa stagione, un ragazzo nato a San Nicolás de los Arroyos, un altro grande sobborgo della mia città, debutta nella Juventus: è un attaccante, vincerà il Pallone d'oro nel 1961, si chiama Enrique Omar Sivori. L'Inter deve reagire agli storici rivali e ingaggia la mezzala del Boca Juniors, nato al Parque Patricios: con Antonio Valentín Angelillo in Serie A è rappresentata tutta la mappa di Buenos Aires.

I cronisti sportivi non perdono tempo e, rubando il titolo a una vecchia pellicola americana del 1938 diretta da Michael Curtiz, battezzano con affetto i tre – Maschio, Sivori e Angelillo – «Angeli con la faccia sporca». Faranno la spola tra la Nazionale argentina e quella italiana, grazie alle bizzarre regole di allora, e verranno definiti con un termine che oggi non ci piace più, per fortuna: «oriundi».

La storia dell'«angelo» Angelillo da sola varrebbe un film, e meriterebbe dietro la macchina da presa un Curtiz o un Fellini: nel campionato 1958-1959 Angelillo stabilisce un record che resiste fino a oggi, 33 gol nel campionato a diciotto squadre. Ma all'Inter c'è un altro argentino giramondo, l'allenatore Helenio Herrera, e i due non legano. Il mister è duro, non media mai sui principi del *taca la bala.* Si persuade – o almeno così scrivono le cronache – che Angelillo, malgrado i gol, passi troppe serate nei night club della «dolce vita», si parla di una *love story* con l'affascinante ballerina Ilya Lopez. Il giocatore finisce alla Roma, e così non giocherà nella Grande Inter di Sarti, Burgnich e Facchetti, campione d'Italia, d'Europa, del mondo.

Nel 1994 Angelillo, diventato poi allenatore, è di nuovo all'Inter, l'amore di gioventù, e come osservatore si occupa di segnalare a Milano le promesse del calcio argentino. L'anno successivo la squadra torna nelle mani della famiglia che ha guidato il ciclo di Herrera: il nuovo presidente è Massimo Moratti, il figlio del grande Angelo. Gli osservatori, gente navigata, conoscono la passione di Moratti per il calcio ben giocato, i trequartisti di gusto. Sanno che segue in televisione dribbling e assist di tutti i campionati, e gli propongono ogni volta nuovi talenti capaci di vestire la maglia numero 10.

Angelillo segue la tendenza solo in parte, e segnala all'entusiasta neopresidente Sebastián Rambert, detto «El Avioncito», l'Aeroplanino, un attaccante classe 1974 che giocava nella mia amata Independiente: numeri, brillantezza, estro, giocatore perfetto per una squadra da ricostruire. Ma con lui – mi confida a mezza voce il commissario tecnico Passarella – Angelillo segnala anche me, «El Tractor» Pupi Zanetti, per nulla un raffinato numero 10, anzi un giocatore concreto, ostinato, pratico. Non riesco a crederci: io all'Inter? Si mormora persino la cifra: quattro miliardi e mezzo delle vecchie lire per la coppia Rambert-Zanetti, perché San Siro esulti vedendo Sebastián fare l'aeroplanino dopo un gol e io recuperare in difesa quando saremo sotto pressione. L'incredulità di fronte alla soffiata di Passarella, uno che sa tutto quel che accade nell'ambiente del calcio, cede il passo alla sorpresa. È vero, dal Banfield passo all'Inter. È la stagione 1995-1996, in tempo per debuttare nell'avventura di una vita del presidente Moratti II. E qui, prima di parlarvi del vestito che conservo nell'armadio, è giusto parlare di destino.

Ogni estate i tifosi sognano e si dannano dietro al calciomercato, che fa e disfa le fortune delle squadre. Un tempo esistevano i giocatori «bandiera», che legavano la propria vita calcistica a un solo club: Facchetti all'Inter, Pelé al Santos, Beckenbauer al Bayern, Robson al Manchester United, Maldini al Milan, Del Piero alla Juventus, Totti alla

Roma. Poi viene l'era degli «zingari»: Ibrahimović, che ha giocato per Juventus, Inter, Barcellona, Milan, Paris Saint-Germain, ne è un po' il simbolo. Fuoriclasse senza radici, che appassionano tante curve diverse, come Roberto Baggio – campione e uomo che rispetto e ammiro – che ha vestito le maglie di otto squadre, fra cui Fiorentina, Juventus, Milan e Inter, e ovunque è stato amato. Io, nell'estate calda del 1995, finii all'Inter, alla scuderia di Massimo Moratti.

Il calcio italiano ha all'estero una fama e una reputazione di cui non sempre gli italiani sono consapevoli. È diverso dagli altri campionati. Qui non puoi mai dare nulla per scontato. In Brasile, in Argentina, in Inghilterra, se la capolista gioca con l'ultima in classifica arriva il 4-0. In Italia vinci 1-0 soffrendo, o magari non vinci affatto. Perché la preparazione tattica non ha eguali, e lo dimostrano i brillanti risultati della Nazionale azzurra che, per esempio, i tedeschi non sono mai riusciti a battere in una partita valida per i Mondiali o gli Europei.

Il successo degli allenatori italiani all'estero – Trapattoni, Lippi, Spalletti, Mancini, Zaccheroni, Capello e tutti gli altri – dipende dal lavoro speciale che in Serie A si fa sui reparti: difesa, centrocampo, attacco. Le squadre piccole sanno giocare in undici dietro la palla, fare gol spesso diventa dura: una volta perso il pallone, si arroccano in difesa, lasciando spazi angusti, e penetrare è difficile anche per Maradona o Messi. Nessuno al mondo sa muoversi a blocchi compatti come gli italiani. Se segni può arrivare la goleada, ma se ti incarti sono guai.

Quando guardo i giornali con la nuova campagna acquisti, vedo amici e compagni che volano lontano a fare esultare tifoserie che fino a poche settimane prima li avevano fischiati sonoramente. Allora mi chiedo: e se fossi stato io ad andarmene in un'altra squadra? Oggi sono la «bandiera» dell'Inter, il Capitano, ma era inevitabile che fossi nerazzurro a vita, o per me il destino aveva anche altre carte in mano?

Mi viene in mente la volta che fui a un passo – mezzo passo, a dire il vero – dal lasciare l'Inter, per andare a giocare nel Real Madrid. Tutto pareva ormai deciso quando un incontro, forse uno scherzo del caso o forse una ferrea decisione del destino, mi fece restare a Milano, giusto alla vigilia delle strepitose vittorie che avrebbero portato al record del Triplete: l'Inter campione d'Italia, d'Europa e del mondo nel 2010. Penso a quello che ho sempre creduto, e che vent'anni di carriera mi confermano: ogni squadra di calcio importante, sia di club o Nazionale, ha un suo carattere, una sua filosofia – un Dna direbbero gli scienziati – che non si cancella, mai. Cambiano i presidenti, gli allenatori, i giocatori, i tifosi, le generazioni si succedono una all'altra, ma «la squadra» rimane la stessa, con il suo stile, il suo fascino, la sua personalità. «Com'è possibile?» mi chiedevo da ragazzo, quando sognavo dietro l'Independiente, il Racing, il Boca.

Se vi portassi bendati in una capitale famosa, New York, Parigi, Londra, Buenos Aires, Roma, Pechino, e all'improvviso in uno dei suoi quartieri vi chiedessi, liberandovi gli occhi: «Dove siete?», voi riconoscereste subito le insegne al neon di Manhattan, i tetti di Parigi, i pub di Londra, i caffè di Buenos Aires, il Colosseo, la Muraglia Cinese. Ma come riconoscere la personalità e lo stile di una squadra? Sono persuaso che ciascuna sia unica.

Il Milan, per esempio. Dai presidenti che hanno preceduto Silvio Berlusconi alle vittorie ottenute durante la sua stagione, è come i suoi tifosi: è una squadra che ama apparire, dove il gusto dell'immagine, del look, del «fare bella figura», come si dice in italiano, conta moltissimo. Lo juventino, per me, dai tempi in cui la squadra veniva soprannominata la Signora del calcio all'allenatore di oggi, Antonio Conte, è uno che allo stadio e al bar ama polemizzare, dire la propria, confrontarsi. Milan, Juventus, Inter sono tre società diverse: città vicine, ma metropoli calcistiche lontanissime. Non si riuscirà mai a farle andare d'accordo, a renderle omogenee.

Un procuratore importante, in un'intervista, ha proposto di fondere Milan e Inter, Roma e Lazio, per creare una sola squadra cittadina per Milano e Roma in grado di fronteggiare all'estero squadroni come Barcellona, Real Madrid, Bayern Monaco, Manchester United... Ma è impossibile, si è trattato solo di una battuta estiva. Immaginate la fusione di Roma e Lazio: i «giallorossobiancazzurri» allo stadio insieme contro il Milaninter, i «rossonerazzurri»? Sarebbe assurdo, perché a Roma i romanisti sono la maggioranza, i laziali una baldanzosa minoranza, e ciascuno è custode della propria storia. E lo stesso accade a Milano per Inter e Milan, a Torino tra Juventus e Torino o a Genova con Sampdoria e Genoa. Gli juventini sono fieri della loro storia e delle loro vittorie, come i milanisti non scambierebbero mai le loro coppe e la loro immagine.

Io sono un interista. Per sempre, per natura. Rispetto gli altri tifosi e gli avversari, ma so che non potrei essere come loro e per questo a volte è difficile andare d'accordo. Lo stesso vale per le Nazionali: gli azzurri, i tedeschi, i carioca, noi argentini. Passano le generazioni ma la squadra ha un suo Dna che non cambia. Capisco che, a chi non conosce il calcio e non lo ama, questo ragionamento possa suonare astratto, ma ogni tifoso che legge sa di cosa sto parlando. A volte mi chiedono, e anch'io mi domando: «Ma un uomo come me, che si vanta di essere razionale e metodico, come fa a diventare l'icona della squadra più pazza al mondo, l'Inter, tifando addirittura una delle più pazze, l'Independiente?». Non lo so, questo dovete chiederlo al destino, è lui a fare scherzi del genere. Quel che so è che non avrei potuto che giocare nell'Inter, che la sua sofferenza, le sue sconfitte, le sue vittorie sono la mia sofferenza, le mie sconfitte, le mie vittorie.

Ogni tanto riapro l'armadio della mia casa di Buenos Aires, e respiro quell'aroma un po' nostalgico che giunge dagli indumenti a lungo non indossati, che ci guardano tristi come li avessimo dimenticati. Allora tiro fuori quel vestito beige, la cravatta con i curiosi cavalli stilizzati, la camicia azzurra, le scarpe che in aereo non riuscivo più a calzare da quanto erano strette. Quel vestito l'avevo comprato in un negozio di Lanús. L'Italia è il paese della moda, non volevo sfigurare. Non immaginavo certo che su YouTube sarebbe stato caricato il filmato di quel giorno d'estate alla Terrazza Martini di Milano, con Facchetti, Suárez e Angelillo, quando insieme a Sebastián Rambert diventai un giocatore della nuova Inter di Moratti. Pioveva a dirotto, un diluvio. Dicono che i temporali portino fortuna, io non ci credo né ci credevo allora.

Lo riguardo oggi quel video: i miei capelli pettinati solo con acqua sono uguali, la timidezza è evidente, e il vestito nuovo prova a camuffare lo scugnizzo di Dock Sud approdato nel centro snob di Milano. La voglia di rivincita dell'Inter, con il ritorno della famiglia Moratti, era grande, ma il destino aveva per ognuno di noi strade diverse. Rambert si infortunò al ginocchio e non riuscì a fare innamorare San Siro delle sue volate da aeroplanino. Vent'anni dopo Paula ha organizzato una festa ricordo, ognuno doveva venire vestito come allora, e io ho rispolverato quel doppiopetto beige: mi sta ancora bene!

Il primo giorno all'Inter scendo in campo per l'allenamento con le scarpe a tracolla. I cronisti non vogliono farmi passare, sembro un intruso. Vengo dalla Coppa America, la squadra è già in ritiro da alcuni giorni. Mi gridano: «Tu, giri di campo!». Vogliono vedere che tipo sono.

Indosso le scarpe, inanello giri su giri. A un passaggio davanti ai compagni sento uno – non potevo voltarmi per controllare chi fosse, e del resto di tanti non sapevo neppure il nome – che bofonchia: «Ma come corre quello lì?». Doveva essere scocciato dal fatto che non mi fermassi mai, senza accelerare né rallentare. Volevo rispondergli: «Fratello, lo sai che ho ventuno anni e ho fatto la fame? Pensi che abbia voglia di mettermi a camminare giusto qui a Milano?». Ma rimango quieto a fare il mio jogging. Un colpo di fischietto intima: «Possesso!». Due squadre devono passarsi la palla per un certo numero di tocchi: dieci valgono un punto, la squadra avversaria deve interrompere l'azione e conquistare il pallone. Io non perdo mai possesso del pallone, toc, toc, toc, concentrato. C'è ancora tra noi il capitano Beppe Bergomi, oggi telecronista di Sky, allora famoso per aver vinto a diciotto anni i Mondiali, marcando in finale a Madrid l'asso tedesco Karl-Heinz Rummenigge.

Chi non è del mestiere sottovaluta l'elemento psicologico del calcio, la forza mentale che invece, dopo mille partite, a me sembra altrettanto importante, se non di più, del talento fisico. I veterani, i giocatori che militano nei club maggiori, spesso si impongono su avversari giovani o inesperti, o che indossano la maglia di una squadra meno titolata, proprio facendo leva sulla loro forza mentale. Non va bene, non bisogna mai cedere il passo psicologico, questa è una regola che vale in campo come a scuola o in ufficio. Una volta che avete lavorato bene, che avete fatto il vostro dovere, nel rispetto di tutti, dovete esigere rispetto per voi e per il vostro lavoro.

Nel mio primo allenamento con la tuta nerazzurra applico la vecchia regola di Disneylandia: dare tutto quello che hai dentro. E così Bergomi commenta, con la voce che oggi riconoscono milioni di tifosi: «Dalla parte di questo ragazzino gli attaccanti non passeranno facilmente. Non perde un pallone». Me l'avrebbe poi ripetuto in partita, e io ne ero felice, perché se un veterano si sente protetto in difesa da un pischello, vuol dire che la squadra funziona bene.

L'allenatore dell'Inter di allora era Ottavio Bianchi, un mister esperto, molto amico delle grandi firme dei giornali. Flemmatico in campo, un sigaro toscano in bocca, Bianchi poteva contare su una buona campagna acquisti: insieme a me e a Rambert arrivano Paul Ince dal Manchester United, detto «The Governor» per come dettava il gioco, un campione serio e determinato, Maurizio Ganz, cui i tifosi avrebbero dedicato in dialetto milanese l'affettuoso striscione «*El segna semper lü*», segna sempre lui, e due talenti, Salvatore Fresi e Benito Carbone, oltre all'attaccante Marco Branca, poi a lungo dirigente della squadra. Arriva anche il brasiliano Roberto Carlos, con i muscoli delle cosce così poderosi che i magazzinieri devono fargli cucire pantaloncini più larghi su misura. Segna subito nella partita d'esordio che vinciamo contro il Vicenza per 1-0, e ancora alla seconda giornata, sconfitti a Parma per 2-1. Diventa una colonna della Nazionale brasiliana, purtroppo all'Inter resta poco, e per molte stagioni, correndo e marcando sulla fascia destra di San Siro, ho guardato con nostalgia alla fascia sinistra, orfana della potenza di Roberto.

Con me Ottavio Bianchi è di poche parole, come con tutti del resto. Tra la sua calma e l'entusiasmo del neopresidente Moratti non c'è sempre perfetta intesa. In Coppa Uefa usciamo subito, ai trentaduesimi di finale, cacciati dal Lugano, non esattamente il Barcellona. Conosco Bianchi, aveva vinto lo scudetto al Napoli con Maradona – chi non lo conosce in Argentina? – ma dubito che lui conosca me, sono l'ultimo arrivato. Mi convoca, è gentile, mi fa sedere al suo tavolo, ha il sigaro in bocca e un mazzo di carte nuovo in mano. Lo schema e la formazione le fa con le carte: Coppe, Denari, Spade, Donna, Cavallo e Re. «Allora, in porta gioca Pagliuca» e giù una carta. «Davanti Branca e Ganz» e via altre due carte appaiate. «A centrocampo Ince, Berti, poi vediamo chi tra Carbone e Fontolan», via tre carte a formare lo schema. «E in difesa, con questo Carlos c'è anche Pistone», un paio di figure a fare da tarocchi della fortuna davanti a Pagliuca. «E tu dove vuoi giocare?»

«A destra, mister» rispondo io.

Bianchi tira una boccata dal sigaro, cala la carta del mio futuro a San Siro e, come fosse un cartomante che predice il destino, sibila tranquillo: «A destra? Vai a giocare a destra allora...».

Dura poco, Massimo Moratti ci tiene moltissimo alla sua creatura, la calma di Bianchi non gli basta. Arriva Roy Hodgson. Il nuovo mister ha la cultura del lavoro: niente sigaro, niente carte, sbattersi sul campo, imparare gli schemi. I tifosi e i comici in televisione lo prendono in giro perché impara subito l'italiano ma lo parla con l'accento che hanno Stanlio & Ollio nei vecchi film. Invece Roy ha guidato sedici team in otto diversi paesi, e fra queste squadre anche Liverpool e Udinese. Adesso allena la Nazionale del paese che ha inventato il calcio, l'Inghilterra, dopo essere riuscito a riportare la Svizzera alle fasi finali dei Mondiali e degli Europei da cui mancava da decenni.

I tifosi, i cronisti, spesso purtroppo anche i dirigenti, valutano degli allenatori solo un aspetto: vince o perde? Ma il calcio è qualcosa di molto più complicato, affine alla vita. La vittoria o la sconfitta non arrivano mai per caso, sono la conseguenza, logica e inevitabile, di tante scelte, giuste o sbagliate, cementate dal lavoro, oppure distrutte dalla mancanza di lavoro. Con l'Inter Hodgson non ha «vinto», ma per questo il mister va considerato un «perdente» e il suo lavoro inutile?

Per nulla, anzi. Nella ricostruzione dell'Inter che poi culminerà il giorno in cui ho alzato, pazzo di gioia, la Coppa dei Campioni al Santiago Bernabeu di Madrid, conta anche il lavoro che Hodgson sedimentò allora, e che troppo in fretta è stato dimenticato. Ricorda il mister: «Tranne Ince, non avevo stelle in squadra, non come l'Inter del Triplete. Ma se non erano i migliori tecnicamente, quei ragazzi erano delle macchine sotto sforzo. Non cedevano mai, tiravano sempre, come in Premier League sarebbe successo solo anni dopo».

Paul Ince, «The Governor», era un esempio magnifico. Con me è stato come un fratello, ci teneva a farmi crescere. Prima della partita, per concentrarsi, si scaldava da solo, con grinta feroce. E, anche se stava nevicando, entrava in campo a torso nudo, come a sfidare tifosi e natura. Un lottatore straordinario che vorresti sempre avere in squadra.

Nicola Berti, adorato dagli interisti per il gol in volata contro il Bayern e per una rete di rapina che nel 1990 frutta il derby contro il Milan, era invece un buontempone. Bravo in campo, da ammazzarsi dalle risate fuori. Una volta si lamenta con me: «Pupi, ho un gran mal di schiena, sono a pezzi...». Mette in croce medici e massaggiatori: «Sono "incriccato": ho il colpo della strega, il torcicollo, ho di tutto... aiutatemi». Il fisioterapista impazzisce, non riesce a capire il motivo ma Nicola resta storto, ha i muscoli tesi. Dopo sedute di massaggi e di stretching, il fisioterapista comincia a interrogare Berti sulle sue abitudini: «Che materasso usi? Che tipo di cuscino? Quale sedia? Quale poltrona? In auto come tieni lo schienale?». E qui, come la lampadina delle buone idee nei fumetti, improvvisamente si illumina, corre e va a vedere l'automobile di Nicola, scoprendo che quel matto guida da mesi con il sedile di sbieco, troppo avanti, inclinato malissimo. Con uno scatto di molle lo regola e lancia un'occhiataccia a Berti: guarito per sempre dal mal di schiena!

Lo sforzo per maturare insieme ci porta nel 1997 alla finale di Coppa Uefa contro lo Schalke 04, ruvida squadra tedesca della regione del carbone. Vogliamo dare ai tifosi e al presidente Moratti il primo trofeo della nuova gestione. All'andata, però, in Germania perdiamo 1-0, gol di Wilmots, un bravo centrocampista belga che poi nel suo paese diventerà senatore. Non è un punteggio catastrofico e proviamo a ribaltarlo a San Siro il 21 maggio. Spingiamo a testa bassa ma il risultato resta inchiodato sullo 0-0, finché, a sei minuti dalla fine, Iván Zamorano non fa gol.

Iván viene dal Cile, con Córdoba è uno dei miei migliori amici. Anche lui ha fatto da padrino di battesimo a uno dei miei figli, ma mi è difficile dire quanto lo amai quando segnò quella notte. Il telecronista Bruno Pizzul aveva ormai intonato la voce d'occasione delle sconfitte. C'è una rimessa laterale sulla sinistra dell'area dello Schalke, la batte Pistone e l'esperto Pizzul, come se il mio compagno potesse sentirlo, commenta: «Trentanove minuti, Pistone, è inutile andare per il sottile, deve buttarla nel mucchio...». Pistone lo ascolta, la getta nel mucchio selvaggio dell'area e da quella palla spenta Iván ricava una torsione mezzo rovesciata, esterno destro, gol!

Arrivano i tempi supplementari, poi i rigori. Non arriva la sospirata coppa, se ne va in Germania, lasciando a noi il carbone della delusione e a me la sola sceneggiata, il solo scatto di nervi della mia carriera davanti alle telecamere e ai tifosi. Roy Hodgson ha ragione, quell'Inter poteva avere i suoi difetti tecnici ma sul piano fisico e del carattere ne aveva di *huevos*, come voleva papà Rodolfo...

Mentre vanno a scadere i 120' dei supplementari vedo che dalla panchina il mister mi chiama fuori. Sono talmente ossessionato dal risultato che non ho per nulla chiaro a che punto siamo arrivati, ma la scelta di Roy è da vero britannico, di quelli che sotto le bombe in guerra dicevano: «*Keep calm and carry on*», calma e andiamo avanti. È giusto così, fuori io e dentro Nicola Berti, un rigorista. Invece io mi infurio, gliene dico di tutti i colori. Povero mister, e lui impassibile a spiegare, mentre il secondo portiere, Mazzantini, di cinque centimentri più alto di me, mi placca come a rugby.

Il calcio è uno sport leggendario e perciò vive di leggende. Quante ne ho viste in campo diventare poi, sui giornali, in televisione o nei bar, un film diverso. Del resto, fa parte del gioco. Almeno qui, per una volta, proviamo però a riportare la realtà dei fatti. La finale con lo Schalke 04 per me era la vita. Non ero mai entrato a San Siro, il mio stadio, così strapieno, era come se avessi fatto un patto personale con ogni tifoso: vincere la coppa «con» lui, non «per» lui. Era la mia prima finale, avevo sudato da Dock Sud per arrivarci, compresi i giorni a sollevare secchi pieni di cemento e le notti a consegnare bottiglie di latte. Avevo giocato bene, quando dovetti uscire diventai matto. Hodgson mi chiede: «Perché ti arrabbi Pupi?». Mazzantini mi tiene ancora stretto e già io gli chiedo scusa: «Mi spiace, mister. Ho perso la testa».

A tutti i giocatori giovani, che siano professionisti o che tirino calci al pallone per divertirsi, e che oggi guardano quella mia bravata su YouTube, voglio dire: «Ragazzi, ho sbagliato io, e ho chiesto scusa. Ero un bambino, nella mia maniera di vedere il calcio dovevo giocare solo io, volevo vivere la partita fino all'ultimo respiro. Errore: il calcio è una squadra, non un giocatore. La tensione della finale mi fece dimenticare quello che un giocatore deve sempre ricordare. Io avevo torto e Hodgson ragione, arrivavano i rigori e perciò metteva dentro Nicola Berti, bravo sui penalties. Un giornale scrisse: "Zanetti voleva picchiare l'allenatore". È assurdo, tutto finì subito, ma me ne vergogno ancora. Il mister chiedeva solo una spiegazione, i compagni temevano la mia ira, io ho sbagliato, la rabbia era finita prima ancora di tornare sotto la doccia. Non imitatemi».

Roy Hodgson lascia l'Inter, tra buoni ricordi. Mi disse una volta Moratti: «Roy ha aiutato la squadra a maturare, a cambiare mentalità. Ci ha salvato dalla deriva. Eravamo nei guai, era un periodo nero, lui ci ha educati a vincere, a pensare in modo vincente. Un perfetto inglese, mai nel panico, sempre calmo, insegnava alla squadra matta a restare calma sotto pressione. Diciamo la verità: all'inizio della mia presidenza in tanti speravano finisse subito in un disastro. Con Roy al timone nessun disastro, lui resta nella storia nerazzurra un uomo, un maestro importante».

Sono d'accordo con il presidente Moratti. La storia mi avrebbe portato ad altre finali, mi avrebbe dato, già l'anno dopo, una coppa da sollevare e infine – chi l'avrebbe mai detto mentre strapazzavo il flemmatico Roy Hodgson – anche un rigore da tirare. Sì, Zanetti capitano rigorista, in palio la Supercoppa Italiana del 2008, contro il re dei rigoristi, il capitano della Roma Francesco Totti.

VII

Al Parc des Princes con Rodolfo e Gigi

Nell'estate del 1997, mentre digerivo con lo stomaco da struzzo dei giovani la sconfitta in finale di Coppa Uefa, il mio problema però era già un altro: Paula, la ex «*amigovia*», ormai diventata fidanzata ufficiale, si ritrovava con me, che facevo il calciatore dall'altra parte dell'Oceano Atlantico, mentre lei andava ancora a scuola, doveva fare i compiti, era alle prese con interrogazioni, test ed esami.

Lei ricorda bene le nostre pene d'amore, senza smettere di sorridere: «Andavo ancora a scuola, certo, e i professori erano severi. Io giocavo a basket, me la cavavo bene, anche se allora c'erano i "corsi femminili", come le classi di cucito, che io odiavo. Quando dovevo andare a trovare Javier mi davano dei permessi speciali, chiudevano un occhio sulle troppe assenze, anche perché in Italia e in Argentina le vacanze scolastiche sono opposte tra estate e inverno. Grazie a Dio il calcio è una mania anche da noi, e il fatto che un ragazzo cresciuto dietro casa si stesse facendo onore in un grande club europeo, disputando perfino la finale della Coppa Uefa, faceva stravedere molti docenti. Insomma, magari non lo racconteremo subito ai nostri figli, ma facevamo un gran contrabbando di maglie dell'Inter firmate da Pupi: una al professore di storia, una a quello di matematica, in cambio di qualche giorno in più di assenza. Il primo viaggio, però, preoccupa: "Chi accompagnerà Paula?

Ha diciassette anni appena compiuti, non può certo volare in Italia da sola. È ancora al liceo, in quarta, le manca un anno intero". Per fortuna mi salva la moglie del procuratore di Javier, una donna simpatica: "Paula? Lei vola insieme a me, dov'è il problema?", e via tutti contenti».

Va avanti così per un po' di tempo, sogniamo di vivere insieme, ma Paula è minorenne. Secondo la legge argentina per sposarci occorre un nulla osta, il permesso dei suoi genitori, e – diciamo la verità – ci scoccia chiederlo. Sposarsi con la firma di papà e mamma non ci va, ci sembra una cosa da bambini e noi, come capita ai ragazzi, ci sentiamo un uomo e una donna fatti.

Dopo tanti viaggi attraverso l'oceano, arriva però il momento di chiedere ad Andrés l'ok per vivere insieme. Con sua mamma Monica, Paula ha sempre avuto una confidenza dolcissima e sa di averla dalla sua parte. Andrés, che oggi guida la mia Fondazione Pupi per i bambini di Buenos Aires, è una persona speciale. Gli chiedete di Perón e del suo governo e vi cita a memoria dati, numeri, statistiche. Gli domandate quanti siano i bambini senza tetto a Buenos Aires e ve li conta uno per uno, come se li conoscesse tutti. E con che pazienza e fiducia mi ha accolto nella sua famiglia, io, un Signor Nessuno di diciannove anni che corteggia la sua bambina di quattordici. Così andiamo a chiedergli se è d'accordo che Paula venga con me a Milano, per sempre, senza andare all'università come invece desidererebbe lui, un intellettuale all'antica, nel senso latinoamericano della parola: idee, idee, sempre idee.

Paula gli dice: «Papà, io voglio studiare pubbliche relazioni, ho fatto il primo anno all'università, lo sai, ma con Javi ci amiamo, non posso stare lontana da lui. Altri quattro anni così non resisto. Mollo gli studi, voglio vivere in Italia con lui».

Andrés, che ha già capito, le risponde: «Perdo una figlia, ma che questa sia la storia d'amore della tua vita lo so da quando alla partita di Morón mi inventai la storia del tuo *"amigovio"*. Javier è diventato un altro mio figlio, ha portato in casa nostra la sua serietà e la sua allegria, tu sei felice con lui. Quando lavoro con i bambini poveri, a cui la società ha tolto tutto, spesso anche la famiglia – il papà chissà dov'è, la mamma fa "la vita" – penso sia giusto provare almeno a dare loro una speranza, un destino, il sogno che non hanno. Ora tocca a te, Paula, seguire la tua vita, il tuo destino, il tuo sogno. Con la mamma siamo riusciti, non senza difficoltà, a darti un'educazione, anche se non ti abbiamo dato i soldi per comprarti la macchina fotografica che tanto hai desiderato... Ora vivi la tua vita».

Monica fa la femminista: «Parti, ma da italiana. Javi avrà il suo passaporto italiano grazie agli antenati di Sacile, in Friuli, tu lo avrai dai miei piemontesi, i Giacoletto di Forno Canavese, ognuno con la sua cittadinanza».

Dei primi giorni a Milano, Paula tiene un diario preciso: «Milano, 30 luglio 1997. Afa, la città è deserta, non mi fa una grande impressione. Meglio Como, di cui subito mi innamoro. I colori, il lago, le case pittoresche, i boschi. L'Italia, d'estate, gli amici, al cinema, le passeggiate: che meraviglia! Ci portano sul lago, chiedo timida: "Forse si può trovare una casa da queste parti?". Guardo l'acqua blu, i motoscafi veloci che lasciano la loro scia bianca, i traghetti pieni di turisti, i bambini che sulla riva inseguono la palla. Cammino per Cernobbio, fra stradine quiete e trattorie paciose. Dico a Javier: "Questo è il nostro posto nel mondo, amore". Lui mi abbraccia: "Lo credo anch'io". Agosto è il peggior mese a Milano ma il migliore a Como, la sfida è subito decisa. Lasciamo la stanza d'albergo, al Carlton di via Senato, e chiediamo all'Inter di spostarci qui. Ok, presi i bagagli, via, si cambia. Un mese all'Albergo Centrale, qualche tempo di passaggio a Maslianico, ridente paesino di 3500 anime, quindi un compagno di Javi, Gianluca Festa, cede la sua casa vista lago, molto carina. "Proviamo?" mi chiede. La prova riesce, visto che restiamo in quell'appartamento per sette anni. Cernobbio diventa la nostra base, per sempre. Su questo lago crescono i nostri figli, che adesso vanno a scuola. Come Pupi ricorda Dock Sud e io Remedios de Escalada, loro ricorderanno il lago di Como e la sua pace».

In campo niente pace. Andando in ritiro, nella calda estate del 1997, non sospetto neppure che quell'anno il campionato e le coppe mi avrebbero fatto conoscere la prima grande gioia della vittoria ma anche la prima feroce delusione, l'idea difficile da accettare che non tutto possa essere risolto solo e sempre dai ventidue giocatori in campo, ma che anche il ventitreesimo attore, l'arbitro, possa diventare talvolta un protagonista infelice.

Felicissima fu invece la campagna acquisti del 1997. All'Inter arriva un nuovo allenatore, Gigi Simoni, un signore rispettato da tutti, e molti bravi giocatori: Taribo West, un ragazzo nigeriano che, tra i compagni che ho avuto, resta per me indimenticabile. Allegro, fantasioso con le sue treccine da educanda su un corpo da lottatore, Taribo sarà capace con il suo *humour* di fare impazzire il gelido Marcello Lippi, quando verrà ad allenare l'Inter.

Con West arriva anche il fortissimo centrocampista argentino Diego Pablo Simeone, detto «El Cholo», un uomo che già in campo dettava i tempi come ora fa in panchina, dove ha vinto due scudetti in Argentina con Estudiantes e River Plate e tre trofei con l'Atlético Madrid, battendo nel derby in finale della Coppa del Re il Real Madrid. C'erano Cauet, Zé Elias, Moriero e un giovane uruguagio dal piede sinistro magico, Álvaro Recoba, soprannominato «El Chino» per i suoi occhi orientali.

Bastano già questi giocatori a fare uno squadrone, ma in una valigetta di metallo, a lungo tenuta segreta agli occhi dei cronisti e dei procuratori, arriva il contratto più «caldo» della storia nerazzurra, la firma di Massimo Moratti sotto un'offerta spaziale, quarantotto miliardi di lire. In testa al contratto, il nome di un attaccante brasiliano, Ronaldo Luís Nazário de Lima, che tutti chiameranno sempre e solo Ronaldo.

Non ho mai contrastato un attaccante più forte: in allenamento non è possibile sradicargli il pallone con la forza né sbilanciarlo, sembrava cresciuto sull'erba, come un albero. Le sue accelerazioni sono da velocista puro. Da difensore calcoli quanto la palla sia distante dal tuo avversario, per intuire se recuperare, se la sfera andrà fuori, se lui comunque non potrà arrivarci. Con Ronaldo quell'equazione matematica, fatta al volo in campo, è sempre sbagliata. Non importa quanto la palla sia distante da lui, Ronaldo ci arriva, è un giocatore di flipper che non sbaglia mai: tac, tac, tac. Il giorno dei miei quarant'anni, il 10 agosto 2013, mi viene fatta una domanda di rito da un giornalista: «Qual è il giocatore più forte che hai incontrato?». Rispondo senza esitazione: «Ronaldo».

La partita d'esordio a volte può essere traditrice, noi cominciamo bene la stagione. Ronaldo non segna, scosso dagli eccessi di euforia che accolgono il suo arrivo, ma a farci vincere contro il Brescia, in rimonta dopo il gol di Hubner, è «El Chino», due gol in sei minuti quasi allo scadere. Ronaldo comincia a spiegare ai difensori italiani chi è nelle quattro partite successive: a segno contro Bologna, Fiorentina, Lecce e Lazio. Per chi non se lo ricordi, Ronnie è capocannoniere dei Mondiali, avendo segnato 15 gol in diciannove partite giocate contro le difese più arcigne della Terra.

Arriviamo imbattuti a Udine, pochi giorni prima di Natale, in un gelido posticipo serale, e un gol di Oliver Bierhoff, in pieno recupero, ferma la nostra serie positiva. Il mister Simoni non perde le staffe: alla prima partita del nuovo anno, per il delirio di San Siro, Youri Djorkaeff, acrobata francese dell'area di rigore e futuro campione del mondo, segna contro la Juventus, portandoci alla vittoria.

Il merito va agli assi che scendono in campo, ma anche al mister Simoni, un uomo buono, riservato, che non cerca titoli sui giornali. Un padre di famiglia che a me ricorda Rodolfo e che la vita ha segnato, levandogli prematuramente un figlio, senza cambiargli però la dolce natura di maestro. Ha esperienza e la condivide senza arroganza. Per Ronaldo non ha mai un favoritismo né lo vezzeggia da star. Gli spiega la posizione, lo indirizza, a noi indica con naturalezza che avere in squadra un Fenomeno – questo ormai era il soprannome di Ronaldo – non deve suscitare invidie, ma come invece dovessimo trovare il modo per servirlo, dargli palloni giocabili, e poi il suo talento avrebbe fatto il resto, fino al successo. Parlare con Simoni era fantastico, non credo di averlo mai sentito alzare la voce.

La corsa in campionato è a tre, insieme a Juventus e Lazio. Il 26 aprile 1998 andiamo a Torino per la partita di ritorno e lo scontro diretto decisivo: noi indietro di un solo punto. Wikipedia, l'enciclopedia su Internet che raccoglie tutto lo scibile umano, definisce quel match «una delle partita più discusse». Il ricordo che ne ho io è centrato su Gigi Simoni: vedere un uomo come lui, così controllato, schizzare in campo a protestare contro l'arbitro mentre la palla è ancora in gioco, come i genitori non facevano neppure a Disneylandia, mi lascia ancora sconvolto. Che cosa è successo di tanto grave da far perdere le staffe al mister più pacifico?

La domanda andrebbe posta a Piero Ceccarini, di professione consulente finanziario, ex arbitro della sezione di Livorno. Siamo sotto 1-0 per un gol, nel primo tempo, del grande Alex Del Piero: Taribo West se l'è perso e Simeone non glielo perdonerà. Per anni, dopo le polemiche su quel 26 aprile 1998, «El Cholo» borbotterà: «Sì, ma se Taribo non faceva quella gran cazzata vincevamo noi, Ceccarini o non Ceccarini...».

Al 26' del secondo tempo un lancio lungo raggiunge Ronaldo, che qui fa quello che solo lui sa fare: seguire e puntare, puntare e seguire verso il gol. Davanti gli rimane soltanto un difensore bianconero, Mark Iuliano, che deve avere avuto negli occhi l'equazione impossibile che io avevo già dovuto affrontare in allenamento: con i mezzi concessi dal regolamento del gioco del calcio, e con il normale fisico che Dio ci ha dato, Ronaldo non si ferma. Così Iuliano, come potete vedere in infiniti video sul web rimasti a testimoniare quell'episodio, si blocca, quasi si inchina, e con un colpo di anca – una «cianchetta» dicono a Roma – abbatte Ronaldo, fermo come un paracarro su un Tir in piena velocità.

Non so in quanti abbiamo urlato, e in quante lingue: «Rigore!», «Penalty!». E quanti tifosi juventini abbiano sperato nella parata di Peruzzi, dopo il fischio inevitabile della massima punizione. Peruzzi ha poi giocato con l'Inter, è un bravo ragazzo, ha la passione della caccia e spesso condivide le battute con cani e doppiette insieme a Roby Baggio. Non ho mai voluto chiedergli – rivangare il passato non serve a nulla, né nello sport né nella vita – che cosa abbia pensato quando Ceccarini non ha messo il fischietto in bocca e non ha indicato il dischetto del rigore. So che quella partita ha seminato sfiducia e rancore contro la giustizia sportiva, perché sul rilancio di Peruzzi, mentre Simoni, esasperato, protestava platealmente in campo e noi tutti gridavamo allo scandalo, l'arbitro Ceccarini ha poi fischiato, in ritardo, il penalty. Ma nella nostra area, contro West, contro l'Inter! È incredibile: tira Del Piero, Pagliuca, con la forza della rabbia, para. Finisce 1-0, noi non vinceremo lo scudetto, Ceccarini ammetterà, in un'intervista al «Corriere della Sera», di avere sbagliato, di avere visto l'azione in ritardo, troppo tardi per riparare al torto.

I tifosi inferociti smaniano per l'ingiustizia. Lo confesso: né io né i miei compagni di allora pensiamo a un complotto organizzato, a trame oscure. Ci pare un errore clamoroso, quello sì, ma faccio fatica a credere all'idea che in campo ci sia stata cruda malafede. È la mia vita, è lo sport che amo, riconoscerlo inquinato così a fondo è troppo difficile da accettare. Né mi persuade, allora come oggi, chi propone di eliminare i possibili errori della terna arbitrale – diventata più numerosa con gli arbitri di porta, senza che le sviste però siano diminuite – usando telecamere, sensori, raggi laser. Il calcio è un gioco umano, «raffreddarlo» con i robot, aspettare dopo un'azione concitata che in studio rivedano alla moviola chi ha colpito che cosa e come, mi sembra troppo da Sherlock Holmes. Ho subito amarezze in campo, come tutti noi interisti, eppure non rinuncio all'idea che la lealtà e la buona fede debbano governare il calcio. È ingenuo? Ditelo pure, se vi pare, io non cambio idea.

Per la prima volta sento intorno a me, nello spogliatoio, amari riferimenti a manovre «sporche», che provo a respingere come veleni. Qualcuno, usando il nome che in Italia è stato dato agli scandali politici di Tangentopoli, mormora: «Esiste anche Calciopoli, e l'Inter è una delle vittime». Dalle curve ostili inizia a levarsi contro di noi il grido beffardo: «Non vincete mai, non vincete mai». Quel coro non mi ferisce come un'offesa: per un atleta il successo nello sport non è solo vincere, altrimenti in pochissimi sarebbero davvero realizzati e a migliaia rimarrebbero per forza relegati come perdenti. Il successo è lavorare con dignità e lealtà. Ho avuto periodi senza vittorie, nell'Inter come nella Nazionale argentina, ma mi sono cari – per l'impegno che ho profuso – come quelli in cui ho vinto molto. Non dimenticatelo mai, anche nella vostra vita: è «come» lavoriamo che conta, prima ancora dell'esito dei nostri sforzi.

Quel giorno però scoppia tutto, perché in palio c'è lo scudetto e non è il campo a dire chi è il migliore. Sarei stato il primo ad applaudire se quel ruolo fosse toccato alla Juventus senza errori marchiani, avrei scambiato la maglia con Alex Del Piero, un giocatore che ammiro. Era il derby d'Italia, una partita sempre molto sentita, significativa. La nostra delusione fu infinita.

Quando l'amarezza per il fischio mancato di Ceccarini si placa, e Gigi Simoni ritorna l'uomo di sempre, il destino ci concede la rivincita. E sceglie come palcoscenico il Parc des Princes, lo storico stadio di Parigi dove si erano già giocati i Mondiali del 1938, tre finali di Coppa dei Campioni, due di Coppa delle Coppe, una di Coppa Uefa. Là, il 6 maggio 1998, affrontiamo la Lazio di Pavel Nedvěd e Roberto Mancini, colui che otto anni dopo ci avrebbe guidato allo scudetto del grande ritorno dell'Inter, nel 2006. Dei 48.527 posti dello stadio, divisi tra i nostri fan e quelli della Lazio, che, da sempre gemellati, competono cantando senza astio, ce n'è uno, in tribuna, che per me conta più di tutti. Perché lì, vincendo la sua riluttanza a salire su un aereo e a viaggiare, lasciando la sua adorata Buenos Aires, la casa con le foto di me e di mio fratello Sergio, la *parrilla* dell'*asado* con gli amici, siede mio padre, Rodolfo Zanetti, venuto a Parigi per la finale. Da lontano vedo brillare i suoi capelli bianchi, sento il suo amore, ricordo, mentre gioco sulla fascia accanto alla tribuna dove è seduto, i suoi richiami: «Ti ho costruito un campetto, si chiama Disneylandia», «*Huevos* Javier!», «Guardami andando a scuola finché non giri l'angolo o ci resto male», «Sei bravo Javier, perché resti a fare il muratore con me? Anche se ti hanno bocciato non ti arrendere, torna a giocare, provaci...».

Ho letto qualche tempo fa *Open*, la bellissima autobiografia del tennista Andre Agassi, che quasi a ogni pagina piange per l'amore che non ha ricevuto da suo padre. I Grand Slam vinti, i trofei, i soldi guadagnati non riescono a cancellare la mancanza d'affetto. Un padre non può essere solo un sergente di ferro, un allenatore implacabile. Io sono stato fortunato, Rodolfo mi ha sempre incoraggiato ma senza rancore, con dolcezza, facendomi capire che, manovale o asso del calcio, per lui ero sempre e solo il suo amato figlio, Javier Aldemar. Ora dovevo ricambiare. Ai quarti di finale, di nuovo dopo tiratissimi tempi supplementari, avevamo eliminato lo spauracchio Schalke 04, in semifinale era stata la volta dello Spartak Mosca, adesso mancava la finale.

Al 4' apre le marcature il mio «compare» di battesimo Iván Zamorano, l'Indio per i tifosi, un uomo meraviglioso e un grande campione. La Lazio brilla di talenti, oltre a Nedvěd e Mancini schiera Marchegiani, Nesta, Casiraghi, la partita resta aperta. Finché al 60′ della ripresa Ronaldo non batte da sinistra una punizione delle sue, tesa, angolata, precisa. Zamorano, un saltatore di testa impressionante, capace di salire in aria come su una scala anti forza di gravità, rimette la palla al centro, appena poco fuori l'area di rigore della Lazio. Io arrivo, a passo di carica. Vedo l'area affollata di giocatori, il portiere Marchegiani appena a sinistra, dove è volato a contrastare Iván. So che in questi casi non occorre pensare o riflettere troppo negli istanti che separano le due ultime falcate della corsa dall'impatto con il pallone. Cincischiare – tiro alto o basso? La tengo rasoterra o tento il pallonetto? Provo sul palo opposto? Tento l'assist se mi sento troppo chiuso? – induce all'errore.

Sto ancora correndo e già so che avrei tirato «alla Zanetti»: destro, di collo, cercando l'incrocio dei pali dietro Marchegiani. Aggiungo un effetto a girare, il portiere della Lazio prova a distendersi, un tiro così rischia di finire in tribuna, ma invece già la rete gli si gonfia alle spalle: è gol!

Galoppo felice verso il centrocampo, quella notte indossiamo bizzarre maglie a strisce orizzontali da rugby più che da calcio, lo stadio è un catino di febbre nerazzurra, ma io cerco due uomini, entrambi con i capelli bianchi: mio padre Rodolfo e il mister Simoni. L'allenatore scatta di nuovo dalla panchina, agitando i pugni, saltando al limite del fallo laterale, come a Torino, ma questa volta lo muove la felicità, non il dolore. Salta e salta, celebra quella vittoria in Europa che ormai non ci sfuggirà più. In tribuna, invece, Rodolfo piange. Il friulano di Buenos Aires, la colonna che povertà, difficoltà, privazioni non hanno mai piegato, mio padre sempre pronto a una parola di incoraggiamento, al sorriso, sta piangendo, abbracciato a chi ha intorno. Bacio la maglia, il cuore in gola. Ho ripagato chi ha creduto in me.

In televisione il telecronista Bruno Pizzul perde l'aplomb e grida nelle case di milioni di italiani: «Zanetti! Un gol da antologia…». Ronaldo chiuderà il tabellino con un gol dei suoi, un gioco di gambe come un balletto di samba davanti a Marchegiani, e la festa per la nostra prima vittoria può cominciare.

Tra polemiche e trofei, quel 1998 resta indimenticabile. Gigi Simoni lascerà poi la squadra, portando altrove il suo carattere da *gentleman* e maestro di calcio. In un'intervista racconterà: «L'arbitro Ceccarini mi ha rovinato la vita con quell'errore. Avrei vinto lo scudetto oltre alla Coppa Uefa, sarei rimasto a lungo con i ragazzi dell'Inter. E poi sapete cosa capitò? Che Ceccarini querelò qualcuno per quella partita e chiamò me – proprio me, capite? – come testimone. Io dissi la verità, come mio dovere e come faccio sempre. Davanti al magistrato dissi che tutti capivano che in campo avvenivano troppe cose poco chiare, ma le prove non le avevo mica, le intercettazioni sarebbero saltate fuori anni dopo. Ripetei sotto giuramento che l'arbitro ci aveva negato un rigore nettissimo. Mi chiesero allora se avevo o no le prove della disonestà di Ceccarini, risposi che non potevo averle. Finì che Ceccarini vinse la causa e ottenne un bel po' di soldi come risarcimento, grazie alla mia testimonianza e onestà. A volte il mondo gira proprio al contrario...».

VIII
Colpi di testa

Un vecchio amico che riconosce di essere una schiappa a calcio perfino sulla spiaggia d'estate – e che per questo non vuole essere citato, ogni italiano tiene alla sua reputazione di *futbolista* – mi ha chiesto: «Pupi, dimmi la verità: da 1 a 10, se io sono 1 come scartina e Messi 10 come star, tu che voto dai a te stesso?».

I voti, dannazione di tutti i calciatori. Voti dalle televisioni, voti dai giornali, voti sul web. Ci sono compagni che impazziscono per un'insufficienza o che tempestano di telefonate o di colloqui fitti fitti a bordo campo l'incolpevole cronista, per un 6 quando speravano in un 7. Oggi nel Milan gioca il giovane Ganz, ma io ricordo suo papà Maurizio all'Inter, un dannato dei voti. Li confrontava, ci si addolorava. Io gli dicevo: «Lascia perdere Maurizio, lascia perdere...». Se gioco bene e un giornale mi dà un cattivo voto, che importa? So di avere giocato bene. E se ho invece fatto pena, se ero in giornata no e fuori vena, che importa se il giornalista, per amicizia, distrazione o «di stima», come faceva a volte il decano Gianni Brera, mi affibbia un 7? Non vi avvilite quando prendete un cattivo voto, non vi esaltate quando invece è buono: il vostro voto è il lavoro, è quello che conta.

Ma la sfida del mio amico è lanciata e io non voglio sottrarmi, non sarei il Capitano. «Allora, se tu prendi 1 e Lionel

10, io prendo 7,5.» Adesso che mi sono votato, i «pagellisti» accendano pure le polemiche. Chi mi accuserà di vanteria: «Zanetti? Al massimo 6,5», chi di eccessiva modestia: «Con tutti i suoi record? Almeno un bell'8». Io mi tengo il mio 7,5 e vi spiego come nasce.

Ho giocato in difesa e a centrocampo. Non sono nato «taglia 7,5», all'inizio valevo meno. Ho lavorato, il mio voto è cresciuto. Di questo provo a convincere i miei compagni più giovani in squadra, e domani i miei figli, o i ragazzi delle scuole quando mi capita di parlare con loro. Il Signore ha dato a ciascuno di noi dei talenti, ma occorre poi che noi ci lavoriamo sopra, che non restiamo a dormire. Il mio 7,5 non è vanteria né modestia, è un «bollino blu» di garanzia della fatica fatta, in allenamento come in partita.

Gli esperti di calcio – ce ne sono di veri e di presunti – dicono: «Il punto di forza del gioco di Zanetti è la corsa con la palla». I tifosi si esaltano quando provo a fare il *coast to coast* da porta a porta. Qualche allenatore – Marco Tardelli, per esempio – mi rimproverava per questa caratteristica, ma io ho sempre obiettato con fermezza: «So giocare così, e alla fine poi o crosso o tiro, no? Mica perdo palla, e magari ho scartato due o tre avversari, dov'è il problema?». Per questo motivo i compagni mi chiamavano «veneziano». Non sapevo come mai nel calcio si definisce così chi in campo tiene molto la palla, ma ho sentito tante leggende. Alla fine quella che mi piace di più ricorda i bambini che provano a giocare a pallone nelle calli e nelle piazzette di Venezia, tra canali e acqua dappertutto: passare la palla è un'arte difficile, basta che sbagli di mezzo metro, oppure che il tuo amico non riesca a stoppare al volo, e addio pallone, trascinato dal prossimo vaporetto al largo verso le cupole di San Marco. Il «veneziano», dunque, tiene la palla!

«Veneziano» sì, egoista no. Mi hanno preso all'Inter e convocato nella Nazionale argentina perché gioco in quel modo, è inutile cambiare natura. Ciò che è importante è migliorare. Il talento non si aumenta di una sola oncia: allenandoti non ottieni la velocità di Ronaldo, il tocco di Maradona, il dribbling di Messi. Ma puoi diminuire il numero dei tuoi errori, affinare la precisione dei passaggi, incrementare la resistenza fisica e mentale. Spesso siamo tentati di paragonarci agli altri: chi è più bravo? Chi ha più amici? Chi ha successo? È inutile, l'invidia ci logora, ma la sfida è con noi stessi: come migliorarci?

Quando torniamo in ritiro, dopo le vacanze estive, ognuno di noi professionisti si ritrova a provare i cosiddetti «fondamentali». Sono i mattoni della nostra casa e nei manuali delle scuole calcio li trovate elencati in bell'ordine:

1. calciare (passaggio o tiro in porta)
2. stop
3. dribbling
4. colpo di testa
5. rimessa laterale
6. contrasto
7. corsa (con o senza palla)
8. palleggio
9. movimenti specifici del portiere.

Il dribbling, ne sono persuaso, non si insegna, è una dote che hai o non hai. Puoi migliorare, non imparare da zero. Ronaldo faceva una finta da una parte e andava dall'altra, abboccavano professionisti fantastici come fossero ragazzi sulla spiaggia. Io lo marcavo in allenamento, ma se anche intuivo da che parte sarebbe andato, la sua potenza e la sua velocità mi superavano ugualmente. Metterla sulla forza era impossibile, spalla a spalla sembrava avvitato sull'erba, non l'ho mai spostato di un centimetro. Anche fuori forma restava micidiale, un solo scatto ed era gol.

Nel dribbling me la cavo, soprattutto se in velocità, alla fine di una corsa. Se devo ricordare chi ha fatto del dribbling un'arte, insieme a Ronnie, ecco Maradona, Messi, Kaká e Clarence Seedorf, uno che l'Inter avrebbe dovuto tenersi stretto. Roberto Baggio, un passerotto in campo, ma vai a riprenderlo... Messi lo vedi alcuni giorni che sembra non avere neppure voglia di giocare, è svagato, pallido. Poi, in due azioni, un assist e una rete. Anche senza arrivare a Lionel, un fuoriclasse assoluto, pensate a Pippo e Simone Inzaghi: li perdi un secondo su novanta minuti e vanno in rete. Pippo viveva di gol. Sorvolava la partita come un aquilone, gli altri se le davano di santa ragione, lui caracollava distratto. All'ultimo minuto spioveva una palla che sembrava morta, ormai inutile, e lui la ribatteva in porta. La sua virtù segreta era la forza di credere in se stessi: «Tutti danno la giocata per finita? Io ci arrivo e segno comunque».

Il mio piede è il destro, il sinistro l'ho educato come un figlio un po' svogliato allo stop, al passaggio, al cross ma, insomma, se c'è uno spiraglio per tirare, meglio provarci di destro. Anche se, e ne vado fiero per la fatica che mi sono costate, di sinistro ho segnato un paio di reti, ne ricordo una al Napoli in Coppa Italia e una ai Mondiali del 1998, in una partita per noi sempre piena di significato dopo la tragica guerra delle Malvinas-Falkland, Argentina-Inghilterra. Gol fantastici, ma al mio sinistro più che un «benino» non posso dare.

Come me, con il destro brilla Maicon, un amico, ma con i colori nerazzurri, in difesa, ci sono stati anche alcuni grandi «sinistri»: Roberto Carlos e Andreas Brehme, due campioni del mondo.

Di un gol alla Lazio ho scritto, di uno alla Roma – una specie di derby della capitale a distanza – scriverò. Di certo, però, non sono un goleador, la mia natura è quella del difensore e del centrocampista. Una volta arrivato in area cerco il compagno per l'assist o il cross, e quanti assi ho servito in questo modo: Milito, Crespo, Batistuta, Ibrahimović, Sneijder, Zamorano, Vieri, Eto'o, Ronaldo, Roberto Baggio. Tutti grandi giocatori, ma anche loro senza il lavoro – quando le telecamere sono spente, i tifosi in ufficio o in fabbrica, e noi in campo sentiamo le grida rauche dell'allenatore o dei preparatori atletici, giorno dopo giorno, settimana dopo settimana – non sarebbero arrivati alla gloria. I giocatori restano la parte migliore del calcio, perché hanno avuto il dono del talento, ma devono lucidarlo con il sudore, pena il fallimento.

E quanti ne ho visti fallire, ragazzi che nelle giovanili sembravano destinati a vincere un titolo di capocannoniere dietro l'altro e invece, dopo un paio di apparizioni, li vedi scendere malinconicamente nelle serie minori e poi addio. Mancanza di lavoro, di sacrificio, di concentrazione, di costanza. Ma anche la fatica mentale, lo stress di non avvilirsi nella routine degli schemi, dei palleggi, degli esercizi, di non frustrarsi quando la palla non entra – ricordate lo scrittore Soriano? Non riuscire a fare gol «nemmeno in una porta grande come l'arcobaleno» – o l'arbitro non vede il rigore, e magari gli avversari segnano al 94' dopo che la vostra squadra ha preso un palo e una traversa.

Arrivati in Serie A è difficile restare in alto, non lasciarsi sedurre dalle sirene, dentro e fuori dal campo. Non sono poche e cantano in modo seducente: la stampa, le televisioni, i titoli dei giornali, i riflettori sono sempre puntati su chi vince, chi gioca nei grandi club, ma anche la massa dei giocatori che fanno vivere il calcio meriterebbe attenzione. Servirebbe allo sport che si capisse bene il loro impegno, la fatica sovrumana, nel corpo e nella mente, che serve per giocare, per restare concentrati, stagione dopo stagione, da professionisti.

Mario Balotelli è un ragazzo che ho visto crescere nell'Inter, cui ho dato consigli nello spogliatoio, che qualche volta mi ascoltava e qualche altra chissà, magari si distraeva a seguire i suoi pensieri. Adesso è titolare nel Milan e tra gli azzurri di Cesare Prandelli. Ha tutto per essere un asso: il fisico, il talento, il tiro, lo scatto. Ma se ancora oscilla tra «buon giocatore» e «vero campione», il dilemma è nello stress mentale, deve giostrare meglio la sua personalità. Ero in campo con lui nella semifinale di andata in Champions League contro il Barcellona, l'anno del Triplete. Vincevamo 3-1 contro una squadra che in quella stagione non aveva mai preso due gol di scarto da nessuno. Mourinho, che rischia sempre, nel finale manda in campo Mario, un attaccante: vuole tenere gli uomini di Pep Guardiola lontani dalla nostra area, pressarli. Quando entra Balotelli lo stadio esplode, è il cocco della curva, coetaneo degli ultras, lo adorano tutti. È come se San Siro, lo ricorda chiunque fosse a Milano quella sera, spingesse Mario all'impresa con la voce, il cuore, la passione. Lui non pensa alla squadra, ignora i richiami del mister, non ascolta noi «anziani» – me, Eto'o – che dal campo e dalla panchina lo esortiamo a non cercare il *golazo*, l'impresa solitaria, ma piuttosto ad aiutarci ad andare in finale, alleviando la pressione *blaugrana*.

La prova di Mario è egoista, il pubblico glielo fa notare protestando, lui si leva la maglia e la getta. Un gesto grave per un professionista, assurdo in una notte come quella. L'avevo visto fare solo al buon Taribo West una volta, infuriato per la sostituzione. Ma Taribo era un semplice, non aspirava a diventare, come Mario, il numero uno. Se quella notte Balotelli avesse retto alla fatica mentale, con l'adrenalina a palla, avrebbe segnato il quarto gol (Mourinho lo gridava nello spogliatoio: «Gliene facciamo quattro!») e la partita di ritorno al Camp Nou sarebbe stata, se non una passeggiata – con quel Barcellona, vedi la rimonta imposta al Milan nel 2013, nessuno passeggia – almeno non l'infarto lungo novanta minuti che invece è diventato leggenda.

Spero che Mario, prima o poi, si corregga. A Manchester Roberto Mancini gli ha insegnato molto e, con enorme pazienza, altrettanto fa in Nazionale Cesare Prandelli. È ancora giovane, deve darsi anche lui un voto, senza guardare le pagelle altrui, e decidere se, da 1 a 10, si accontenta dei voti buoni che prenderà comunque grazie al talento, o se con il lavoro duro vuole salire verso il 9, il 10 degli assi. Tutti noi rimanemmo malissimo quando disprezzò la maglia dell'Inter. Nello spogliatoio i compagni, Marco Materazzi in testa, gli fecero capire con le spicce il perché, e credo che Mario se ne ricordi ancora.

Un altro esempio: «El Chino» Recoba ha un sinistro come la mano di un violinista, delicato, perfetto. È un uomo fantastico, gli voglio bene, ma se avesse lavorato con più continuità e fatica chi avrebbe potuto fermarlo? E Adriano? Appena arrivato all'Inter, segna in amichevole con il Real Madrid un gol di una potenza impressionante. Mi sono detto: «Questo è il nuovo Ronaldo», ha fisico, talento, velocità. È un ragazzo delle *favelas*, io conosco bene le *villas*, loro sorelle di miseria in Argentina. Stavo vicino a Adriano, ho visto i pericoli che genera la ricchezza, piovendo su chi non ha mai avuto un soldo. È peggio della droga. Adriano aveva il padre che lo salvaguardava, per lui era un eroe come per me lo è Rodolfo. Ricordo che siamo al Trofeo Tim, d'estate, quando il calcio in notturna è passatempo per chi torna dalla spiaggia. Gli telefonano per dirgli: «Adriano, papà è morto». Singhiozza, non si riprende. Io, la squadra, il presidente Moratti, gli stiamo vicini come a un fratellino. Lui dedica i gol al padre, alza occhi e mani in preghiera al cielo. Lo persuadiamo a far venire a Milano la mamma e la fidanzata, in allenamento resta una roccia, in tre non riusciamo a spostarlo con le brutte da quanto è forte. È un ragazzo buonissimo, con Iván Córdoba passiamo serate a incoraggiarlo. Iván gli dice: «Ti rendi conto? Sei un misto di Ronaldo e Ibrahimović, puoi diventare più bravo di loro, hai tutto». Abbiamo fallito, non siamo riusciti a strapparlo alla depressione. Adriano piange, ci dà ragione, per un po' fa la spola con il Brasile, litiga con la ragazza, ricade nella *saudade*.

Il talento non basta senza forza mentale. A chi gli chiede quale sia la dote più importante per un giocatore moderno, Arrigo Sacchi, campione del mondo con il Milan e vicecampione con l'Italia, risponde: «L'intelligenza». E ha ragione, non sorprendetevi. Non solo perché oggi – e nessuno come Arrigo lo sa – un giocatore deve assorbire tanti di quegli schemi alla lavagna da poter ricevere una laurea *ad honorem* in geometria, ma perché senza un cervello saldo ci si esaurisce. Insieme al cervello serve la famiglia, un nucleo di affetti che assorba lo stress, ricordi il significato dei valori veri, allontani i fantasmi della solitudine, che spesso si combatte con le auto di lusso, le discoteche, le cattive compagnie, le ragazze che durano una sola notte, l'alcol o peggio.

La testa conta quanto i piedi e qui, per concludere il Pagellone Javier Zanetti a cura di Javier Zanetti, dopo i voti sugli altri «fondamentali» (me la cavo con le rimesse laterali, e non ho mai giocato in porta come toccò, una volta esaurite le sostituzioni, ai miei compagni Francisco Farinós e Rodrigo Palacio, che se la sbrigarono entrambi benissimo) devo parlarvi del mio punto debole. Perché, dopo avere chiarito che la testa, intesa come freddezza mentale, è il punto di forza di un calciatore, devo ammettere però che la testa, intesa come colpo di testa, è il mio punto debole, e toglie di sicuro qualche decimale al mio 7,5.

Crespo era una molla a colpire in area di testa, come Zamorano, Simeone, Samuel o Šuker, il croato del Real Madrid. Io no. Una volta Paula mi fa: «Dai, Pupi, ma quando smetti di giocare a calcio?». A lei piace prendermi un po' in giro, riportarmi con i piedi per terra, magari se legge qualche titolo troppo enfatico che mi riguarda. Per ribattere a tono, e non porre limiti alla Provvidenza, le rispondo: «Paula, te lo prometto: appena segno un gol di testa mi ritiro». Tanto so che non c'è pericolo alcuno di imitare Pelé e il suo gol segnato all'Italia nella finale dei Mondiali del 1970: marcato dal terzino della Grande Inter Tarcisio Burgnich, mica da uno qualunque, si alzò in aria, ci restò come se levitasse, segnando ad Albertosi, prima di ricadere a terra. La legge di gravità per lui non valeva, per me vale doppio.

Come nel popolare gioco italiano delle carte, con il mio Sette e Mezzo ho sbancato e vinto tanto. La vita non sorride solo ai numeri 10, ma anche a chi ha portato per una vita sulla maglia il 4, come me. Non curatevi troppo, quindi, della pagella che vi danno o che vi date nei momenti no. Lavorate con metodo, allegria e costanza, e quel 5 o quel 6- che oggi vi sembrano insufficienze brilleranno anche per voi.

IX

«Vuoi tu, Javier Zanetti, allenarti anche in questo giorno?»

«Il mio karma è la sofferenza» confidò Roberto Baggio a un cronista del «Corriere della Sera», durante i Mondiali del 1994 negli Stati Uniti, che videro l'Italia di Sacchi arrivare seconda dietro il Brasile di Romário, con un Ronaldo giovanissimo in panchina. Roberto è buddista, spiega che il karma, un concetto complesso su cui per millenni i teologi si sono spaccati la testa, «lega il nostro destino al nostro agire, possiamo trasformarlo in karma positivo con le buone azioni, in negativo con le azioni malvagie». Grande Roberto, non so se sei stato il più forte giocatore italiano, o uno dei primi tre, ma in umiltà non ti supera nessuno.

Pronuncia quella frase diventata celebre – «Il mio karma è la sofferenza» – quando un infortunio nella semifinale contro la Bulgaria, da lui risolta con due bellissimi gol, sembra metterlo in forse per l'ultima partita, la finale dei Mondiali che tutti noi calciatori sogniamo. Ce la fece, fu felice quando i medici della Nazionale azzurra diedero a Sacchi l'ok per schierarlo in campo. E invece «il karma della sofferenza», che per Roby fa da chiave alla vita, lo aspettava ai calci di rigore, quando manda alle stelle il suo penalty, mentre le maglie dorate dei brasiliani riempiono il campo in festa, nell'afa di Pasadena, in California.

Un reporter di quei tempi lo guardava ogni giorno allenarsi alla Pingry School del New Jersey, dove c'era il ritiro della Nazionale italiana. Tirava i rigori contro i portieri Pagliuca e Marchegiani, insieme all'attaccante Giuseppe Signori, e i due irritavano i compagni dicendo: «Tiro a destra, occhio!». Poi miravano davvero a destra e, malgrado l'avvertimento, facevano gol. A volte Roberto allontanava la palla dal dischetto, battendo rigori a distanza e segnando sempre. Per come l'ho visto giocare nell'Inter direi che Baggio segnerebbe un rigore anche bendato, o di tacco: invece in quella finale sbagliò, perché il calcio va così, ve l'ho detto.

Nel campionato 1998-1999, quando venne a giocare con noi, il karma di Roberto, la sofferenza, sembra governare l'intera squadra. Non certo per colpa sua, un uomo da ammirare anche fuori dal campo. Grande cacciatore, incurante delle critiche per cui pare strano che un buddista spari, Roberto va a stanare le proprie prede insieme ad Angelo Peruzzi. Entrambi amano i cani, ne hanno di bravissimi per le loro battute di caccia. La generosità di Roberto si dimostra dopo una serata in ritiro, quando proietta un suo video di caccia in Argentina. Si vede in primo piano Roberto che spara, la preda cade, un cane schizza a recuperarla. «Che cani fantastici» dico «mi piacerebbe averne uno. Di che razza sono?» E lui: «Labrador». «Appena posso devo regalarne uno così a Paula, la fanno impazzire» osservo.

Neanche il tempo di cercarlo e il giorno dopo Baggio mi chiama: «Dai, andiamo a cena, cinghiale e patate, hai fame? Un mio amico ha un ristorante a Pavia, lo cucinerà per noi». Prima di metterci a tavola, Roberto mi fa: «Accompagnami in macchina, ho dimenticato una cosa». Apre la portiera, e una palla di pelo, un cucciolotto di labrador rotola fuori. «Che carino!» dico io. E Roby mi fa: «È vostro, dallo a Paula da parte mia». Lo chiamiamo Simba, come il Re Leone del cartone animato della Disney. È morto da poco, è stato un lutto per tutta la famiglia. Non appena Roberto lo viene a sapere, mi telefona: «Pupi, chiama mia sorella, conosce gli allevamenti dei labrador a memoria, chiedile dove trovare un altro cucciolotto».

In campo la sua generosità era pari alla capacità di stringere i denti, superando infortuni che lo martoriano fin dagli esordi, recuperando in dolorose sedute di fisioterapia, da solo, in palestra o in infermeria, quando la curva tace, i taccuini dei giornalisti si schiudono al nuovo asso del momento, la solitudine e la pena sono i soli compagni di squadra del calciatore che i cronisti sportivi crudelmente definiscono «rotto». Una lezione di vita che, quando la fisioterapia toccherà a me, nella palestra del Predio, mi darà forza e conforto.

Ma quanta sofferenza in quella stagione dell'Inter. Ci pensavo scrivendo allora questa nota che ogni tanto rileggo: «L'Inter è sempre sola, nel senso di solitaria, "staccata" da tutto il resto, al confine; è sola nel senso di unica, nel modo di pensare, di agire e di rapportarsi con il mondo... L'Inter è una creatura diversa dalle altre squadre».

Alla fine il karma, benché io sia cattolico e non buddista, sembra sorriderci. Tornati in Champions League, dopo nove anni di assenza, siamo incappati in un girone duro, con il Real Madrid, lo Sturm Graz e lo Spartak Mosca, ma riusciamo a battere i campioni spagnoli per 3-1 a San Siro. Alla vigilia di quella partita Gigi Simoni, onesto come sempre, convoca me e Baggio nella sua camera per parlare a quattr'occhi: «Ragazzi, partite dalla panchina, entrate in corsa». Con lui era impossibile arrabbiarsi – chi non vorrebbe giocare contro il Real Madrid? – ma il suo candore smontava ogni protesta. Diciamo insieme: «Va bene, mister» e ci prepariamo.

Segna il solito Iván Zamorano su tiro fortissimo di Ronaldo, pareggia Clarence Seedorf (vi ho detto quanto lo stimi), poi Ronnie spaventa ancora la difesa del Real. Io prendo il posto nel secondo tempo di un esausto Checco Moriero e, quando il pareggio sembra ormai inevitabile, Baggio entra e segna una doppietta, la seconda rete scartando anche il portiere.

Primi in Champions League, ben piazzati in campionato, sembra tutto a posto, invece è l'anno della sofferenza. Simoni viene esonerato a sorpresa, in panchina arriva quindi un allenatore esperto, Mircea Lucescu, che anni dopo con lo Shaktar Donetsk vincerà sei scudetti in Ucraina e la Coppa Uefa.

Agli ottavi ci tocca il formidabile Manchester United di Sir Alex Ferguson. Prendiamo un 2-0 all'Old Trafford, con due assist della star David Beckham, tanto popolare tra le ragazzine fuori dal campo quanto efficace da giocatore, mentre a noi annullano un gol buono di Simeone. Al ritorno Ventola ci porta in vantaggio, Zé Elias ha l'occasione a botta sicura di aprirci la strada dei supplementari con una rimonta formidabile, ma sbaglia. In ripartenza, il Manchester United pareggia e ci elimina, andandosene poi a conquistare la coppa. Ci resta il karma, il destino di sofferenza.

Anche Lucescu è esonerato dopo il 4-0 patito contro la Sampdoria, la stagione vede la panchina cambiare sempre allenatore e alla fine perfino il presidente Moratti si dimette lasciando la carica a Giacinto Facchetti, che la mantiene con dignità e spirito di servizio.

È un anno da dimenticare la stagione dei cinque allenatori? Per nulla, anzi. È la stagione in cui, se non finisci abbattuto per sempre, esci rinforzato, maturato nelle difficoltà. La stagione negativa ti motiva nella vita, perché dopo cerchi il riscatto: nelle sconfitte trovate la ragione per ripartire. «Ripartenza» non è solo uno slogan da allenatori contemporanei, ieri Sacchi, oggi Mazzarri. «Ripartenza» è il karma del giocatore, dell'uomo, per usare la parola sacra che ho imparato dal mio amico Roby Baggio.

C'è chi, essendo stato sconfitto, si avvilisce: battuto in campo o nella vita, si ripiega su se stesso, va in depressione. Io, dopo aver chiuso quella stagione terribile, non penso che alla prossima. Per tutta l'estate mi alleno, anche da solo, con intensità. La mia dieta diviene se mai più severa: niente alcol – ho bevuto una sola birra, quando ho festeggiato i diciotto anni – pasta, carne (ma niente maiale), pochi grassi, poco pesce (so che fa bene, ma sono argentino, non mi piace molto), frutta, verdura, niente caffè, il mate come compagno, una tazza di tè, le crostate con la marmellata di albicocche di cui sono ghiotto.

Nel 1998 avevo conosciuto a Parigi la vittoria, nel 1999 sconfitta su tutti i fronti. Ripartire era un obbligo.

E poi non potrei non amare quell'anno, il 1999, perché finalmente, il 23 dicembre, a Buenos Aires, davanti a parenti e amici, io e Paula, da «*amigovi*», a fidanzati, a compagni, ci sposiamo e diventiamo infine marito e moglie. È possibile che nel nostro mondo in cui nulla sfugge ai *social media*, vi imbattiate su Facebook in una mia foto il giorno del matrimonio: indosso un abito da cerimonia, un tight grigio, assai più elegante del buon doppiopetto beige che avevo alla Terrazza Martini al debutto a Milano nel 1995. In qualche foto potete vedermi perfino brindare, alzando in alto il calice di champagne, anche se era stato proprio un arbitro che si chiamava come il famoso champagne Krug ad annullarci il gol della qualificazione a Manchester. Nessun timore per la dieta: non bevo, sto facendo finta. Spesso nelle cerimonie in società, per esempio quando raccogliamo fondi per la Fondazione Pupi, fingo di brindare e poi di bere, ma in realtà neppure mi bagno le labbra. È un modo conviviale per essere gentile e partecipare alla festa. Un reporter americano, quando lo venne a sapere, mi disse compunto: «Anche il nostro presidente Ronald Reagan faceva così. Era astemio come lei, quando doveva partecipare ai brindisi, ai banchetti di Stato con la regina Elisabetta o con il leader sovietico Gorbačëv, fingeva di bere e posava invece il bicchiere intatto».

Paula è felice il giorno del matrimonio, e non protesta neppure quando le accenno: «Amore, manca ancora tempo, la cerimonia in chiesa è finita, ci siamo scambiati gli anelli, gli invitati non sono ancora arrivati per la festa... Vado a correre, mi sono portato dietro le scarpe da allenamento».

Lo sposino che si allena il giorno delle nozze? Il racconto fatto dalla sposina, Paula de la Fuente in Zanetti, è più divertente e mi è toccato sentirlo tante volte da quel giorno prenatalizio: «Finalmente ci sposiamo, dobbiamo farlo sotto Natale, quando si pensa più all'albero, ai doni, a Babbo Natale e a *Jingle Bells* che non ai fiori d'arancio. Ma sono i soli giorni liberi che Javier abbia tra campionato, coppe e Nazionale e dunque va bene, diremo i nostri sì a Natale. Se mi sono arrabbiata quando Javier mi ha detto che andava "un po', solo un po', eh?" a correre, visto che "tu, cara, hai appuntamento con il parrucchiere?". No, se mi arrabbiassi quando Javier si allena, sarei con il muso sempre, da quando avevo quattordici anni a oggi. La gente si meraviglia solo perché non capisce. Per tanti atleti, calciatori o meno, allenarsi è un sacrificio, come la dieta. In vacanza alzano un po' il gomito, si lasciano andare a torte, pastasciutte, gelati. Javier ama allenarsi, seguire fedele il regime alimentare che gli passa il dietologo. Alla fine dell'estate è più tonico e asciutto, ha più muscoli e migliori riflessi che nella stagione appena conclusa. Per cui non mi stupisco affatto nel vederlo partire con l'andatura da "Tractor", falcate serrate una dietro l'altra, poi arrivare, farsi la doccia, rimettere il tight e la cravatta da cerimonia, i capelli a posto come sempre, e sorridendo ritornare a fare lo sposino. È il suo rapporto con il corpo che è meraviglioso. C'è chi a fine giornata carica l'orologio con cura, ogni sera come un rito: Javier carica il suo corpo, e riparte. Gli invitati chiedono: "Javi dov'è?". Siamo in mezzo a una bellissima campagna, chi aguzza la vista lo vede sfrecciare sullo sfondo, facendo "ciao ciao" con la mano».

Temo di averne fatte di peggio, anche se correre quel 23 dicembre 1999, il giorno del matrimonio, colpisce tanti come una bizzarria. Paula tiene una specie di diario dei miei allenamenti bislacchi, pronta a prendermi in giro con gli amici e, quel che è peggio, con i cronisti assegnati dai direttori alle «interviste alla moglie del calciatore» per le riviste femminili. Là infierisce e consuma la vendetta familiare. Ma ormai mi ci sono abituato, e perciò le lascio ancora la parola. Entrate a casa Zanetti in punta di piedi ad ascoltarla, fingendo che io, nel frattempo, sia a correre.

«Magari qualcuno di voi crede che trovare tempo per fare "jogging matrimoniale" sia la follia peggiore di Javier. Mi piacerebbe essere d'accordo, potrei sempre rivenderla ai bambini come prova della dedizione paterna, farne un esempio, insomma. Ma dovrei prima spiegare loro la storia dell'agosto 2012. Andiamo a prendere un paio di amici in arrivo dall'Argentina all'aeroporto di Madrid. Fa un caldo asfissiante, è la classica rottura di scatole, incastrati al terminal, con l'aria condizionata, tra negozi di paccottiglia e turisti frettolosi, ad aspettare. Avevamo appena tre giorni liberi, dopo ritiro, preritiro, amichevoli, e decidiamo di portare i bambini al Parque Warner di Madrid per farli un po' divertire. L'altoparlante annuncia il ritardo del volo, il tabellone luminoso conferma. Poi, come sempre in questi casi, il ritardo aumenta, da pochi minuti a oltre un'ora, finché la scritta "*Estimated landing time*" indica che il ritardo supera ormai i sessanta minuti. Io dico: "Non andiamo al parco senza di loro, non mi pare giusto, aspettiamoli comunque". Con lo sguardo da innocente, Javier azzarda: "Paula, ti dispiace se..." e io lo interrompo: "Pupi, che dici? Hai i mocassini da città, come fai ad andare a correre, e poi là fuori ci sono oltre quaranta gradi, ti becchi un colpo di sole". E lui, serafico: "Mi sono portato dietro le scarpe, non si sa mai". Si cambia al volo nella toilette, e inizia a correre in tondo, "El Tractor" al terminal, io chiusa dentro con i bambini, nell'aria condizionata. Stavolta penso: "Ho sposato un pazzo". Poco prima che gli amici, ignari e festosi, escano dal *gate*, Javier ritorna imperterrito e fresco come una rosa. Così a Natale, a Capodanno, alle vigilie delle feste. Viaggia con il programma che gli detta il preparatore Stefano Rapetti, e non sgarra mai. Tutta la vita, senza sacrificio, gli piace davvero.»

Le nozze, il terminal dell'aeroporto di Madrid, la saga dei miei allenamenti insoliti hanno per Paula un pezzo forte, l'aneddoto che ha chiuso tante cene, tra le risate dei commensali, magari mentre io guardo l'orologio per andare a dormire, in vista del giorno dopo. «Ho allenamento, sapete...» Una storia che Paula trova irresistibilmente comica, mentre per me è, non stupitevi, solo normale.

«Con Javier» comincia lei, come se stesse narrando una fiaba «non litighiamo quasi mai, le poche volte per i miei ritardi cronici, opposti alla sua puntualità, dentro e fuori dal campo. Una volta, però, andammo vicini alla rissa perché io – per puro caso, lo giuro – nel prenotare una vacanza sull'isola di Djerba, in Tunisia, non mi ero accorta che il nostro albergo non aveva la palestra, né ce n'era una nelle vicinanze. Giusto quell'anno Pupi aveva redatto con il trainer dell'Inter una tabella che prevedeva di fare delle flessioni sulle gambe spingendo con le spalle 75 chili di peso. Un banale esercizio con le normali macchine da palestra ma impossibile da riprodurre su una spiaggia, con ombrelloni, bambini con il secchiello, venditori ambulanti di cocco. Un po' mi allarmo, la sera a cena, quando Javier mi chiede senza dare troppa importanza alle parole: "Amore, scusa, quanto pesi?", di solito non una bella domanda da fare a una ragazza. "Cinquanta chili" gli rispondo perplessa. Il giorno dopo, mentre ancora sonnecchio godendomi il primo giorno di vacanza al mare, lui scappa al più vicino centro abitato e compra dei pesi da culturista, quelli con il manubrio corto, da 5 chili, che servono per rafforzare le braccia. Nel frattempo ha convinto il cuoco a pesare su una bilancia da cucina i libri che si è portato dietro, li ha uniti ai miei, e li schiaffa dentro uno zaino (io ho l'abitudine di andare in giro con lo zainetto da quando, studentessa, passavo beata l'estate in giro per l'Europa con la mia amica Lole). Quindi in spiaggia, per il mio orrore, Javier indossa sulle spalle lo zaino con i libri (peso 15 chili), mi prende a cavalcioni e mi dà da reggere in mano i due pesi da 5 chili. Con me, Paula Zanetti, il carico totale tocca i 75 chili, nel rispetto della tabella ufficiale d'allenamento di Appiano Gentile. Da qualche parte nel mondo – Javier era già molto noto quando ebbe questa balzana idea – un turista europeo, giapponese o americano ha ancora la foto del calciatore Zanetti che, con moglie, pesi e zaino, a piedi nudi sulla sabbia, compie regolari flessioni che a quarant'anni suonati lo terranno in forma. Mio marito è fatto in questo modo, niente da fare. Due anni fa si ficca in testa di imparare a suonare la chitarra e ci tortura con gli esercizi. Io spero cambi idea. Un'amica comune, imperturbabile, commenta: "Se Pupi decide con la sua costanza di suonare la chitarra, dagli tempo e ti diventa il nuovo Jimi Hendrix".»

Magari non sarò Jimi, non morderò le corde come lui a Woodstock, ma è vero che, se mi impegno nelle cose, ci riesco. Bizzarria? Nessuna bizzarria, solo la consapevolezza che l'unico antidoto contro la sofferenza, le sconfitte, il destino maledetto del 1999 e degli anni a venire resta il lavoro. L'allenamento mi dà gioia, non fatica. Marcelo Bielsa, bravo tecnico della Nazionale argentina dal 1998 al 2004, al termine di una seduta molto dura, mentre uscivamo sudati dal Predio, mi chiede a bassa voce: «Pupi, ma quante mattinate hai passato a fare questi esercizi, sempre uguali, da quando eri un bambino? Possibile che non ti annoino? Come fai? Non hai la nausea?».

No, Marcelo, no amici, no Paula, nessuna nausea. L'allenamento mi rende felice, perché è lì che le partite si vincono o si perdono, ancora prima del fischio dell'arbitro. Sull'avversario possiamo influire solo fino a un certo punto, poi anche lui farà valere, com'è giusto, il suo valore, il talento, il lavoro. Sull'arbitro non possiamo influire per niente. Su noi stessi, invece, abbiamo pieno controllo. Ho imparato a vedere il lavoro, la preparazione, come gioia, come felicità, non come sofferenza, e per questo trovo la mia vita fortunata, bellissima. Ammiro Andre Agassi e la sua dolente amarezza nel brillare in uno sport che detesta.

Io amo il mio sport, amo il calcio.

X
Mai paura

Può l'allenatore della Juventus allenare l'Inter? O è un esperimento di ingegneria genetica impossibile?

In passato l'azzardo è riuscito – e bene – nel 1989, quando Giovanni Trapattoni guidò l'Inter di Brehme e Matthäus allo scudetto dei record a diciotto squadre e alla Supercoppa Italiana, vincendo poi la Coppa Uefa nel 1991. Massimo Moratti, deciso a ridare all'Inter un ciclo di vittorie, chiama allora per il campionato 1999-2000 Marcello Lippi, detto «Paul Newman» per la sua freddezza e i capelli argentati, l'uomo che stava nella panchina opposta a quella di Gigi Simoni mentre Ceccarini diceva di no all'ormai celebre rigore su Ronaldo.

Che Lippi sia un bravo tecnico non ci sono dubbi, e per chi ne avesse avuti la vittoria inaspettata dell'Italia ai Mondiali del 2006 deve averli fugati. Lippi arriva dunque tra le speranze sia dei tifosi sia di noi giocatori. Bergomi, lo Zio, si ritira per andare verso i microfoni di Sky, il portiere Pagliuca lascia la nostra porta e la fascia di capitano tocca a me. Ho ventisei anni, non sono un vecchio ma sono già un veterano, e bagno la fascia con una bella vittoria a San Siro, in una giornata ancora estiva, il 29 agosto 1999. Bobo Vieri, il centravanti, segna una tripletta.

Il mio rapporto con Marcello Lippi è diretto, chiaro. Mi chiama e mi dice: «Zanetti, conto molto su di te, sarai tu il capitano della mia Inter». Non voglio essere un capitano di quelli che scambiano la fascia per un megafono e urlano, urlano, urlano. Voglio dimostrare con l'esempio come comportarsi, dire ai giovani: «Tranquilli, faremo bene, i tifosi si aspettano tanto da noi». Voglio aiutare la squadra ad accettare e rispettare il mister e il mister a capire e rispettare la squadra.

Perché non tutti sono entusiasti di Lippi. Baggio, per esempio, non lega con l'allenatore, hanno caratteri e filosofia di vita diversi. Nella sua autobiografia, *Una porta nel cielo*, Roby ricorda i dissapori con Lippi: «Era un *caudillo*, ostentava una conduzione militaresca dello spogliatoio. Contro di me ha usato tutto il potere di cui era in possesso nella speranza di annientarmi» con «un attacco dopo l'altro, senza tregua, uno stillicidio». Un giorno, ricorda Baggio, in allenamento lancia Vieri in gol con uno dei suo assist telecomandati, un passaggio dalla lunga distanza, quaranta metri, perfetto. Bobo e Panucci applaudono Roby a scena aperta. A Marcello Lippi lo spettacolo non piace e, secondo quanto dice Baggio, urla loro come rimprovero: «Vieri, Panucci, ma che cazzo fate? Credete di essere a teatro? Non siamo qui per farci i complimenti a vicenda, siamo qui per lavorare!». Anche Panucci avrà da ridire con Lippi, per una sostituzione secondo lui offensiva. Da qui si innesca un diverbio in panchina: il difensore accuserà poi Lippi di avergli negato, per ritorsione, la maglia della Nazionale nel 2006, l'allenatore smentirà che l'episodio abbia a che fare con la mancata convocazione.

La tensione nel calcio è sempre così forte che anche ricostruire con precisione una lite o uno scatto di nervi è difficile. Vi ho raccontato della mia sfuriata con Hodgson in finale di Coppa Uefa e di come male venne riportata dai giornali. Credo che nella difficoltà di Lippi a guidare l'Inter – verrà esonerato dopo la prima partita del campionato 2000-2001 – abbia pesato soprattutto quella differenza culturale, di personalità, fra i club, di cui ho già parlato. Un fattore invisibile a occhio nudo, una questione di Dna: la profonda, inestirpabile persuasione degli juventini di essere i migliori, i primi, contrapposta all'altrettanto radicata e formidabile persuasione degli interisti di essere unici, originali. Come si conciliano due universi, due culture, due tradizioni opposte? E ancora Calciopoli non aveva sparso le sue tossine su quella frattura, rendendola ancora più insanabile…

Lippi è juventino, arriva ad Appiano Gentile sentendosi un po' come il colonizzatore inglese dell'Ottocento sbarcato in terre lontane, persuaso di civilizzarle. Spera che le vittorie che ha ottenuto bastino a tutti per accettare la sua personalità e i suoi metodi di lavoro, le scelte tecniche o umane. Da subito ha, invece, difficoltà a imporsi, perché noi non siamo dei selvaggi e i nostri tifosi non si sentono affatto inferiori alla Juventus.

I miei rapporti con il mister restano corretti, sono il suo capitano, sempre leale alla squadra, alla società, all'allenatore. Ma quando la diversità di culture verrà allo scoperto, non esiterò a difendere i colori nerazzurri.

Mi spiace sentire animosità tra Lippi e Baggio, so che Roby si aspetta di giocare di più, credo che Lippi gli abbia detto in estate: «Conto su di te, e molto». Poi, quando in campo non va così, la realtà li allontana. Provo a integrare nello spogliatoio i compagni che sui giornali hanno l'etichetta poco simpatica di «uomini di Lippi», solo perché hanno già giocato con lui: Paulo Sousa, Jugović. In questo mi aiuta Angelo Peruzzi, che conosce bene il mister ma che i compagni accettano con simpatia, come del resto Baggio, con cui insegue cinghiali.

Siamo forti, la stampa giudica Christian Vieri «un centravanti con la potenza di Piola, di Boninsegna» e Bobo segna in nerazzurro 103 gol in 144 partite, ruolino formidabile. Il presidente Moratti concede a Lippi carta bianca su campagna acquisti e gestione della squadra. Spianiamo il Parma 5-1, con doppietta di Zamorano e gol di Moriero, costringendo perfino il grande Thuram all'autogol. Segna anche

Vieri, una rete talmente fantastica che la ricordo ancora: spalle alla porta, giusto sul vertice destro dell'area, Bobo si libera con un colpo di tacco di Thuram, difensore campione del mondo, e in girata, di sinistro, mette un siluro all'incrocio dei pali all'angolo opposto, incredibile.

Alla fine, lo ammetto, la mia mediazione non riesce. In troppi seminano zizzania, i risultati mancano, torniamo in affanno. Ci sono stress, confusione, umori che in campo non ti portano mai a niente di buono. Capisco che non riuscirò a «scaldare» la freddezza che c'è tra Lippi e la squadra proprio quando stiamo preparando la trasferta contro la Juventus. Il mister chiama l'intera squadra a centrocampo per una riunione di fine allenamento, e dice con la sua solita voce forte: «Dobbiamo andare a Torino a giocarci la partita. A vincere. Dobbiamo cambiare la tendenza. Perché voi, ogni volta che andate a Torino, vi spaventate, avete troppa paura. Mi ricordo bene quanta paura avevate quando ero io allenatore della Juventus».

Nessuno dei ragazzi muove un muscolo o osa ribattere, non è mai facile contraddire il mister che fa la formazione, soprattutto un allenatore vincente e sicuro di sé come Lippi. Ma io sono il capitano, rappresento colori e valori della squadra. Sono andato tante volte a Torino, come su altri campi di club formidabili. Ho vinto, ho perso, ma non per paura, magari perché abbiamo giocato male o eravamo messi male in campo, e non è stata certo la paura a farci perdere quella volta maledetta con Gigi Simoni. Nel silenzio assoluto alzo la mano e faccio segno di no, agitando l'indice: «Non è così, mister, non era affatto paura».

«Mai paura» è la massima che insegno ai ragazzini quando vanno titolari per la prima volta. La paura è pessima consigliera. La sola cosa di cui avere paura è il lavoro scadente, la preparazione mediocre. Non si trattava di paura, mister Lippi, possiamo avere ceduto sul campo, ma non per mancanza di *huevos*, non avrei mai infranto la promessa fatta a papà Rodolfo da bambino.

La magia finisce in quel momento, l'amore non sarebbe mai scoccato, non per colpa di Marcello Lippi, non per colpa nostra. Lui è semplicemente troppo juventino, noi troppo interisti: un matrimonio impossibile, per amore o per forza. La diversità fra Inter e Juventus non deve diventare più una guerra aperta, ma nessuna psicologia, business o campagna di *public relations* potrà appianarla, se non accettando infine, con reciproco rispetto, le differenti tradizioni.

A salvare, almeno in parte, stagione e bandiera è il magnifico Baggio. Sa di dovere essere ceduto, è amareggiato per la sostituzione con la sua amata Fiorentina alla penultima di campionato, ma segna su rigore contro il già retrocesso Cagliari all'ultima giornata e ci apre lo spareggio per la Champions League contro il Parma. Un giocatore meno motivato di lui avrebbe tirato indietro la gamba, risentito. L'orgoglio di Roby lo porta invece a segnare su punizione l'1-0 nella «bella». Al pareggio di Stanić non molti avrebbero scommesso su un'Inter stanca, divisa, litigiosa, ma ancora Roberto segna di sinistro, al volo, il 2-1 a Gigi Buffon, portato infine a 3-1 da Zamorano.

Nel campionato 2000-2001 Lippi dura una sola partita, ai preliminari di Champions League ci elimina tristemente l'Helsingborgs, con «El Chino» Recoba, al ritorno, a sbagliare al 90' il calcio di rigore che avrebbe schiuso i supplementari e la possibile qualificazione. In Supercoppa Italiana la Lazio ci supera 4-3 e, alla prima di campionato, cadiamo 2-1 a Reggio Calabria contro la Reggina. L'animosità che ormai divide il mister e la squadra, e che mi sono invano sforzato di ricomporre da capitano, esplode in diretta televisiva, con Marcello Lippi che dichiara: «Fossi il presidente, anzitutto manderei via l'allenatore. Poi metterei in fila i giocatori, li attaccherei al muro e li prenderei tutti a calci nel culo perché non esiste giocare in questa maniera».

Brutto esito, in cui nessuno, mister, società, giocatori, è senza colpe. Amareggiato, per salvare il salvabile, il presidente Moratti chiama Marco Tardelli, l'uomo che ha segnato il celebre gol dell'urlo, il 2-0 dell'Italia contro la Germania nella finale dei Mondiali del 1982 poi vinta 3-1 dagli azzurri, e che in panchina come allenatore aveva appena conquistato gli Europei Under 21 con la Nazionale.

Dire la verità, così come la sentiamo, è la migliore strategia nella vita. L'onestà può darvi rogne a breve, ma alla lunga paga, se non altro per la serenità morale che vi offre. Ho detto la verità a Lippi sulla nostra presunta paura, con rispetto e franchezza, e lo rifarei. Con altrettanta onestà, senza rancore o risentimento alcuno, dico che Marco Tardelli, oggi vice di Giovanni Trapattoni nella Nazionale irlandese, dei tanti allenatori che ho visto, dal campetto di terra battuta di Disneylandia alla furia del Santiago Bernabeu, è stato il peggiore. Peggiore in tutti i sensi, come uomo e come tecnico.

Ho lavorato tra gli altri con Bielsa, Passarella, Simoni, Hodgson, Lippi, Maradona, Zaccheroni, Mourinho, Leonardo, Mancini, Ranieri, Stramaccioni, ora c'è il mister Mazzarri: tanti tecnici, diverse personalità, scuole che prediligono l'attacco o la difesa, maniaci della palla a terra e teorici del gioco sulle fasce, mister con il culto della psicologia e tecnici persuasi che il pallone non abbia pensieri, vada messo in porta e basta. Tardelli è scarso. I suoi allenamenti non sono da squadra che vuole vincere un trofeo: monotoni, ogni giorno gli stessi esercizi, fiacchi, poco fisici, per nulla tattici. Parla un giocatore che si è allenato il giorno del matrimonio, che nella routine dei «torelli», dei possessi palla, degli allunghi, delle partitelle, ha vissuto la felicità della propria vita. Ma nessuna partita è uguale alla precedente o alla successiva, ogni avversario ha sue caratteristiche, personalità, e ogni giocatore vive momenti di forma o di cattiva condizione. Per Tardelli il calcio è catena di montaggio, fatto come con lo stampino dei bambini sulla spiaggia: forme sempre uguali.

Appena arrivato a Milano, mi fa cenno con il dito di avvicinarmi e mi chiede: «Tu sei il capitano, giusto?». Una domanda già curiosa: lo sa tutta Italia che, da Marcello Lippi in poi, sono io a giocare con la fascia nell'Inter. Con rispetto gli rispondo: «Sono capitano dell'Inter, mister».

«Guarda, non mi piaci per niente quando porti palla. Devi darla via prima, hai capito?»

«Mister, allora temo che ci sarà un problema. Perché queste sono le mie caratteristiche. Io sono così.»

Il lettore non pensi che mi sia arrabbiato per il messaggio di Tardelli: il calcio non funziona se l'allenatore non ha la libertà di parlare con franchezza ai giocatori, che siano capitani, fuoriclasse o meno. Mourinho ci faceva cazziatoni pazzeschi, a volte anche a me, urlando, per fare notare alla squadra che non c'erano privilegi, che nel lavoro, sudando, eravamo tutti uguali, niente classi riservate.

Avrei accettato con tranquillità e attenzione un parere tecnico, pronto a migliorare il mio gioco per la squadra. Come uomo, come giocatore dell'Inter e capitano non potevo invece accettare l'arroganza, la presunzione, la scortesia. Se il mio gioco danneggia uno schema sono pronto a modificarlo, altrimenti sarei stupido. Ma non posso fare da capro espiatorio se le cose non vanno, non è giusto per me e per nessuno.

In quel clima, con quegli allenamenti grigi, i risultati non vengono. I compagni decidono di parlarmi: «Pupi, cosa sta succedendo? Come possiamo migliorare in fretta?».

Ai giornalisti piace qualche volta, in politica come nel calcio, cercare i complotti, le trame oscure, le manovre segrete che spieghino quel che magari sta invece accadendo alla luce del sole. L'Inter non può contare su giornali, televisioni, grandi media, e allora è facile finire nel mirino. Si punta l'indice sugli intrighi di spogliatoio, come quando si è parlato del «clan degli argentini», il «patto del mate» che avrebbe unito me, Samuel, Cambiasso e Milito nel decidere destino e sorte di compagni e allenatori. Non è così, l'Inter del Triplete ha visto convivere felici gli argentini, i brasiliani Maicon, Lúcio, Júlio César, altri stranieri come Sneijder, Eto'o e Stanković, insieme agli italiani Materazzi, Balotelli, Toldo, agli ordini di un portoghese in panchina.

Ma a volte, quando le cose vanno male, è necessario un momento di analisi, di conversazione schietta tra chi in campo ci mette la faccia e vede il proprio lavoro e la propria reputazione non sottoposti al giudizio effimero delle pagelle, ma a quello, ben più pesante, dei risultati, che restano poi negli annali del calcio.

I compagni allora mi vengono a parlare. Nessun complotto, semplici dialoghi di lavoro.

«Capitano, andiamo male...»

«Malissimo, direi.»

«Che si può fare, Pupi? Messi così in campo non facciamo tanta strada.»

«Voi che cosa avete in testa?»

«Che quando in difesa ci riduciamo in tre, prendere gol è troppo facile.»

«Dobbiamo parlarne con il mister? Che cosa gli diciamo? È inutile andare da lui senza una proposta netta, non ci ascolta nemmeno.»

«Quando facciamo il classico 4-4-2 siamo più coperti, andiamo in gol e portiamo a casa punti. Vengono risultati positivi, lo sai anche tu...»

«Possiamo non vincere lo scudetto, ma vedo tra noi tanti buoni giocatori: Blanc, Córdoba, Seedorf, Di Biagio, Vieri, Recoba... Possiamo fare meglio.»

«Capitano, devi parlare tu con Tardelli, dirgli come stanno le cose.»

Ci sono momenti in cui la fascia di capitano pesa come piombo. Non era facile parlare con Tardelli, magari avrebbe temuto l'ammutinamento, oppure cominciava una penosa stagione di soffiate ai giornali e di polemiche. Ci penso su un momento, uno dei meno felici della mia vita, e capisco che devo fare il mio dovere. *Huevos!* Guardo uno per uno quelli che mi sono venuti a parlare, gente che si è fidata di me, che mi ha dato responsabilità, e concludo: «Ragazzi, siamo noi a scendere in campo, noi a tenere in pugno gioia e sofferenza dei tifosi. Se non siamo convinti degli schemi perderemo tutte le partite, non importa quanto impegno ci mettiamo. Vado dal mister, da professionista a professionista e gli dirò come la pensiamo». Mi stringono la mano, piovono pacche sulla schiena, ma adesso viene il difficile.

Non è la prima volta che, da capitano, presento a un allenatore l'umore della squadra, che magari lui, concentrato come è sul suo lavoro, non riesce a percepire appieno. È un compito delicato, importante e spero di averlo svolto sempre con rispetto per i compagni e il mister. Ma mi sbaglio a pensare che con Tardelli sarebbe stato difficile. Non appena gli accenno, a tu per tu, per non imbarazzarlo: «Mister, c'è un problema, ho parlato con i ragazzi e...», lui scrolla le spalle indifferente.

«Ah, è così? Allora va bene, facciamo quello che volete. Presto, però, vi accorgerete di avere torto» mi risponde.

«Mister, lei ha il dovere di fare quello che ritiene giusto. Faccia come crede, io le ho solo trasmesso un messaggio, un sentimento della squadra.»

Lui, per nulla persuaso, continua: «No, no, ti ho detto che va bene... va bene, facciamo questo famoso 4-4-2 che tanto vi sta a cuore».

Rinfrancati, i ragazzi migliorano. Vinciamo in trasferta, battiamo la Fiorentina, proviamo a finire bene. L'11 maggio è in calendario il derby con il Milan, partita che può salvare la stagione, comunque vada al bar i tifosi sfotteranno i «cugini» rossoneri. Ci arriviamo dopo una vittoria sull'Atalanta, doppietta di Vieri e gol di Recoba. Il Milan è alla nostra portata, alla fine lo scudetto andrà alla Roma davanti alla Juventus, ma noi precederemo i rossoneri al quinto posto, 51 punti contro 49.

Il giorno prima del derby Tardelli annuncia, senza una spiegazione: «Si torna alla difesa a tre». Il centrocampista del Milan Serginho avrà spazi immensi, lo sappiamo già, e arriva quel 6-0 pesante nella memoria di tutti i tifosi interisti.

Finisce la partita, immaginatevi di che umore fossimo. Le televisioni partono a passo di carica in cerca di commenti, il mister non si trova. Chi va davanti alle telecamere? Il capitano, come è giusto. Io farfuglio: «A testa alta... bisogna andare avanti... ci scusiamo con i tifosi...» e non ricordo cosa altro né ho voglia di cercare su YouTube. Temo che la mia filosofia – «ritrovare forza nelle batoste» – non abbia convinto nessun nerazzurro quel giorno. Il mio dovere era solo rappresentare l'Inter, pur nell'amarezza, e l'ho fatto.

Massimo Moratti è definito spesso, a ragione, un «presidente tifoso». Se per qualcuno può essere una critica, per me è il complimento migliore che si possa fargli. Il calcio non è solo business e il business, se perde l'anima, alla fine perde anche gli affari, i profitti. Immaginate dunque, come presidente, tifoso e uomo d'affari che vive e lavora in centro a Milano, tra migliaia di milanisti pronti allo scherno, che animo avesse Massimo Moratti in quei giorni.

Ad Appiano Gentile si sparge la voce che siamo tutti convocati a casa sua, per una riunione e una penitenza. Arriviamo alla spicciolata, teste basse, occhi a terra, mani sprofondate nelle tasche. Campioni del mondo ridotti a scolaretti bocciati. Ce lo meritiamo, il presidente ha diritto di farci una lavata di capo da ricordare per un pezzo.

Entriamo, ci sediamo da una parte. Ricordo che c'è una scrivania, e che Moratti va a sedersi dall'altra parte, per guardarci negli occhi. Allora Marco Tardelli si alza e va ad accomodarsi accanto al presidente. Lontano da noi, lasciandoci soli sul banco degli imputati, come se lui fosse al di sopra delle parti. Non ci ho visto più. Mi sono alzato e, dandogli del tu, gli ho detto: «No, mister, tu devi sedere con noi, da questa parte, con la squadra. Il presidente non ha perso, abbiamo perso noi 6-0, ma tu eri in campo con noi, in panchina, e ora devi stare dalla nostra parte, dalla parte di chi ha sbagliato».

Il presidente ci fa neri: «Perdere si può, io sono nel calcio fin da bambino, lo so. Ma perdere così no, almeno non con la maglia della mia squadra, l'Inter». Non vola una mosca, nessuno dice nulla, usciamo in silenzio. Salutando Moratti gli chiedo ancora scusa: «Presidente, lei ha ragione. Ma quanto al mister, lui doveva sedere con noi, con i ragazzi».

Sul portone mi prende sottobraccio uno di quei milanesi che conoscono, o credono almeno di conoscere, ogni respiro, ogni segreto dell'Inter, e mi accompagna per qualche passo. È una tribù diffusa, che sa sempre cosa ci accadrà domani, e se non lo sa lavora di fantasia. Stavolta però la fonte è buona, la notizia confermata, niente pettegolezzi: «Pupi, voglio avvertirti: Tardelli ha chiesto che tu sia ceduto in estate. Il Real Madrid ha già comunicato di essere interessato. Questa è la tua ultima stagione all'Inter, capitano».

XI
L'ombra del Real

Se guardo indietro, all'estate del 1995, quando arrivo all'Inter dal Banfield stretto nel mio orgoglioso doppiopetto beige, mi pare impossibile l'idea di giocare in un'altra squadra. Ho già raccontato la mia «antropologia» dei club – ogni squadra ha una spiccata personalità – che le stagioni trascorse ad allenarmi con gli ex juventini Lippi e Tardelli mi hanno radicato nell'anima. Invece, finito il campionato 2000-2001, sembra proprio che la maglia nerazzurra e la mia fascia da capitano debbano andare in naftalina, nell'armadio dei ricordi insieme all'abituccio che indossavo quel giorno alla Terrazza Martini.

Una vita nel calcio insegna a diffidare delle voci del mercato, dove si spacciano illusioni, si distilla fumo per alzare il valore di un mediocre cartellino, i procuratori cercano affari, e ogni onesto calciatore d'incanto diventa Pelé, Maradona o Messi. Stavolta, invece, oltre al fumo c'è sostanza.

Tardelli ha chiesto all'Inter di vendermi, un acquirente s'è fatto avanti: il Real Madrid, le «Merengues» allenate da Vicente Del Bosque. Oggi dobbiamo chiamarlo marchese Del Bosque, il re Juan Carlos di Spagna, infatti, lo ha insignito del titolo nobiliare, grato per le vittorie della Nazionale spagnola, le «Furias Rojas», ai Mondiali del 2010 e agli Europei del 2012, superando in finale rispettivamente l'Olanda di Sneijder e l'Italia di Balotelli. Per decenni gli spagnoli sono stati la Bella Addormentata del calcio: la loro squadra era sempre colma di talento e speranza, ma mai vincente. Il marchese Del Bosque, saggio, bonario, un uomo di buon senso calcistico e sapienza tattica, mette insieme gli assi di Real Madrid e Barcellona e, spegnendo ogni rivalità di club con la personalità da vecchio zio che non tollera liti tra cugini a tavola, vince la storica doppietta.

Paula mi guarda senza parlare, e so che per lei non è facilissimo. Le nostre abitudini, la nostra casa a Como, «il nostro posto nel mondo», gli amici, la routine – casa, campo, allenamento, partita – sembrano d'improvviso precari, effimeri, come quelle giornate sul lago che iniziano con il sole, per poi d'improvviso incupirsi, il vento che si alza, le onde bianche di schiuma, l'acqua scura.

Sulla panchina dell'Inter debutta un argentino, Héctor Raúl Cúper, che nell'aspetto magro, malinconico, asciutto, ricorda l'*hidalgo* triste della letteratura romantica che si studia a scuola: un aristocratico castigliano senza sorriso, un Don Chisciotte affascinante e sfortunato. Il suo curriculum è perfetto per un *hidalgo* del calcio: ha preso una squadra senza grande blasone, il Maiorca, e l'ha portata a sorpresa alla finale in Coppa del Re contro il grande Barcellona, perdendo ai rigori ma riscattandosi poi, sempre contro il Barcellona, e vincendo nel 1998 la sua prima Supercoppa Spagnola. Si è poi guadagnato la finale di Coppa delle Coppe, nell'ultima edizione di quel prestigioso trofeo, finita per 2-1 alla Lazio di Mancini e Vieri. Il successo lo porta al Valencia, dove si aggiudica nel 1999 un'altra Supercoppa Spagnola e ottiene una fantastica doppia finale di Champions League, cedendo nel 2000 al Real Madrid in un derby tutto spagnolo, e nel 2001 al Bayern Monaco, dopo i supplementari e gli amarissimi calci di rigore.

Serio, austero, esperto, Cúper sembra a Moratti il leader perfetto per mettere infine ordine nella «pazzia» dell'Inter. Guardo il lago da casa mia, e mi spiace non poter più essere io il capitano nerazzurro, giusto adesso che il vento pare cambiare.

Le voci non mi distraggono, ma alla realtà sono attento. Una delle persone più serie del matto mondo del pallone mi viene a trovare, beve un caffè e mi dice senza troppi preamboli: «Preparati, vai al Real. Ho parlato con Valdano, me l'ha confermato, ti vuole». Argentino come me, Jorge Valdano comincia a giocare a sedici anni al Newell's Old Boys, una squadra di Rosario, provincia di Santa Fe, che l'accento del mio paese rende impossibile da pronunciare agli stranieri. Con il Real Madrid vince due scudetti e due Coppe Uefa, mentre con la Nazionale argentina è campione del mondo nel 1986, segnando quattro reti, di cui una in finale alla Germania. Il suo *score* al Real pesa: 85 presenze, 40 gol. Da allenatore vincerà a Madrid uno scudetto, per poi fare il direttore generale fino al 2011.

Non sono i titoli di Valdano a emozionarmi, è un ricordo di bambino. È il 22 giugno 1986, sul divano di mamma Violeta, a Dock Sud. La televisione è al suo posto, non c'è stata nessuna alluvione quell'inverno, nessun mattone che papà debba mettere sotto l'apparecchio per evitare il cortocircuito, una disgrazia impensabile in quell'occasione. Perché, in diretta dallo stadio Azteca di Città del Messico, l'Argentina sta giocando contro l'Inghilterra. Solo quattro anni prima i due paesi si erano battuti nella sanguinosa guerra per le isole che noi chiamiamo Malvinas e gli inglesi Falkland, e ancora oggi la premier britannica di allora, Margaret Thatcher, è per questo detestata a Buenos Aires. Nei combattimenti cadono 649 argentini, 255 inglesi, tre abitanti delle Falkland-Malvinas.

Quel match mischia dunque sport, politica, nazionalismo, anche se per me, da piccolo, è solo ciò che dovrebbe essere per tutti, in un mondo più giusto, una meravigliosa partita di calcio. Ciò che accade in campo resta nell'album della memoria di tutti gli appassionati: il gol di mano di Diego Armando Maradona al portiere Shilton, «*la mano de Dios*» secondo Diego, bravo a comunicare come a dribblare. Poi, quello che i libri definiscono il Gol del XX secolo e chissà se, e chi, lo supererà nel XXI secolo.

Socchiudo gli occhi e lo rivedo, con la moviola del cuore. Il centrocampista Héctor Enrique, detto «El Negro», commette l'errore che in mediana ho urlato mille volte ai miei compagni di non fare, scarica un passaggio a Maradona nella nostra metà campo, mentre Diego è spalle alle porta e ha due avversari addosso, Beardsley davanti, Sansom dietro. Chiunque altro, al suo posto, alleggerirebbe subito con un contropassaggio, a smarcarsi. Maradona invece parte, palla al piede, il Re dei Veneziani, quelli che non la passano mai. Scartati i due con finta e dribbling ad allargarsi, Diego allunga su Reid ed evita il ritorno di Beardsley. Alterna passo e scatto, non fa capire se proseguirà sulla fascia o entrerà in area, si accentra, punta senza paura Butcher e Fenwick e, dolcemente, manda a vuoto Shilton in uscita per poi segnare. Qualcuno ha suddiviso quel gol in gesti, contandoli uno per uno: quindici tocchi di palla, sei inglesi lasciati sul posto, una volata di sessanta metri in dieci secondi.

Sul divano di Violeta non c'è più tifo o entusiasmo, ma un solo groviglio umano di adulti, bambini, tifosi, amici, parenti, che sembrano soffocare di gioia e fierezza, mentre dalla televisione tuona il telecronista Victor Hugo Morales, più felice e tifoso di tutti: «La tocca per Diego, ecco, ce l'ha Maradona. Lo marcano in due. Calcia la palla Maradona, avanza sulla destra il genio del calcio mondiale. Può toccarla per Burruchaga... sempre Maradona... Genio, genio, genio... C'è, c'è, c'è... Gooooooooooool... Voglio piangere... Dio Santo, viva il calcio. Golaaaaaazooo... Diegooooooool... Maradona... C'è da piangere, scusatemi... Maradona in una corsa memorabile la giocata migliore di tutti i tempi... Aquilone cosmico... Da che pianeta sei venuto per lasciare lungo il cammino così tanti inglesi? Perché il paese sia un pugno chiuso che grida per l'Argentina... Argentina 2 Inghilterra 0... Diegol, Diegol, Diego Armando Maradona... Grazie, Dio, per il calcio, per Maradona, per queste lacrime, per questo Argentina 2 Inghilterra 0».

Che c'entra in questo delirio Jorge Valdano? Per me bambino niente, il gol è di Maradona, perfetto, l'ultimo a toccare la palla è «El Negro» Enrique, cui resta la gloria della fantastica battuta che gli attribuiscono negli spogliatoi, mentre gli *albiceleste* festeggiano il loro asso: «Un gol facile, caro Diego, grazie all'assist che ti ho fatto io!».

Da adulto, studiando quel filmato, riconosco invece il lavoro di Valdano. Per ciascuno dei sessanta metri e dei dieci secondi interminabili della volata di Maradona, Valdano lo segue come un'ombra, l'ombra del calciatore professionista che fa il suo dovere accanto al genio. Solo Maradona può concepire quel gol, ma se per un attimo il suo incantesimo si fosse infranto, se Butcher, o Fenwick o il portiere Shilton alla disperata avessero insidiato il suo passo, ecco l'alternativa tecnica: assist per Valdano con la porta e la difesa inglese ormai scardinate e gol. Questa è la mia idea dello sport più amato: spazio per il talento puro, accanto a metodo, fatica, lavoro.

Mi piaceva Valdano, ed ero combattuto tra il dolore di lasciare l'Inter e l'orgoglio di essere chiamato da uno dei club più vincenti della storia, da un campione che avevo amato nella casetta di Dock Sud, tra i sorrisi e gli *alfajores* di mamma Violeta. Uno che amava il calcio da «Tractor».

Con la testa mi preparo al Real Madrid, a Jorge Valdano. Un cronista ficcanaso e ben informato sussurra: «Cúper va in giro a dire: "Mi spiace, ma Zanetti non funziona nel mio schema. Il Real lo vuole? Ci andrà"». Pubblicano perfino un'intervista, falsa, in cui mi fanno dire che sono io a volere essere ceduto. Tira aria brutta, come se qualcuno remasse contro di me, tentasse di farmi fuori. Cerco conforto da Paula: «Ti piace Madrid, amore?».

E lei, perfidina: «Come città è bellissima».

«Parlo di calcio, Paula.»

«Il Real? Lo sai che vincono tutto, sarebbe un onore» dice con ironia.

Non è aria. «Amore, dimmi la verità!»

«Javier, ascoltami» e quando Paula dice «ascoltami» è meglio ascoltare senza storie. «È logico che se andiamo a Madrid verrò con te e saremo felici. Giocare nel Real è il sogno di chiunque, no? Loro sono "Los Galácticos", vincere da loro è semplice. Ma al Real i giocatori contano meno della squadra, il mito è il club, non chi va in campo. Io credo che il nostro destino sia all'Inter, in Italia. Tu entri nella storia del calcio vincendo con l'Inter, amore. Potrà essere dura, dovrai soffrire più di quanto non abbiamo già sofferto, ma sento che è così.»

Paula mi rende la scelta ancora più aspra, sembra richiamarmi al dovere, alla fedeltà, alla fascia di capitano lasciata nell'armadietto alla Pinetina. Le ferie sono finite, le ho passate ad arrovellarmi. Ho l'aereo prenotato Ezeiza-Malpensa: arrivederci Buenos Aires, a Milano capirò dove la sorte vuole portarmi.

Non c'è molto da attendere, la sorte ha fretta, Paula lo ricorda bene: «Sono argentina, fatalista, romantica. Ho sempre pensato che alla fine il fato conti molto nelle nostre vite, nel calcio poi domina assoluto. Se Javier fosse arrivato al ritiro dell'Inter, immusonito, incavolato com'era dopo il campionato e le voci che lasciavano girare su di lui, penso che, schietto com'è, sarebbe andato subito da Cúper a chiedergli a muso duro: "Mister, mi hanno detto che non rientro nei tuoi piani. Bene, se è vero dimmelo ora, il Real mi vuole, faccio i bagagli in mezz'ora e parto, senza problemi". Cúper magari, altro argentino orgoglioso, preso di punta gli avrebbe risposto male e la storia di Pupi Zanetti in nerazzurro sarebbe finita quell'estate. Invece…».

Invece sull'aereo che da Buenos Aires mi riporta a Milano, prenotato nel posto accanto a me e a Paula c'è un signore di mezza età, silenzioso e magro, faccia da *hidalgo* triste: Héctor Raúl Cúper! Lo vedo, lo avvicino, Paula tende l'orecchio, trattenendo il respiro.

«Buonasera mister, disturbo? Sono Javier Zanetti, complimenti per l'Inter. Ci vedremo in ritiro, ma guardi, sarò sincero, poi la lascio in pace: mi hanno detto che non mi vuole in squadra. Per tutta l'estate gira voce che mi abbiate già venduto al Real Madrid. È vero?»

«Sei pazzo Zanetti? Ti voglio in squadra, tu resti capitano. La prima cosa che ho detto a Moratti, firmato il contratto, è stata: "Zanetti non si vende". Punto su di te.»

«Se mi dice così resto, e più che volentieri. L'ultima cosa che voglio è lasciare l'Inter, sia pure per il Real Madrid. Mi sono trovato in una situazione triste, che non prevedevo. Voglio arrivare ora al ritiro, in Italia, e parlare con i compagni, i vecchi e i nuovi. Sinceramente non pensavo neanche di rivederli. Chiudere con le mie cose ad Appiano Gentile sarebbe stato troppo malinconico. Avrei mandato qualcuno a prendere quel poco di mio che restava. Credevo mi avreste ceduto...»

«No, no, Zanetti...» ride ora Cúper. «Ci vediamo in ritiro.»

Mi resta però una telefonata da fare, non appena atterrati in Italia, passata la dogana e il controllo passaporti. Al presidente, a Massimo Moratti. Il nostro rapporto, da quel 1995, è sempre stato limpido, familiare, nella buona e nella cattiva sorte. Anche se il mister Cúper è sincero, non mi va di restare in squadra se questo non è anche il desiderio e l'intenzione del presidente. Lo chiamo, risponde con la sua voce milanese, diretta: «Sei tornato? Sei in forma?».

«Presidente, com'è la situazione? Mi dica la verità. Ho incontrato il mister Cúper, lui è felice che io giochi. Ma ho sentito troppi pettegolezzi, c'è confusione. Io le sono affezionato, amo la squadra, ma non voglio creare problemi. Non resto se, a suo parere, danneggio l'Inter.»

Dall'altro capo del telefono scoppia una risata: «Zanetti! Ma che dici! Ma ci mancherebbe! Ci vediamo al campo».

Pupi, il Capitano, resta nerazzurro. Come nel celebre gol di Maradona che da bambino mi ha fatto scoppiare il cuore di gioia, anche per me Jorge Valdano resta un'ombra. Magnifica, ma solo un'ombra.

XII

Un giorno da amare

Il quotidiano argentino «La Nación», uno dei più influenti di Buenos Aires, dedica due pagine intere dal titolo *20 años, una eternidad* ai vent'anni senza vittorie della Nazionale argentina: l'ultimo successo, infatti, fu la Coppa America vinta il 4 luglio 1993 a Guayaquil, in Ecuador, con la squadra del commissario tecnico «Coco» Basile, in campo «El Cholo» Simeone e Gabriel Batistuta.

Vent'anni senza vittorie sono un'eternità, e tocca proprio a me, capitano per tanto tempo dell'*albiceleste*, spiegare le ragioni della carestia di titoli. Ci penso su mentre passeggio per i prati a La Quinta, il sobborgo dove scappo quando il frastuono di Buenos Aires diventa insopportabile.

È ovvio che nello sport, come in politica, negli affari, nello spettacolo e in tanti aspetti del nostro lavoro, i riflettori, la gloria e l'attenzione vadano a chi vince. È giusto, e così sarà sempre. A patto però che l'applauso meritato dal vincitore non implichi disprezzo per chi si è battuto fino alla fine, con lealtà, talento, fatica. Al contrario, quando ripenso alle mie vittorie, è proprio il valore dell'avversario a renderle nobili e indimenticabili. Se quella notte al Santiago Bernabeu di Madrid luccica nella memoria dei tifosi come la Champions League adesso custodita in bacheca, la magia si deve alla forza straordinaria dei club che siamo riusciti a battere: il Chelsea di Drogba, il Barcellona invincibile di

Messi, il Bayern di Robben, i campioni di Inghilterra, Spagna, Germania. Senza di loro il nostro successo non varrebbe una patacca.

Purtroppo, nella cultura dello *show business*, questo ideale si va perdendo: conta chi vince, gli altri finiscono in un ritaglio ingiallito o un filmato su Internet. Ma i campioni che ho conosciuto, da Beckham a Del Piero, da Maldini a Baggio, Ronaldo, Messi, Seedorf, sono tutti consapevoli che solo la qualità di chi esce sconfitto dal campo legittima la fama del vincitore.

Ho affrontato con l'Inter per quattro volte il Manchester United di Sir Alex Ferguson e, purtroppo, non ci è mai andata bene, siamo sempre stati eliminati. Ma sentite cosa ricorda di me uno degli assi dei «Red Devils», i Diavoli Rossi, Ryan Giggs: «L'avversario più difficile che abbia mai incontrato è stato Javier Zanetti. Giocai contro di lui per la prima volta nel 1999, nei quarti di finale della Champions League. Lui terzino destro, io ala sinistra. Mi impressionò per le qualità: era rapido, potente, intelligente, esperto. Ho giocato contro Javier altre tre volte. È stato l'avversario più duro in assoluto. Un campione completo».

Giggs ha vinto in quei match, io ho perduto. Ryan capisce però che la felicità e l'orgoglio del suo successo derivano dalla qualità dei suoi contendenti, e per questo apprezzo molto i suoi giudizi. È l'Inter, pur sconfitta, a far risplendere, con la determinazione messa in campo, la forza del Manchester United, per questo Giggs mi elogia e io non posso che ricambiare. È la legge dello sport, chi non la comprende o non la condivide, non è sportivo.

Mi piace molto il tennis, ho sempre giocato a calcio, uno sport di squadra, e ammiro atleti che devono «farsi squadra» da soli, che non hanno un capitano che urli loro: «Forza! Manca poco». O un compagno che dopo l'errore li consoli, che «batta il cinque» dopo un formidabile rovescio incrociato. A Wimbledon, tempio del tennis, custodiscono i ritratti di chi ha vinto quel prestigioso torneo: Rod Laver,

Arthur Ashe, Björn Borg, John McEnroe, Roger Federer, Rafael Nadal. Ma se riguardiamo con pazienza i tabelloni, turno dopo turno, nei faticosi set sull'erba, comprendiamo come la piramide della gloria sia fondata sulla generosità degli avversari. Ammiriamo chi vince al quinto set dopo un tie break, ma è il suo rivale ad averlo portato fin lì con la sua bravura: un principio che andrebbe insegnato in tutte le scuole di qualunque sport. Purtroppo non accade e la lezione si perde.

A Wimbledon, all'ingresso del campo principale, dove gli assi si affrontano per la finale del Grand Slam, gli inglesi hanno inciso due versi della poesia di Rudyard Kipling *Se*: un padre scrive al proprio figlio che sarà un uomo solo «se saprai incontrare il Trionfo e il Disastro, trattando quei due impostori nello stesso modo». Io ho incontrato a tu per tu il Trionfo e il Disastro, e ho imparato quanto siano «impostori», se cambiano la nostra natura, se ci esaltano o ci deprimono oltre misura, se ci impediscono di tornare al lavoro, alla famiglia, alla vita quotidiana.

L'era di Héctor Cúper all'Inter finisce in disastro, il 5 maggio 2002, una pagina dolorosa nella nostra storia. Nel raccontarla i miei sentimenti e i miei ricordi non sono però negativi: è una pagina di questo libro, una pagina della mia vita, senza quei momenti e queste righe le vittorie avrebbero avuto un diverso valore, sarebbero state più scialbe, meno importanti.

All'Inter con Cúper abbiamo «perso», mentre con Simoni, Mancini, Mourinho, Benítez, Leonardo, abbiamo «vinto». Valgono meno il lavoro, l'impegno, gli sforzi di un perdente, rispetto a quelli di un vincente? Negli annali o sui giornali, forse sì. Nella vita, per nulla.

Arrigo Sacchi lamenta che il calcio, soprattutto in Italia, difetti di cultura sportiva, e credo abbia ragione. Quando i tifosi di una curva applaudono alla fine la loro squadra che, pur sconfitta, sul campo ha dato tutto quel che aveva, io mi commuovo. Sono fiero quando i nostri tifosi, la Curva Nord dell'Inter, incitano la squadra senza risparmiarsi per novanta minuti e, se vedono che ci si batte allo spasimo, salutano con ovazioni, qualunque sia il risultato. Non sempre è stato così, ed è bello che giocatori e pubblico maturino insieme.

Dopo Cúper, dopo l'amarezza di quella partita con la Lazio all'Olimpico, che dovevamo vincere a tutti i costi per riportare lo scudetto a Milano e che, invece, abbiamo perso tra le lacrime di Ronaldo e di milioni di tifosi, se siamo tornati primi nel mondo lo si deve certo al lavoro degli assi e degli allenatori che sono venuti dopo, ma anche alla fatica e all'impegno di Héctor, malinconico *hidalgo*.

Cúper riporta ad Appiano Gentile la base su cui costruire future vittorie, con lui si riparte dai fondamentali. È la cultura del lavoro, la stessa per cui mio padre Rodolfo, finita la giornata da muratore, mentre tutti i suoi compagni schizzano verso casa e il meritato riposo, ripuliva gli attrezzi uno per uno, fino a farli luccicare. Cúper non legge i giornali, non ascolta gli inferociti dibattiti sportivi in televisione o alla radio. Lavora e basta.

L'ambiente si rasserena, ognuno «al pezzo», si crea un gruppo compatto. Ronaldo patisce le conseguenze del terribile infortunio subito in Coppa Italia contro la Lazio, quando l'intero stadio ammutolisce, angosciato nel sentirlo gemere di dolore. A lungo in avanti giocano due ragazzi, Kallon e Ventola, attaccanti che aiutano difesa e centrocampo, dei veri lottatori. È una squadra di carattere: se siamo in vantaggio per 1-0 è difficile riprenderci, se c'è da difendersi lo facciamo compatti.

I tifosi vogliono ancora bene a Cúper perché, in fondo al cuore, sanno che ha ricostruito un gruppo vincente, è arrivato a un passo dal vincere, e perciò merita rispetto e gratitudine.

Ora sappiamo che su quel campionato 2001-2002 si stendono le ombre di Calciopoli. Per tutta la settimana prima di Lazio-Inter, partita decisiva per lo scudetto, si disse che il dirigente della Juventus Luciano Moggi, poi travolto dallo scandalo, passasse il suo tempo a Roma. Lo stesso Cúper, che non si lamentava mai di nulla, impreca ancora per il mancato rigore che l'arbitro De Santis – poi condannato sia dalla giustizia sportiva sia dal tribunale di Napoli per i brogli – ci nega a Verona, contro il Chievo, alla terzultima giornata, fallo clamoroso su Ronaldo. Quel pareggio per 2-2 permette ai bianconeri, vittoriosi all'ultimo minuto, di avvicinarci in cima alla classifica: potevamo chiudere il match sopra di 5 punti, finiamo solo con un punto di differenza.

Tutto vero, tutto triste: Calciopoli è la pagina peggiore del nostro sport, non per le ingiustizie patite dall'Inter, ma per il danno fatto alla reputazione mondiale del calcio italiano. Prima di riaprire il caso, però, è giusto che dica finalmente ciò che ho nel cuore da quel 5 maggio 2002, e che fa parte dell'idea che ho dello sport. Se a qualcuno non piacerà chiedo scusa, ma sono fatto così.

Quando rifletto su quella partita, penso soprattutto che toccasse a noi vincerla, punto e basta. Lo dico con sincerità, ai tifosi nerazzurri e a quelli juventini, ai compagni di allora e agli avversari. Potrei accampare attenuanti a buon titolo, o usare ciò che poi abbiamo appreso dalle intercettazioni e dai processi davanti alla giustizia sportiva e ordinaria. Potrei farlo, sarebbe comprensibile e umano, ma non sto qui a raccattare battute buone per il Bar Sport, piuttosto sto provando a raccontare con sincerità la mia vita di calciatore e di uomo. A testa alta, con onestà, dico che se fummo battuti a Roma, pur tra sospetti e ombre inquietanti, alla fine la colpa è di noi undici in campo. Da capitano, come sento la felicità delle vittorie, così riconosco anche l'intera responsabilità della più amara sconfitta. Credo che quando ogni calciatore battuto saprà fare lo stesso, sarà un bel momento per il nostro sport.

La Juventus, quel 5 maggio 2002, sbriga la sua partita a Udine subito, gol di Trezeguet e Del Piero, e si mette ad aspettare dalle radioline il nostro risultato a Roma. Lo stadio Olimpico è una festa nerazzurra. Lo scudetto manca sulle nostre maglie dal 1989, troppo a lungo per i tifosi, cui non basta per consolarsi la classica battuta dell'avvocato Peppino Prisco: «Rimpiango sempre gli anni d'oro del calcio italiano, dal 1908 al 1951, quando invano il Milan provò a vincere lo scudetto».

Il cielo è sereno, lo champagne è pronto. Andiamo in vantaggio due volte, con Bobo Vieri e Gigi Di Biagio, due volte siamo raggiunti. Qualcuno nota l'impegno frenetico del ceco Karel Poborský e qualche retroscena lo lega, in una Lazio che non ha più nulla da chiedere al campionato, all'influenza del suo connazionale juventino Pavel Nedvěd. Non io, lo ripeto. Avevamo vinto tante partite, dovevamo chiudere anche quella, per il presidente Moratti, per noi, per i tifosi arrivati da ogni parte d'Italia.

Nella ripresa l'aria si fa pesante. La Lazio vuole andare a vincere: segna un nostro ex giocatore, «El Cholo» Simeone, un combattente leale che avrei voluto quel giorno in nerazzurro. Diego fa gol ai suoi ex compagni, sa di spezzare il cuore ai tifosi che l'hanno amato. Non esulta, si gira verso il centrocampo, con l'aria più mesta di noi: quella rete gli restituiva soddisfazione davanti alla squadra che l'aveva ceduto senza dargli gioia. Al quarto gol non siamo neppure più in campo. Ho giocato quella partita da terzino destro, non la rinnego, non cerco scuse, la considero parte della mia vita e della storia dell'Inter.

Una volta ho chiesto a Paula: «Che faccia avevo la sera di Lazio-Inter?». Era già passato del tempo, provavo a rimettere insieme i pezzi.

Lei impallidisce. «Mi hai fatto paura quella sera. Eri livido. Non ti ho mai visto tanto triste. Hai sempre sorriso nella vita, sempre, tranne quella maledetta sera.»

«Ricordi ancora cosa ti dissi, a caldo?»

«Sì.»

«Ti va di ripetermelo?»

Paula esita un attimo, dovevo averle fatto davvero paura quella volta, forse aveva timore di risvegliare brutti ricordi: «Cercavo di dirti quel che sentivo dagli amici, per consolarti: le storie di De Santis, di Moggi, di Poborský, le solite cose. Tu allora mi hai interrotto brusco: "Non me ne frega niente Paula, niente. Quella partita era nostra. Dovevamo vincerla noi in campo. Vorrei solo poter infilarmi scarpini e parastinchi e tornare a giocarla adesso, a quest'ora"».

«Davvero?»

«Sì, non cercavi scuse, eri arrabbiatissimo. Prima di tutto con te: "Dovevo giocare meglio, spingere di più" imprecavi. Poi con la squadra, con gli errori commessi. Ti tormentavi per aver perso la possibilità dello scudetto, dopo essere arrivati in testa all'ultima giornata. Ripetevi la condanna, prima a te, poi ai compagni. Ti maceravi, ti prendevi tutta la colpa.»

Oggi la penso ancora come quella notte in cui Paula mi ha visto così sconvolto: noi dovevamo vincere. Ma, se poi riuscimmo a superare le trappole oscure di Calciopoli, a inanellare cinque scudetti di fila e ad alzare altri due trofei internazionali, lo dobbiamo anche a quella giornata, a quel 5 maggio 2002 che ormai è parte di tutti noi: giocatori, società, tifosi. Ci indurì, ci migliorò. Ora è nel nostro passato, un tempo che, a furia di bastonate, ci ha fatto maturare e crescere, rendendo le grandi vittorie dell'Inter più belle, indimenticabili, uniche.

Quando a San Siro sento il grido: «Amala!», penso che abbracci anche quel giorno.

XIII

L'orgoglio non conosce sconfitte

Ho cominciato a raccontare di me, dal Predio, il quieto ritiro della Nazionale argentina, dove ho faticato per recuperare dall'incidente al tendine d'Achille subito a Palermo il 28 aprile 2013. Vi ho raccontato poi della mia infanzia da ragazzo a Buenos Aires, di gioie e dolori con l'Inter, di come si diventa un calciatore professionista, della pressione, dello stress, della felicità. Ma non vi ho detto ancora che una parte cruciale della mia vita sportiva l'ho trascorsa con una maglia diversa da quelle di Talleres, Banfield e Inter: la *albiceleste*, la maglia biancazzurra della Nazionale argentina.

Il Predio è il posto giusto per fare la mia fisioterapia, perché è un po' come essere a casa, dove tutti ti coccolano: il magazziniere mi passa la *bombilla* del mate se mi vede un po' stanco, nello spogliatoio si possono fare due chiacchiere tranquille, stemperare le tensioni. Ho scelto di ricominciare ad allenarmi qui perché fare parte della Nazionale è qualcosa di diverso rispetto a giocare per un club: in campo si è consapevoli di rappresentare un intero paese.

Io sono cresciuto in Argentina, poi sono diventato cittadino italiano grazie alle origini friulane di mio padre. Anche mia moglie Paula viene da una famiglia italiana, ha parenti piemontesi. Siamo due eredi di emigranti, tornati alla madrepatria degli antenati. Un giorno, in un ristorante sul lago di Como, mentre ancora porto l'ingessatura alla gamba, la mia amica Maria Cristina Russo, brillante manager sportiva, comincia a discutere insieme a due altri amici presenti: «Pupi è argentino e lo sarà fino alla morte». «Macché argentino, ormai Javier è italiano, i suoi tre figli crescono qui. Il Capitano è italiano.» Mi sento come quando da bambini gli zii provano a imbarazzarti chiedendoti: «E tu, vuoi più bene alla mamma o al papà?». Allora tu, pensando quanto un adulto possa essere banale, rispondi in cantilena: «Uguale a tutti e due...».

L'Argentina, il mio paese, è davvero meraviglioso. Abbiamo tutto: il mare, le montagne, i fiumi, le pianure sterminate, le *pampas*. Dentro i suoi confini si può viaggiare dal clima tropicale del Nord alla tundra dell'estremo Sud, verso l'Antartide. Le navi che passano dal Sud Atlantico al Sud Pacifico devono attraversare lo Stretto di Magellano. A scuola studiavamo che il Cerro Aconcagua è la montagna più alta dell'emisfero meridionale. Viviamo in un paese immenso, 2.780.400 chilometri quadrati, solo sette paesi al mondo sono più grandi. Una massa di terra, fiumi e laghi sterminata per soli 42.610.981 abitanti. Al confronto, in Italia, 61.482.297 abitanti si affollano in appena 301.340 chilometri quadrati. I ritmi sono diversi, un caffè espresso si beve in un sorso, per degustare il mate serve almeno un'ora. La pasta italiana si serve al dente, l'*asado* argentino cuoce senza fretta.

Anche se adesso vivo per la maggior parte del tempo in Italia, voglio capire bene cosa sta succedendo nel mio primo paese, l'Argentina, e invito a pranzo un amico, un argentino come me cresciuto qui, poi divenuto un importante uomo di affari, sempre in volo tra i suoi uffici di Buenos Aires, Londra e New York. Di fronte a un'*empanada* e a un bicchiere di rosso Malbec argentino (acqua per me, naturalmente), gli chiedo: «Crescono tutti i paesi latinoamericani e noi restiamo nei guai. Dimmi, senza usare il solito gergo di voi economisti, qual è il problema dell'Argentina?».

Il mio amico mi guarda come un calciatore professionista guarderebbe il bambino che chiede: «Come faccio a giocare la finale dei Mondiali?». Poi beve un bel sorso di Malbec e prova a spiegare. «Il buon Dio, caro Pupi, è stato generoso con il nostro paese. Ci ha regalato risorse naturali immense e preziose: le *pampas*, fertili e perfette per l'allevamento di bestiame, le miniere di piombo, zinco, stagno, rame. Abbiamo petrolio e uranio, ti basta? Un secolo fa, nel 1910, eravamo ben più ricchi di Germania e Francia, e stavamo avvicinandoci agli Stati Uniti e alla Gran Bretagna. Da Parigi, Berlino, Madrid e Roma si partiva per Buenos Aires. Raccoglievamo e sfamavamo folle di emigranti, il nostro avvenire sembrava assicurato. E invece, generazione dopo generazione, i nostri leader hanno disperso quelle promesse, finché siamo andati in default all'inizio del secolo. Va bene, lo so che non vuoi che usi il solito gergo da economista: diciamo che se un paese non riesce a ripagare il suo debito internazionale dichiara bancarotta, e adesso siamo di nuovo sull'orlo di guai seri. L'inflazione la ricordi anche tu, no? Quando andavamo a scuola e il panino e la Coca-Cola al pomeriggio costavano il doppio che al mattino, e tuo padre Rodolfo non poteva fare un preventivo per i lavori in muratura perché, di settimana in settimana, i prezzi di calce e cemento andavano alle stelle... E poi c'è stata la dittatura militare, la "guerra sporca", i ragazzi e le ragazze svaniti nel nulla, *desaparecidos*. Gli altri paesi dell'America Latina crescono, noi negli ultimi anni abbiamo avuto momenti buoni, ma ora stentiamo, ed è un peccato. In anni duri, più della metà degli argentini ha patito la miseria, adesso "solo" uno su tre è povero. Certo, è un progresso, ma non può bastare: sono quattordici milioni i cittadini in condizione di povertà, la metà sono bambini come quelli cui garantite una scuola e una mensa grazie alla tua Fondazione Pupi a La Traza.»

Per riflettere sulla situazione dell'Argentina e per capire che cosa sta succedendo, vado a discutere con mio suocero

Andrés, uno studioso che ha dedicato tutta la vita a questi problemi, dannandosi per analizzarli e per dare concretamente una mano, ieri quando raccoglieva i giovani a Remedios de Escalada, oggi con i bambini della Fondazione Pupi. Andrés, quando le cose non si mettono bene, borbotta: «*Argentina: todos los malos de España, todos los malos de Italia, todos los malos de Arabia*», come se tutti i guai del pianeta si accanissero contro il nostro paese.

Vado a trovarlo alla mensa della Fondazione Pupi. Le bidelle ci danno un piatto di quello che mangiano i bambini oggi: pollo, purea di patate, un bicchierone d'acqua. Andrés mi fa lezione: «L'Argentina paga la debolezza delle istituzioni politiche. Il paese è ricco, avevamo un'ottima base industriale, ma serve uno Stato che sostenga i poveri, amministri la giustizia, modernizzi i servizi e la burocrazia, dia una mano alle aziende produttive e tagli le unghie a chi se ne approfitta. Invece i leader si lasciano corrompere, il malcostume dilaga, nessuno riesce a eliminare la povertà nei *barrios*».

Nel paese che cento anni fa era tra i più ricchi al mondo e adesso fatica a crescere, il calcio diventa *pasión de multitudes*: è un motivo di unità e orgoglio, in una vittoria sul campo si sogna il riscatto personale e collettivo, e la Nazionale *albiceleste* svuota le strade quando l'inno argentino risuona allo stadio:

Oíd, mortales, el grito sagrado:
«Libertad, libertad, libertad!».
Oíd el ruido de rotas cadenas,
ved en trono a la noble igualdad.
Ya su trono dignísimo abrieron
las Provincias Unidas del Sur
y los libres del mundo responden:
«Al gran pueblo argentino, salud!
Al gran pueblo argentino, salud!»
Y los libres del mundo responden:
«Al gran pueblo argentino, salud!».

I critici, gli intellettuali più severi, accusano il calcio di distrarre la gente dai problemi seri. Una volta Arrigo Sacchi provò a smontarli dicendo: «Il calcio è la cosa più importante delle cose non importanti». Una buona battuta, ma io non credo che la vita funzioni come una matrioska russa: il lavoro, la politica, il calcio, la famiglia, uno dentro l'altro, ma distinti, separati. Credo che la gente si appassioni alla sua nazione, ai temi seri, politici ed economici che la riguardano, e poi tifa, non perché il calcio sia una droga, un narcotico, ma al contrario perché, soprattutto in un paese in difficoltà, la Nazionale è simbolo di comunità, vola al di là dei guai di ogni giorno, offre speranza a chi non ne ha più.

Ho cantato l'inno per dodici volte con la Nazionale Olimpica, vincendo anche l'argento ad Atlanta nel 1996, in una finale persa 3-2 contro la Nigeria, e detengo il record di ben 145 presenze nella «Selección» maggiore, con venticinque fasce da capitano. Dietro di me, come presenze, c'è una formazione stellare di giocatori: Ayala, Simeone, Ruggeri, Maradona, Batistuta. Nel mondo non sono poi tanti i campioni che hanno giocato nelle loro Nazionali più di me: fra gli altri Lothar Matthäus in Germania, Martin Reim in Estonia, il lettone Vitālijs Astafjevs, Iván Hurtado in Ecuador, una banda di veterani. Stare tra loro è un onore, ma anche il mio record – come tutti i record – è destinato a essere superato, è questa la natura dello sport. E credo di sapere già chi lo batterà: un ragazzo tranquillo e garbato, cui ho dato consigli da fratello maggiore in Nazionale e che, mentre scrivo, ha collezionato 82 presenze. Si chiama Lionel Andrés Messi Cuccittini, detto Leo, e il giorno in cui andrà in campo con l'*albiceleste* per la centoquarantaseiesima volta lo chiamerò per primo, congratulandomi con lui, così come Lionel, quel 28 aprile 2013, mentre ancora sentivo un dolore lacerante al tendine sinistro «saltato» sul campo del Palermo, fu il primo a mandarmi un sms, bruciando in volata Mourinho, Totti e Beckham: «Come stai, capitano? Ti aspetto, torna presto».

Messi è spesso sottoposto a critiche, soffre l'invidia di tanti, come tutti i grandi: chi in prima pagina gli dà addosso per la controversia con il fisco spagnolo, chi nella cronaca sportiva ne mette in dubbio la stoffa di fuoriclasse. Leo ha segnato 348 gol a soli ventisei anni, 35 in Nazionale, quanti goleador servono, sommati, per pareggiare il suo record? «Per contendere davvero il primato di numero uno del calcio a Pelé e Maradona, Messi deve prima vincere i Mondiali» dicono. Ma perché mai? Non bastano tre Palloni d'oro e la medaglia d'oro olimpica? Sono certo che, se Lionel vincesse i Mondiali, gli ipercritici osserverebbero: «Eh, ma Pelé di Campionati del Mondo ne ha vinti tre, Maradona due, Messi solo uno...».

Non credo che la qualità sportiva e umana di un calciatore si conti a coppe. Serve un'analisi più ricca, più complessa, e se guardate cosa sta facendo Lionel a ventisei anni, be'... è lì, davanti a tutti.

Ho debuttato con la Nazionale di Daniel Passarella, un duro che gli interisti ricordano strapazzare il malcapitato raccattapalle che tardava a restituirgli il pallone. Il mio esordio, il 16 novembre 1994, fu in un'amichevole vinta 3-0 contro il Cile, a Santiago. Ai Mondiali di quell'anno, negli Stati Uniti, siamo stati eliminati agli ottavi, e Maradona fu squalificato per uso di efedrina: insomma, non facemmo una bella figura, c'era da ricominciare.

In squadra con me Passarella chiama ragazzi poi diventati celebri: Matías Almeyda, Roberto Ayala, Hernán Crespo, Claudio López, Néstor Sensini, Diego Simeone.

Quando con la Nazionale Olimpica, ad Atlanta, ci supera in finale la Nigeria, che a sorpresa aveva eliminato il Brasile, poi medaglia di bronzo, sul podio con me salgono quel giorno tanti futuri compagni dell'Inter: i nigeriani Nwankwo Kanu e Taribo West, i brasiliani Ronaldo, Roberto Carlos e Zé Elias. Siamo quasi una squadra con gli argentini futuri nerazzurri: io, Almeyda, Simeone e Crespo.

Due di questi compagni, West e Almeyda, spiccano nei miei ricordi per l'originalità e l'anticonformismo, in un mondo del calcio a volte afflitto da comportamenti tutti uguali, «di plastica».

Taribo West, alto, forte, un vero colosso, si presentava all'allenamento con il saio da predicatore, e poi è davvero finito a predicare in una Chiesa pentecostale, Shelter in the Storm, Rifugio nella Tempesta. Ho in mente l'immagine di lui che corre in campo con le treccine decorate da fiocchetti multicolore e mi abbraccia: «Tu sei mio fratello!». A mensa illustrava «il menu West»: «La cucina italiana è buona, ma vi insegno io a migliorarla. Per esempio, loro mangiano prima la pasta e poi il dolce. È sbagliato, guardate...» e mentre i cuochi della Pinetina distolgono lo sguardo sgomenti, Taribo prende un fumante piatto di spaghetti al pomodoro, ci piazza sopra una bella fetta di crostata alla frutta, un cucchiaino di parmigiano e divora felice la sua creazione.

Una volta a dicembre vola in Nigeria, l'appuntamento per la ripresa degli allenamenti è a gennaio, ma con l'anno nuovo Taribo non si presenta ad Appiano Gentile. I giorni passano, quando finalmente, quasi a febbraio, riappare, fasciato in una tunica tradizionale africana.

«Taribo,» gli chiedo «ma dove sei stato? Da settimane non ci dai notizie.»

«Mi sono sposato.»

«Va bene, ma che c'entra. Sei sparito, in tanti si sposano senza sparire.»

«Sparito? Niente affatto. Non sapete che da noi la cerimonia tribale dura un intero mese? È normale...»

Passionale e allegro, West era l'opposto di Lippi e lo faceva impazzire. Una volta il mister ci convoca per un'importante seduta di tattica, e a West tocca marcare il centravanti. Lippi lancia il pallone e grida: «Accorcia Taribo, accorcia». Taribo resta immobile, e l'attaccante conquista la palla. Il mister allora ripete l'esercizio: «Ora, accorcia Taribo», ma niente da fare, West resta di sale. Neppure al terzo tentativo, il grido di Lippi «Accorcia Taribo!» sortisce alcun effetto: West è una statua in campo. Lippi fischia lo stop, raccoglie il pallone sottobraccio e chiede: «Che succede Taribo, non mi capisci? Ti ho detto di accorciare!».

«Dio mi ha detto: "Taribo, tu non accorciare"» ribatte serissimo West.

«A me Dio non ha detto un cazzo...» bofonchia Lippi.

Una sera Taribo mi invita a cena a casa sua e decido di andare. Avere molti compagni di tanti diversi paesi è un ottimo modo per conoscere abitudini, usanze e culture lontane da noi, che alla fine rivelano la nostra comune umanità. Non sapevo però che, prima di poter mangiare, la fede di Taribo imponesse più di due ore di preghiera, e così mi tocca aspettare fino a tarda notte.

L'originalità di Matías Almeyda, con me e Taribo sul podio olimpico di Atlanta, era diversa ma non meno preziosa. Andre Agassi racconta nel suo libro di avere detestato il tennis per tutta la vita, di non essersi mai divertito tra servizi, dritti e volée, e di avere chiesto invano alla moglie, la campionessa Steffi Graf, cosa mai ci trovasse di così appassionante. Matías mi prendeva da parte in ritiro e, senza che nessuno ci sentisse, cominciava a ragionare come Agassi: «Pupi, io odio il calcio, capisci? Lo detesto, è noioso. Tu non trovi noiosi gli allenamenti?».

«No Matías, io mi diverto un sacco con i compagni, per me la settimana di preparazione alla partita è la parte più bella del nostro lavoro.»

«Non ti capisco, se tornassi indietro farei qualunque mestiere ma non il calciatore. Odio il pallone, odio il calcio, credimi...»

Non sono discorsi che sentite di frequente negli spogliatoi. Almeyda è un uomo insolitamente intelligente, disposto a riflettere sulla nostra esistenza di sportivi. Devo ancora chiedergli come mai la sua insofferenza per il nostro comune mestiere, così rara e che avrebbe dovuto portarlo all'indolenza, a tirare indietro la gamba in allenamento e in campionato, non gli abbia invece impedito di accumulare un palmarès invidiabile: tre scudetti e la Coppa Libertadores nel River Plate, uno scudetto con la Lazio, club con il quale ha vinto anche tre Coppe Italia, una Supercoppa Italiana, una Coppa delle Coppe, una Supercoppa Europea, ottenendo poi un'altra Coppa Italia con il Parma. Per uno che detesta il calcio un curriculum pazzesco... Che cosa avresti mai fatto, Matías, se avessi amato questo sport? O forse, in fondo, dietro il tuo tormento, lo ami davvero, visto che hai allenato il River Plate e il mio vecchio Banfield?

I dubbi di Almeyda non turbano la gran massa dei cittadini argentini che, quando l'*albiceleste* chiama, si schierano allo stadio, davanti alla televisione, alla radio, ora magari via web, piratando se sono all'estero attraverso il sito proibito Roja Directa. Ma, dopo le due vittorie mondiali nel 1978 e nel 1986, hanno avuto solo tante amarezze. Ecco perché, come ho accennato, uno dei giornali più influenti d'Argentina, «La Nación», ha dedicato due pagine ai vent'anni senza vittorie della «Selección», dalla Coppa America del 1993 all'estate del 2013.

Nel 1993 alla Casa Rosada c'è Carlos Menem, che per bloccare l'inflazione lega peso e dollaro, mentre alla Casa Bianca un giovane Bill Clinton non ha ancora conosciuto Monica Lewinsky. Nel 2013, Cristina Fernández de Kirchner, presidente argentina, ordina di rimuovere la statua di Cristoforo Colombo dal centro di Buenos Aires per sostituirla con la patriota Juana Arzuduy, mentre a Washington prova a raddrizzare l'economia, dopo la crisi, Barack Obama. Vent'anni, una generazione.

Mi è spesso capitato, dopo una bruciante sconfitta, di vedere qualche compagno fare in fretta la doccia e allontanarsi come per un impegno urgente, l'allenatore magari attardarsi dietro gli appunti di uno schema non applicato bene, i dirigenti guardare l'orologio come ipnotizzati, e capire che sì, anche stavolta tocca al capitano «metterci la faccia» e andare davanti ai giornalisti, pronti con le domande più dure. Per questo non mi sono meravigliato quando il caporedattore de «La Nación» mi ha chiamato e mi ha chiesto: «La Nazionale argentina non vince da vent'anni, ci spieghi il perché con un editoriale?». Potevo non farmi trovare, dire al magazziniere del Predio: «Li richiamo più tardi», e poi staccare il cellulare, ma avrete ormai capito che nascondermi – tranne quella volta dentro la cisterna d'acqua vuota che fece quasi svenire mamma Violeta – non è lo stile di Pupi Zanetti. Quindi rispondo: «Certo, grazie, a che ora volete il pezzo? Quante righe vi servono?», proprio come ai tempi in cui bazzicavo la redazione di «Crónica», portando i panini con le cotolette.

Il paginone de «La Nación» si intitola *20 años, una eternidad* e questa è la mia analisi dei due decenni senza vittorie. Non so se abbia deluso, o soddisfatto, gli amici del giornale. So che contiene la mia idea di sport, e per questo mi piace condividerne lo spirito.

> Sono un tipo molto fortunato. Ho debuttato nella Nazionale argentina nel 1994 e ho giocato la mia ultima partita nel 2011. Dico «ultima» almeno finora, perché dalla Nazionale nessuno può mai andare in pensione, serve restare sempre pronti. Se rifletto sui miei diciassette anni in Nazionale so che sono stati anni senza un titolo, lo so come lo sanno tutti gli argentini. A qualcuno ciò confermerà il sospetto che io sia «un perdente», va benissimo, ma per me gli anni con la «Selección» del mio paese sono la medaglia al valore più nobile della mia carriera.
>
> Ho fatto tesoro di tutte le 145 partite con l'Argentina, sia pure senza vittorie. E sapete cosa? Se mi dicessero: «Pupi, ci stai a rigiocarne altre 145, ma sempre senza vincere?», sarei prontissimo. Perché l'orgoglio, il senso di appartenere a una comunità, di servirla, superano ogni altra soddisfazione, vanno ben al di là delle vittorie e delle sconfitte.
>
> La tentazione comune, lo capisco, è sforzarsi di capire cosa sia successo in tutti questi anni. Ma è inutile cercare una

ragione, o un colpevole. Non ci sono. Se ci fosse una sola semplice causa, sarebbe un gioco da bambini individuarla ed eliminarla. Invece non è un'operazione facile: il calcio è complesso, più del calcolare che due più due è uguale a quattro. Credo semplicemente che in certi tornei abbiamo incontrato formazioni più forti della nostra, per quanto ciò possa essere difficile da accettare, per noi in campo e per i tifosi fuori. Altre volte, invece, è mancato il pizzico di fortuna indispensabile in ogni vittoria. In altri casi, ancora, la Nazionale argentina è semplicemente arrivata al suo massimo livello possibile, il tetto oltre cui non potevamo andare. Infine, può anche essere capitato di avere raggiunto il top della forma prima dei Mondiali e della Coppa America, troppo presto per vincere.

Nel 1993 io ero un ragazzo che giocava nel Talleres di Remedios de Escalada. Ricordo bene il mio tifo per il team del «Coco» Basile. Tifavo, come tantissimi argentini, mi identificavo nella squadra, nel suo destino. Che squadrone aveva «El Coco»! Che giocatori! Sergio Goycochea, Oscar Ruggeri, «El Cholo» Simeone, Gabriel Batistuta, Fernando Redondo, gente di grande personalità, che in Nazionale ha lasciato un marchio. Con tanti di loro siamo poi stati compagni di squadra, in Italia, sono cari amici. E ho lavorato anche con «El Coco», un uomo dal carattere di ferro, un vincente il cui prestigio ammaliava la squadra.

Per me 145 partite, dunque, con nessuna vittoria. È vero, come è vero, però, che la mia vita sportiva avrà per sempre un sigillo dai colori *albiceleste*. Questo orgoglio non riuscirà mai nessuno a sottrarmelo, è più importante, brilla di più nel mio cuore di qualunque coppa luccicante in bacheca.

Il titolo del mio pezzo per «La Nación» è *El orgullo no sabe de derrotas*, l'orgoglio non conosce sconfitte. Questo è il mio rapporto con la Nazionale argentina, la mia fierezza di capitano: la mia «vittoria» è stata giocare quelle partite, tra gioie e amarezze, giocarle tutte.

Nel 1998, ai Mondiali in Francia, debutto a Tolosa il 14 giugno contro il Giappone. Non so spiegarvi cosa significhi ascoltare l'inno, con addosso la maglia del vostro paese, davanti al mondo intero: perfino rievocando i giorni più neri, mi sono sempre detto «fortunato e felice», e lo sono davvero, per aver avuto il privilegio e la gioia di sentire quei brividi dentro.

Agli ottavi incontriamo l'Inghilterra, che ha in squadra David Beckham, un maestro di stile, idolatrato al punto da avere ispirato il film *Sognando Beckham*, un campione vero e un amico sincero. Se l'amicizia e la stima legano tanti di noi, la rivalità sportiva fra le due squadre è massima. Nel 1982 i due paesi hanno combattuto la guerra delle isole Malvinas-Falkland, nel 1986, alla «rivincita» sul campo, Diego Armando Maradona aveva prima segnato di mano, poi marcato il Gol del secolo. Nei caffè di Palermo Sud, il quartiere di Buenos Aires, agli argentini basta questo per affermare «la nostra superiorità tecnica». Nei pub di Chelsea, a Londra, si replica a distanza: «Sì, ma se l'arbitro avesse cacciato Maradona per fallo di mano volontario, niente Gol del secolo...». Le solite, eterne, verità e identità opposte del calcio. La rivalità è a tal punto radicata da avere online i suoi siti dedicati, «Inghilterra contro Argentina», che vanno a rivangare l'espulsione del capitano dell'*albiceleste* Antonio Rattín, nei quarti di finale dei Mondiali del 1966, in un match tanto avventuroso che dovette intervenire addirittura la polizia, mentre l'allenatore inglese Sir Alfred Ramsey proibiva ai giocatori di fraternizzare con gli argentini.

Diego Armando Maradona dice di preferire il gol segnato di mano a quello «porta a porta» contro l'Inghilterra, «perché era un po' come rubare il portafoglio agli inglesi... Era come se io avessi battuto una nazione intera, non solo una squadra di calcio... Tutti dicevano che la politica, la guerra delle Malvinas non c'entrava nulla, ma sapevano che avevano ucciso un sacco di ragazzi argentini là, come fossero uccellini. Questa era la vendetta».

Confesso che io, pur sapendo quanto il match conti a casa, entro in campo con sentimenti diversi. Rispetto i calciatori inglesi, di Beckham sono amico. Con Paul Ince, «The Governor», che è in squadra quel giorno, abbiamo giocato insieme nell'Inter. Ogni volta mi abbracciava dicendo: «Pupi, tu sei mio fratello di sangue, da ora e per sempre». E in campo mi trattava davvero come fosse mio fratello maggiore: la prima volta che mi beccai un fallo, durante una partita dura, non passano tre minuti e Paul restituisce la stecca all'avversario, con gli interessi. Passandomi accanto mi sorride ammiccando: «Ti è piaciuta, fratellino?».

Dò molta importanza alla politica, provo a capirla come meglio posso, a essere un cittadino serio, in Argentina e in Italia. So quanto il calcio insegni a stare in comunità, ma vendette sull'erba, rivincite di sanguinose guerre trasformate in sport, non sono roba per me. David Beckham, Paul Ince, gli altri inglesi in squadra non erano miei nemici, qualunque cosa divida i nostri paesi. Spero che un giorno Argentina-Inghilterra torni a essere solo una partita, e io tiferò allora *albiceleste*, per applaudire alla fine, al cambio di maglia tra atleti.

In quello spirito gioco la partita: finirà 2-2, con Beckham espulso perché l'arbitro ritiene che abbia scalciato da terra per reazione «El Cholo» Simeone che gli frana addosso, quanto basta per incendiare le polemiche. Alla fine del primo tempo siamo sotto 2-1, dopo un rigore di Batistuta, il pareggio di Shearer sempre su rigore e un gol fantastico del giovane Owen. Rischiamo di andare fuori dai Mondiali, amarezza. Si alza il tabellone, un minuto di recupero, punizione per noi al limite dell'area, giusto su un ripiegamento difensivo di Paul Ince. Sulla palla vanno Batistuta e Verón, un altro campione che ha fatto scintille con Lazio e Inter. Accennano a tirare, di potenza Batistuta, a effetto oltre la barriera Verón, e invece, a sorpresa, quest'ultimo tocca la palla ma allarga appena sulla destra, dove appare la maglia numero 22, quel giorno la mia. Scatto verso il pallone, la difesa inglese abbocca alla trappola di Batistuta e Verón. Stoppo con il destro e faccio partire una «lecca» di sinistro che il bravo portiere Seaman può solo guardare: è gol!

Stavolta Dock Sud balla per una rete del suo ragazzo, ho segnato io! Corro verso la panchina, verso Passarella, lo abbraccio, i compagni mi travolgono, non finisce più. Ayala mi acchiappa ancora, mi butta lungo per terra e mi si stende addosso, a prolungare la gioia quanto più possibile. L'arbitro ci richiama, ma io ritorno ancora da Passarella, felice. Con l'indice mi tocco la coscia sinistra: «Ho segnato di sinistro, eh? Di sinistro!».

Dandomi le pagelle, non mi sono giudicato certo uno dei mancini più infallibili della storia del calcio. Non era la rivalità o l'odio per gli inglesi, che non sentivo affatto, ad avermi dato gioia nel segnare, era il premio per il lavoro, i palleggi – sinistro, sinistro, sinistro – al campo da solo, quella routine che annoiava Almeyda e diverte me. Balla per me Argentina, balla stanotte che poi batteremo ai rigori l'Inghilterra!

Purtroppo ci eliminerà l'Olanda, ma torno a casa dai Mondiali in Francia con sei presenze e un gol, c'è di peggio nella vita.

È raro, invece, trovare qualcosa di peggio di quello che ci capita in Coppa America, l'anno successivo, il 1999, contro la Colombia. Il nostro centravanti, Martín Palermo, sbaglia tre rigori di fila, in una partita pazza in cui anche la Colombia fa cilecca dal dischetto, e il primo dispiacere me lo dà il mio compagno di stanza all'Inter, Iván Ramiro Córdoba, che giocando con la sua Nazionale segna un rigore. Perdiamo una partita assurda e io prendo anche il mio primo cartellino rosso con la maglia *albiceleste*, uno dei pochissimi che gli arbitri mi abbiano sventolato sotto il naso.

Con l'Inter, sempre nel 1999, contro il Parma l'arbitro Braschi fu preso da un raptus di espulsioni, cacciando Beppe Bergomi – altro giocatore sempre leale e corretto – e poi il difensore Colonnese. Io lo avvicino, da futuro capitano avevo voglia di parlargli, provare a distendere il clima, gli dico solo: «Ora basta però...». Braschi, senza nemmeno dire «bah» alza per la terza volta il rosso e mi caccia. Mi va male anche con l'arbitro Gervasoni, che in un match con l'Udinese mi manda fuori per doppia ammonizione. Dico perfino una parolaccia in diretta, agli amici di Inter Channel, la televisione che la società ha costruito ad Appiano Gentile, con il conduttore Roberto Scarpini (che tutti i tifosi interisti seguono per la voce inconfondibile: «È gol, è gol, è gol, è gol, è gol!»): «Il secondo giallo ci stava tutto perché ho fatto fallo su Asamoah, ma ero incazzatissimo con l'arbitro Gervasoni perché il primo giallo non lo meritavo affatto». Una volta, per caso, ho rivisto l'arbitro Braschi, ma non ho avuto voglia di chiedergli spiegazioni di quel suo comportamento. A cosa sarebbe servito? Il passato non possiamo cambiarlo, è inutile stare lì a ruminare e amareggiarsi.

Ai Mondiali del 2002, in Corea del Sud e Giappone, c'è Marcelo Bielsa in panchina, ma va male anche con lui. Bielsa conta su di me in campo: tecnico serio, squadra seria, battiamo la Nigeria grazie a una partita tutta giocata con la testa, senza cadere nell'agonismo frenetico con cui i nigeriani ci avevano battuti alle Olimpiadi del 1996, ma stavolta, alla seconda partita del girone, l'Inghilterra si prende la rivincita.

David Beckham vuole redimersi dall'espulsione del 1998, quando un giornale inglese aveva titolato *Dieci leoni e un moccioso*, proprio lui, David. Ottiene un rigore, segna e, come quattro anni prima i giornali avevano esagerato con le critiche, adesso si lasciano andare negli elogi: *David ha lucidato la sua aureola!*. Con la Svezia non andiamo oltre il pareggio per 1-1 e, con malinconia, ci tocca tornare a casa.

L'occasione giusta per vincere arriva con la Coppa America del 2004. Siamo in finale contro il Brasile di Adriano, il compagno che tanto ho sorretto e consigliato nell'Inter quando, dopo la morte del padre, la *saudade*, la tristezza carioca, lo divorava. Segniamo con Kily González, anche lui interista, per il Brasile pareggia Luisão, ma a quattro minuti dalla fine Delgado ci riporta in vantaggio, Argentina 2 Brasile 1. Il Brasile, oltre a Adriano, ha altri due interisti in squadra: Júlio César in porta e Maicon in difesa. Alla fine, magari, avrei scambiato la maglia con uno di loro: la coppa, a duecentoquaranta secondi dal triplice fischio, è pronta per volare finalmente a Buenos Aires.

Sono tanti, ve l'ho detto, i modi per non vincere, ma di tutti il più amaro è quando la fortuna lascia sfuggire l'attimo decisivo senza sorriderci. Con Ayala, Tévez, Mascherano, siamo forti, attenti, eppure proprio Adriano ci scappa al terzo minuto di recupero e, ancora una volta dopo Córdoba, un interista mi riempie di tristezza con la sua Nazionale. Perdiamo ai rigori, finiamo al secondo posto.

Il commissario tecnico cambia, arriva José Pekerman, un uomo freddo, cerebrale, difficile capire cosa pensi davvero. Mi convoca per Argentina-Uruguay, 4-2 per noi, segno il terzo gol, quello della tranquillità, anche stavolta appena superato il limite dell'area, ma di destro. Il primo che corre ad abbracciarmi è il mio compagno di centrocampo nell'Inter, Esteban Cambiasso, ancora con i capelli lunghi al vento in quell'anno e non rasato come adesso. La squadra cresce, nel 2005 nella Confederation Cup ci batte solo in finale il Brasile di Adriano, Kaká e Ronaldinho. Insomma, siamo pronti per i Mondiali in Germania alla grande.

Ma quando dal Predio l'Afa, Asociación del Fútbol Argentino, dirama le convocazioni, non sento chiamare i miei compagni: niente Samuel, niente Verón, niente Demichelis, D'Alessandro... e niente Zanetti. Niente Mondiali per Pupi.

I cronisti arrivano a frotte all'Inter per sentire la mia reazione e, riascoltando le mie vecchie registrazioni, devo dire di aver mantenuto la calma, solo il tono di voce tradisce la delusione: «Sinceramente sono dispiaciuto, perché avrei voluto disputare i Mondiali per la terza volta. Mi sento però anche molto tranquillo, perché sono consapevole di aver fatto tutto il possibile per esserci. Le decisioni del commissario tecnico Pekerman non mi riguardano, lui ha chiamato altri giocatori. Ora la cosa importante sarà sostenere tutti gli amici e i compagni convocati perché disputino dei grandi Mondiali. Pekerman mi ha comunicato, poco prima di diramare le convocazioni, che non avrei fatto parte del gruppo. Non mi ha dato motivazioni, non so se ci sono motivi calcistici o extracalcistici. Sicuramente posso dormire tranquillo perché ho dato tantissimo per la mia Nazionale e, anche in questo momento, mi sento un giocatore dell'Argentina. Certamente non sono un giocatore da Pekerman. Non gli ho chiesto spiegazioni perché ho capito che lui non voleva darne o che comunque non c'era nulla da dire. Lui è l'allenatore, io non porto rancore verso nessuno e gli auguro tantissima fortuna in vista dei Mondiali che sta affrontando. Sicuramente da parte mia non ci sarà un addio alla Nazionale. Continuerò a lavorare come ho fatto in tutti questi anni per tornare ancora a difendere la maglia del mio paese. Ci saranno tante partite, spero di poterne fare ancora qualcuna».

A quel punto un giornalista mi chiede se la bocciatura di Pekerman non riguardi i nerazzurri: «Non le sembra che il commissario tecnico ce l'abbia un po' con il gruppo degli argentini dell'Inter?». Questa fu la mia risposta: «All'Inter siamo in tanti argentini, purtroppo siamo rimasti fuori in parecchi. Pekerman ha scelto i suoi uomini e avrà fiducia in loro, speriamo possano portare buoni risultati».

Elegante, freddo e distaccato, vero? Purtroppo in privato, a casa, Paula racconta un'altra reazione, ben lontana da quella della sala stampa dove, come veterano, ero tenuto a conservare l'aplomb sportivo.

«Javier ci rimase malissimo. Tranne che quel maledetto 5 maggio 2002, mai l'avevo visto così ferito da una vicenda legata al lavoro. Perché Pekerman l'aveva convocato per tutte le qualificazioni, e Pupi faceva la spola da una parte all'altra dell'Oceano Atlantico, Europa-America Latina come fosse sulla corriera Como-Milano. Non aveva mai detto di no, sempre pronto, super allenato, in forma. Vedersi dimenticato lo ha ferito.»

In Germania, senza di noi e con Cambiasso in panchina, Pekerman viene eliminato dalla squadra di casa e deve dare le dimissioni. Torna il leggendario «El Coco» Basile, e mi convoca per la Coppa America in Venezuela, la mia terza. Arriviamo di nuovo in finale, ancora contro il Brasile, ma stavolta abbiamo dalla nostra il talento fantastico di Lionel Messi. Non basterà, saremo battuti 3-0. Roberto Ayala, che in finale ha vissuto l'amarezza di fare un autogol, lascia la Nazionale, e io eredito la sua fascia da capitano. Il 17 novembre 2007, contro la Bolivia, supero proprio Ayala a quota 116 presenze con la maglia *albiceleste*.

A quel punto i vertici dell'Afa scommettono su quello che a tanti sembra un azzardo: puntare su Diego Armando Maradona come commissario tecnico per i Mondiali del 2010 in Sudafrica, malgrado la sua scarsa esperienza in panchina e la pressione enorme di una competizione in cui l'Argentina deve fare bene. Se al genio di Maradona si accompagna il metodo di Zanetti, sperano i tifosi, magari sarà la volta buona per conquistare una vittoria dopo il 1993.

Sono per me ricordi amari, forse è meglio ascoltare come andarono le cose da Paula, più obiettiva: «Il 2010 è l'anno del Triplete, e praticamente tutta l'Inter parte per i Mondiali, in finale le speranze dell'Olanda contano sulle volate di Wesley Sneijder. Ogni giornalista sportivo, di ogni paese, ha elogiato in Italia, in Europa e nel mondo, l'asse di centrocampo tra Pupi ed Esteban Cambiasso, "El Tractor" ed "El Cuchu", il metronomo infallibile, come l'apparecchio che batte il tempo per i pianisti senza perdere mai un colpo. Se Maradona schiera in mezzo al campo giocatori come Pupi ed "El Cuchu", che garantiscono regolarità, e davanti c'è Messi con i suoi colpi di genio, la Nazionale argentina è a posto. Invece Maradona fa giocare di nuovo Javier per tutte le qualificazioni, di nuovo lui fa il pendolare Milano-Buenos Aires e di nuovo alla fine niente Mondiali, niente Sudafrica. Pupi dice sempre di sé: "Sono felice e sono fortunato", ma in quei giorni tiene il muso. Maradona si giustifica: "Zanetti? Non è in forma". I giornali di tutto il mondo lo contraddicono: "Mai visto Zanetti in forma come quest'anno". Maradona doveva dire: "Javier, tu non sei parte della mia squadra e basta". Ma gasarlo e lasciarlo a casa è stato crudele, non si fa. Quando Javi piangeva a dirotto a Madrid, dopo aver vinto con l'Inter la Champions League, i tifosi credevano facesse solo festa per la coppa inseguita per quasi mezzo secolo da tutti gli interisti. Io sapevo che sfogava anche il dolore di non poter difendere i colori argentini ai Mondiali del 2010».

Abbiamo un patto con Paula, mai portare la partita a casa, mai permettere che, conclusi i novanta minuti, qualunque sia il risultato, la nostra famiglia, soprattutto ora con i tre bambini, sia travolta dallo sport, vittoria e legnate, fuorigioco, cartellini rossi o no. Un accordo importante, non solo per noi, ma in tutte le case: non permettere che il lavoro cancelli la privacy, l'intimità, gli affetti.

Dopo la bocciatura di Maradona, temo di non averlo osservato. Mi feriva il modo in cui si era consumata, alla Pekerman, senza parlare e senza spiegazioni, e mi amareggiava l'evidente sopruso, che poi si rivelò anche un errore tecnico: lasciare a casa me e Cambiasso, mentre vincevamo tutto, all'apice della forma, aveva poco senso. Infatti, di nuovo, la Germania ci batte. Mi ricordo di aver fatto il tifo in tutte le partite per i miei colori e i miei compagni, con il groppo alla gola per non poter essere in campo con loro, a dare una mano.

Dopo Maradona, è il turno di Sergio Batista. Mi convoca in Nazionale e ho la soddisfazione di battere la Spagna neocampione del mondo per 4-1 in amichevole. Mi resta la Coppa America del 2011, la mia quarta, purtroppo ancora senza luci: usciamo ai quarti con l'Uruguay, per me resta in tabellino il record di ventidue presenze in quel torneo.

Ora il commissario tecnico è Alejandro Sabella, che nelle foto al Predio dei miei debutti, mi sta impettito accanto, tutti e due molto più giovani, lui a fare il vice del corrucciato Passarella. È bravo, serio e posato, un tecnico che sa il fatto suo e, costruendo una squadra intorno a Messi, darà filo da torcere a tutti.

Io resto sempre il primo tifoso *albiceleste,* come quando mi torcevo sul divano in delirio per il gol di Maradona agli inglesi. Le mie maglie della Nazionale sono un tesoro che non ha prezzo, e a chi mi chiederà quale coppa ho vinto, dirò, come ho scritto su «La Nación»: la coppa dell'orgoglio di servire il mio paese.

XIV

Il campo fuori dal campo

Le sciarpe di Roberto Mancini mi hanno sempre affascinato. Fino a prima di incontrarlo come allenatore alla Pinetina, nell'estate del 2004, avevo sempre visto le sciarpe arrotolate intorno al collo per proteggersi dal freddo, due, tre volte. Non importava che fossero i ruvidi stracci indossati dalle fruttivendole ambulanti di Dock Sud, il morbido cachemire delle signore in tribuna d'onore allo stadio, o al cinema la sciarpa a strisce colorate del piccolo mago Harry Potter: insomma, per me una sciarpa è una sciarpa, ha un modo d'uso semplice e chiaro.

Finché, durante i suoi anni all'Inter, nei dopo partita d'inverno, il mister Mancini non rese popolare il *loop*: ripiegare la sciarpa in due su se stessa e poi, zac, con una mossa sola, elegante, scuotendo il ciuffo, stringerla al collo come una cravatta. Tante signore in tribuna sospiravano quando il mister, sorridendo per una vittoria o imprecando per una sconfitta, compiva il suo gesto così chic.

Anche a me piace l'eleganza nel vestire, dal tight grigio che indossavo il giorno del mio matrimonio alle divise di rappresentanza dell'Inter firmate Brooks Brothers (blazer blu e pantaloni chinos beige), ma sono a mio agio pure con le *sneakers* ai piedi, in tuta e felpa. Mancini affascina invece con il suo modo originale di indossare la sciarpa perché lo stile è importante, e quando personalità e look coincidono il successo è garantito. Mancini non posa da *viveur*, ha giocato a pallone così come lega al collo la propria sciarpa: un solo movimento di dribbling, poi il passaggio o il tiro, fluido, e l'avversario, stretto dal cachemire morbido della sua falcata, finiva strangolato dalla rete o dall'assist. Elegante e raffinato quando giocava con la maglia di Sampdoria, Lazio e della Nazionale italiana, Mancini arriva all'Inter deciso a cambiare passo dopo le sconfitte, a rompere il muro di cristallo che, dal 1989, tiene i nerazzurri lontani dallo scudetto.

Ad Appiano Gentile ci grida gli schemi – «Accorcia!», «Passa!», «Stringi!», «Allunga!» – in partita, a San Siro e in trasferta, detta i tempi – «Corti, più corti, chiudete ora, ora, dai, dai ripartiamo...» – e sembra che voglia tornare a giocare insieme a noi. L'ho visto palleggiare a bordo campo, e sono certo che se si fosse sfilato la sciarpa color ciclamino dal collo, gettando all'aria mocassini inglesi e abiti attillati, per calzare scarpini, maglia e pantaloncini, il mister non avrebbe per nulla sfigurato: il corpo rallenta, ma il calcio non si dimentica.

Il presidente Moratti aveva disperatamente provato ad avere Roberto Mancini all'Inter come giocatore. Era un asso che il patron nerazzurro non poteva che amare, un talento imprevedibile, con colpi sopraffini, da far venire giù lo stadio. Perfino il suo carattere ombroso, individualista, da primadonna di quella Scala del Calcio che fa da soprannome a San Siro, combaciava alla perfezione con i gusti del presidente. Il mercato e la vita non hanno deciso così, ma alla prima chance, Moratti realizza finalmente il desiderio: anziché incantare i tifosi con le serpentine, Mancini costruirà un'Inter con le stesse caratteristiche che aveva lui in campo: flessuosa, misteriosa, pronta a colpire mentre appare assente e distratta.

Da mister Roberto Mancini era teatrale, ma competente. Ogni tanto alzava la voce, esasperato che qualcuno di noi non riuscisse, al volo, a soddisfare le sue richieste, ma teneva il tono giusto per farsi rispettare dalla squadra. Una volta un compagno, sotto lo sforzo dell'allenamento, mentre eravamo avvinghiati in uno degli esercizi di stretching che si fanno in coppia – e che al *porteño* ricordano un tango appassionato – mi bofonchiò piano all'orecchio, perché nessuno ci sentisse: «Cavolo, oggi il mister è davvero isterico, senti come strilla». Sorrisi, e lo ressi in piedi piroettando, in modo che desse le spalle a Mancini e non ci fossero incidenti in allenamento. Ma non ero d'accordo con lui allora, e non lo sono adesso, lontano dalla foga del campo.

Roberto Mancini allenatore non è per nulla isterico. La sua è teatralità, l'istinto di chi, bambino prodigio, calca le scene da fanciullo e fatica da adulto ad accettare la grigia monotonia, il tran tran di chi non arriva subito in cima, benedetto dal talento innato. Quel talento che lo portò a essere comprato dal Bologna ad appena tredici anni, a debuttare in Serie A a sedici anni e in Nazionale Under 21 a diciassette. Mancini ci guida, sciarpa e ciuffo al vento, come un direttore d'orchestra fa con i suoi maestri, rispettoso e consapevole del nostro valore, ma pronto a sbattere la bacchetta infuriato se un primo violino non riesce, per un attimo, a seguire il suo indiavolato ritmo.

Come con Lippi, anche con Mancini, quando è venuto il momento di parlare chiaro, non mi sono sottratto. Di nuovo, ho lasciato che parlassero i fatti e non interviste velenose o litigate. Perché in realtà, con lui come mister, malgrado le dichiarazioni, all'inizio non è che poi giocassi tanto. Per la Champions League andiamo a Valencia e Mancini mi lascia in panchina contro gli spagnoli allenati da Ranieri. Nel primo tempo si fa male Burdisso e mi dice di entrare: «Gioca come terzino destro, ok?». Al Mestalla faccio un partitone, senza sbagliare nemmeno un appoggio. Dominiamo 5-1 sui campioni di Spagna, siamo in testa al girone. Il giorno dopo, davanti a tutti i compagni, Mancini mi chiama e dice chiaro: «Se ho giocatori che partono dalla panchina e ribaltano la partita, andremo lontano. Chi lavora a questo modo merita di giocare». E ritorno titolare.

Alla vigilia della partita con la Roma in campionato, un incontro sempre acceso per la rivalità sportiva tra i due club, Mancini si avvicina e mi dice: «Ti provo centrocampista, a sinistra. Giochiamo con tre in mezzo, tu sei il terzo a sinistra. Ce la fai?».

«Sì, mister.»

La partita va bene, il nuovo centrocampo funziona, e io cambio vita. Nato attaccante nelle giovanili, cresciuto difensore nella prima parte della mia carriera, maturo a centrocampo grazie all'intuizione di Mancini, che mi sposta nella «sala comandi» del campo di calcio.

Stimo Mancini, con lui gli anni duri dell'Inter si chiudono, la fortuna torna a sorriderci e arrivano le vittorie. Non sempre siamo andati d'accordo, su tante cose la pensavamo diversamente, entrambi abbiamo personalità forti. Ma lo rispettavo, e lui rispettava me. Altri compagni, invece, soffrivano il suo modo di stare in panchina: qualcuno si faceva intimidire, qualcun altro gli rispondeva a tono. Fabio Grosso, per esempio, bravissimo giocatore che ai Mondiali in Germania segnò per l'Italia il rigore decisivo contro la Francia, era tra quelli che pativano il suo stile, la tecnica con cui governava la squadra. Quando potevo, cercavo di mediare, di smussare gli angoli, a volte con successo, altre no.

Ma dò atto a Mancini di aver retto a testa alta agli attacchi violentissimi e subdoli dei protagonisti di Calciopoli, prima e dopo che lo scandalo affiorasse. Sotto il fuoco il mister dimostrò che fascino ed eleganza, il passo doppio del fantasista, possono accoppiarsi al carattere duro del combattente.

Una partita simbolo di quegli anni si gioca nel gennaio 2005, un inverno freddo che arrochisce la voce del telecronista di Inter Channel Roberto Scarpini. Inter-Sampdoria è incastonata per sempre sul web, per far palpitare «i cuori nerazzurri»: Inter e Sampdoria, il presente di Mancini contro il suo amatissimo passato, quando era principe azzurro alla corte del presidente Paolo Mantovani.

Noi siamo tosti, con me vanno in campo Córdoba, Materazzi, Cambiasso, Stanković, ossatura dell'Inter che vincerà tutto. Eppure andiamo sotto, come tutte le volte che gira male: Tonetto segna per la Sampdoria allo scadere del primo tempo, Kutuzov raddoppia al 38' della ripresa. Sotto di due gol, in casa, a sette minuti dalla fine, il pubblico rumoreggia e un paio di tifosi, dietro la panchina, se la prendono direttamente con Mancini: una squadra normale avrebbe evitato di subire quella che al lunedì i giornali avrebbero chiamato, sogghignando, la «terza pappina», e non avrebbe aspettato altro che andare sotto la doccia, ascoltando in silenzio la sfuriata del mister e sperando in meglio.

«Amala! Pazza Inter amala...» dice però la canzone che poi registrerò, guidando il coro dei miei compagni. E una squadra pazza non si comporta come un ragioniere, neppure se il suo capitano, cioè io, ha giusto un diploma in ragioneria. A due minuti dalla fine Obafemi Martins, detto «Oba Oba», nigeriano di passaporto, interista di scuola e di vita, che a ogni gol saltava con tali capriole da farmi pensare che la ginnastica lo avrebbe portato non al mio argento, ma all'oro olimpico, accorcia le distanze. Pochi secondi dopo, con un'acrobatica rovesciata dal fondo, sempre «Oba Oba» serve Vieri, che pareggia. Siamo un minuto buono nel recupero. Scarpini fa il matto, San Siro sembra avere la sedia elettrica sotto i seggiolini. Io mi butto in avanti a cercare l'impossibile, che arriva con «El Chino» Recoba: servito basso al limite dell'area fa partire un sinistro secco rasoterra che batte il frastornato Antonioli. Amala, Pazza Inter di Roberto Mancini: zero gol fatti e due subiti in ottantotto minuti, tre gol fatti e zero subiti in quattro minuti!

La sciarpa del mister, quel giorno, era celeste metallico, annodata lunga sul petto, come il cravattone degli avvocati nell'Ottocento. Ogni allenatore, dopo una strepitosa rimonta del genere, avrebbe esultato, saltando in campo, lasciandosi travolgere dai ragazzi. Non Mancini, non il cavallo di razza che mirava alla perfezione, al punteggio 10 su 10, agli applausi di pubblico e giuria. Si gira dietro la panchina, punta la gradinata e indica i due tifosi che l'hanno beccato quando stavamo perdendo malamente: «E adesso bei tomi che mi dite?». È come se avesse programmato l'intera partita a tavolino, come se per lui, riverso sul ring, farsi contare dall'arbitro fino a nove prima del *knock-out* definitivo, e poi rialzarsi e mandare al tappeto il rivale con un solo *uppercut*, fosse la normalità. Zittiti i dissidenti, il mister scuote la zazzera, e con il gesto furioso dei geni davanti al popolo bue, esce nel tripudio di San Siro.

Con Mancini l'Inter torna alla vittoria. Esuberante, pirotecnico, ambizioso, a volte magari legato troppo alle sue idee – limite che gli anni al Manchester City sfumeranno – il mister affronta le difficoltà con coraggio e, seguito da un bel gruppo di giocatori, vince. Da allenatore, con Fiorentina e Lazio, ha già ottenuto due Coppe Italia, con noi fa il tris contro una bella Roma che schiera Totti, Cassano e Chivu. Adriano fa due gol all'andata, Mihajlović, ex laziale che contro i giallorossi sente ancora profumo di derby, segna a San Siro.

Mihajlović è legatissimo a Mancini: hanno giocato insieme nella Sampdoria e nella Lazio, poi Siniša sarà il suo vice in panchina all'Inter. Alla Roma fa gol su punizione, la sua specialità: in allenamento gira e rigira il pallone fino a quando la valvola di gonfiaggio non appare al punto giusto, quindi colpisce con ferocia, a effetto, giurando che calciando sulla valvola la traiettoria risulterà impossibile da intercettare per il portiere. Quella sera funziona e il numero 1 della Roma, Curci, riesce solo a lambire con le dita il pallone, che carambolando sul palo si infila beffardo in rete.

Una vittoria più bella ci attende in Supercoppa Italiana, contro la Juventus che ha vinto lo scudetto del 2005. I bianconeri sono una squadra rodata, il mister è Fabio Capello, undici scudetti vinti, tra campo e panchina, in Italia e Spagna, in formazione ci sono Buffon, Cannavaro, Ibrahimović, Vieira, Trezeguet. È una squadra sicura di sé, dell'ambiente, delle proprie certezze intrisa della filosofia di Lippi: «Tutti se la fanno addosso in Italia quando giocano contro di noi». È quella stessa idea che, anni prima, avevo inutilmente provato a fugare, facendo all'ex allenatore bianconero segno di no con la mano: «No, mister, non è così». Mancini viene liquidato come «inesperto», noi come «la solita Pazza Inter». Ma le cose stanno cambiando. In squadra ci sono adesso giocatori che nessuno può accusare di essere paurosi, gente che ha vinto ovunque nel mondo, «teste fredde» che non si deprimono al primo gol subìto, un concentrato di rabbia e voglia di vincere.

C'è Dejan Stanković, detto «Deki», il Drago, che segnerà reti strepitose, da centrocampo al volo. C'è Esteban Cambiasso, «El Cuchu», mio compagno di Nazionale a centrocampo. Guardatelo giocare: «Indietro, indietro!» urla ai difensori, «Che cazzo, avanti!» intima ai mediani, «Vai, vai, vai!» grida alle ali. A volte i giornalisti parlano di campioni che sono «allenatori in campo»: se l'etichetta si adatta a qualcuno, questo è proprio «El Cuchu». Smania per il calcio, adora la tattica. Ho visto solo due giocatori che a pranzo, dopo un allenamento bestiale, in ritiro sotto il sole di luglio che picchia sul cranio e con i muscoli che tirano dopo la sosta, invece di rilassarsi con una battuta, godersi pasta al pomodoro e bresaola al limone, si accaniscono a rigiocare partite del passato, o a pregustare le sfide del nuovo campionato. Sono due amici: Diego Simeone, «El Cholo», ed Esteban Cambiasso, «El Cuchu».

Se chiudo gli occhi, rivedo ancora «El Cuchu» che sposta sul tavolo di Appiano Gentile la saliera: «Dunque, se loro mettono il regista qui,» e marca il pericoloso regista Saliera con due mastini, il Macinino del Pepe e la Bottiglietta dell'Olio «noi reagiamo con un corridoio sulla fascia...» e immagina che il mister lanci a destra la Bottiglietta dell'Aceto, «ma ecco che se chiudono la diagonale, è inutile, perché noi facciamo salire la linea in pressing» e mentre i camerieri lo guardano perplessi, lui sposta forchette, cucchiai e coltelli come fossero una vera difesa a quattro, unita a far scattare il fuorigioco contro l'attacco, subdolo, rappresentato dal solitario Telefonino. Non ho dubbi che Cambiasso sarà allenatore, è nel suo sangue, ma confesso che talvolta, all'ennesima lezione di tattica a tavola, abbiamo sconvolto i suoi schemi fatti con le posate, intimandogli: «Basta calcio adesso, "Cuchu". Rilassati un po'...».

Un giorno Cambiasso è in tribuna, con la moglie e la bambina piccola, non ricordo se infortunato o squalificato. Un amico gli finisce accanto e mi racconta: «Una famigliola squisita: il papà cortese, la mamma dolcissima, la piccola poi, un amore, tutta vestita di rosa. Ecco che però l'arbitro fischia l'inizio ed "El Cuchu" si trasforma. Hai presente Dottor Jekyll e Mister Hyde? Urla ai compagni, che naturalmente da lontano non sentono i suoi suggerimenti, impreca contro l'arbitro che non concede una punizione a suo giudizio decisiva, denuncia falli avversari, a mezza voce sussurra furbizie tattiche ai compagni, e quando attaccano gli avversari si lascia scappare parolacce alla volta dei nostri difensori, incurante della pupetta. Gli obietto: "Ma signor Cambiasso, davanti alla bambina?", e la mamma stessa mi apostrofa: "Il calcio è il calcio, dovrà abituarsi!"».

Insieme a Cambiasso, «allenatore in campo», giocano calciatori che sanno mantenere la mente fredda in campo, privi di soggezioni psicologiche. Il portiere Francesco Toldo, che da solo aveva salvato l'Italia contro l'Olanda, nella semifinale degli Europei del 2000, finita ai rigori. Marco Materazzi, che avrebbe invece salvato gli azzurri in finale a Berlino contro la Francia nel 2006, pareggiando il gol di Zinedine Zidane, e diventando famoso per la testata che ricevette in pieno petto dall'asso francese, siglando poi il suo rigore dopo i supplementari.

Con loro c'è anche il mio compagno della Nazionale Olimpica Juan Sebastián Verón: difficile fare paura a uno come lui che in carriera vincerà cinque scudetti, in tre paesi con quattro squadre, Lazio, Inter, Manchester United, Estudiantes.

Dirige quella finale di Supercoppa Italiana l'arbitro Massimo De Santis, ignaro che, pochi mesi dopo, il suo nome finirà nel vortice dello scandalo di Calciopoli. Alla fine dei due tempi il punteggio è 0-0, si va ai supplementari. Adriano scappa alla difesa juventina lungo la linea di fondo, si libera di Cannavaro, appoggia al centro per Verón che, a botta sicura, batte il portiere Chimenti: al 96' Inter 1 Juventus 0, un risultato che non cambierà. A centrocampo Verón festeggia con «Deki» Stanković: niente applausi, né abbracci né capannelli festosi, si prendono a colpi di petto uno contro l'altro, sportellate da guerrieri. In quell'Inter c'è grinta anche nella gioia, niente moine. Moratti, Mancini, la squadra: i tormenti, le difficoltà, le ingiustizie, gli errori non ci hanno consumato, ma resi più forti. L'Italia, l'Europa e il mondo si preparano al ritorno della Grande Inter.

Il campionato 2005-2006 finisce senza finire. La Juventus arriva davanti a Milan e Inter, ma già la giustizia sportiva e i tribunali della Repubblica italiana macinano l'inchiesta che porterà poi la stessa Juventus a essere retrocessa d'ufficio e a finire, per la prima volta, in Serie B, vedendosi cancellati due titoli, mentre il Milan sarà penalizzato.

Lo scudetto 2005-2006 tocca dunque a noi dell'Inter, come tradizionalmente accade nello sport quando chi vi sta davanti viene squalificato, un caso classico alle Olimpiadi, dal nuoto all'atletica. Mi è capitato tantissime volte che compagni di altri paesi, semplici tifosi che mi fermano al bar, o vecchi amici di Buenos Aires, mi chiedano: «Capitano, ma è possibile? È davvero possibile che non vi foste mai accorti del mondo segreto e parallelo che le intercettazioni hanno rivelato? Dal campo non sospettavate nulla? Dicci la verità».

Eccola, la verità: in campo, davanti a tanti episodi storti, io continuavo a credere alla buona fede di tutti, arbitri e avversari. È la mia natura solare: mio padre e mia madre mi hanno educato a guardare al bene, non a sospettare del male. So che in Italia l'ex primo ministro Andreotti era famoso per aver detto: «A pensare male si fa peccato ma spesso ci si azzecca». Be', io non sono capace di pensare male e infatti – direbbe Andreotti – su Calciopoli non ci ho azzeccato. Credere nella buona fede, però, non mi impediva di vedere quante cose, troppe, andassero «storte». Allora pensavo fosse un caso, anche se sempre contro di noi. Se poi il presidente Moratti, Facchetti, l'allenatore o io come capitano alzavamo la voce, in cerca di giustizia o almeno di ascolto, ci stroncavano senza pietà.

L'ho detto a proposito del 5 maggio 2002: quella partita contro la Lazio dovevamo vincerla noi, giocando meglio, e ancora mi fa rabbia. In campo, durante gli anni neri di Calciopoli, pensavo allo stesso modo, com'è abituato a pensare ogni uomo di sport: potevo fare meglio, dovevamo batterci meglio. Però, per quanti sforzi facessimo, per quanti campioni – Baggio, Vieri, Ronaldo – il presidente Moratti portasse in squadra, per quanti bravi mister – Simoni, Cúper, Mancini – sedessero in panchina, non bastava mai, mancava sempre l'ultimo miglio, l'ultima luce. Un paio di autogol di troppo, una cessione bloccata, una decisione arbitrale incomprensibile fuori dall'Italia. Allora uno cominciava a farsi qualche domanda: perché sempre contro di noi? Perché una società storica come l'Inter viene trattata così?

Il rigore negato a Ronaldo a Torino è, a mio modo di vedere, l'episodio più significativo, il punto di partenza di tutto. È come in un film giallo, quando i cattivi passano il limite e non possono più tornare indietro: è troppo tardi per pentirsi. Quello dell'arbitro Ceccarini fu un errore clamoroso, e da lì si scatenò tutto il resto. Non voglio dire che Ceccarini fosse coinvolto con Calciopoli, per carità, ma da allora capii che non bastavano gli sforzi in campo: c'era un «campo fuori dal campo» e contava moltissimo. Da quel Juventus-Inter del 26 aprile 1998 tanti cominciano a mormorare negli spogliatoi, si domandano perché l'esito sia sempre scontato, perché nessuno protesti e chi lo fa venga emarginato, isolato, perché giornalisti «grandi firme» cantano al lunedì come il coretto dell'asilo, tutti intonati sulla stessa versione, come se qualcuno desse loro il «la», l'imbeccata. Io provavo a non pensarci, concentrato sulla partita, ma in giro tanti insistono: «Capitano, come fai a non vedere? Siamo in Italia, non capisci? Non puoi trascurare certi dettagli, gli indizi... Non li vedi? Pensaci...».

Avrei dovuto ascoltarli, e invece tornavo a casa ripetendo, testardo, a Paula: «Dobbiamo giocare meglio, darci da fare di più. Queste voci ci distraggono, amareggiano i compagni, fanno pensare loro che sia inutile faticare, tanto va sempre male. Dobbiamo combattere, reagire al clima negativo».

Ancora adesso lei non smette di incalzarmi: «Ma come facevi? Vi infliggevano le peggiori ingiustizie e tu, invece di esplodere, di avvilirti, insistevi: "Dobbiamo crescere qui, migliorare là". E poi continuavi ad allenarti, ancora più determinato. Ti conosco da oltre vent'anni e non finisci mai di stupirmi, candido e testone». Paula parla con amore, altri ci davano invece degli ingenui, o peggio, dicevano che «non sapevamo stare al mondo», come se l'Inter, noi tutti giocatori, l'allenatore, il presidente Moratti, dovessimo reagire barando, come se l'onestà fosse una virtù da fessi.

A fare le spese di questo atteggiamento cinico fu uno degli uomini che più ammiro, Giacinto Facchetti, asso dell'Inter e della Nazionale italiana, a lungo dirigente nerazzurro.

Marco Tronchetti Provera, che guida la Pirelli, sponsor dell'Inter, e in tribuna si sgola ogni santa domenica come un tifoso vero, dice di me: «Zanetti è come Facchetti. Giacinto era il campione pulito di un'Italia e un mondo più semplici, domestici, appena usciti dalla guerra e felici del poco che si aveva, senza l'onnipresente televisione, il web, la diretta ventiquattr'ore al giorno, lo *show business*. Javier è il campione pulito di uno sport globale, dove la partita non finisce mai, le telecamere entrano nello spogliatoio e nella vita privata. Sono due campioni di due diverse epoche, ma entrambi rappresentano gli ideali dello sport, la radice di tutto il resto».

Spero sia davvero così, perché con Giacinto parlavamo tanto, e da lui ho imparato a reagire a qualsiasi difficoltà con calma, a riflettere sempre. Lui aveva giocato le grandi sfide mondiali tra Inter e Independiente: allora in campo piovevano sassi e Giacinto, come me, riusciva a tornare negli spogliatoi senza che gli si scompigliasse un capello. Gli chiesero per questo di fare la pubblicità per il Brylcreem, una brillantina allora popolare che però lui, proprio come me, non usava affatto.

Facchetti è stato sottoposto, negli ultimi mesi della sua vita, già malato, e negli anni dopo la morte, nel 2006, a una violenta campagna di diffamazione, propagata con ogni mezzo. Moggi lo insultava al telefono come «sbrindellone», qualcuno sperava che sporcando anche Giacinto si potesse fare la solita, bella sceneggiata: tutti colpevoli, nessun colpevole. Eppure, che lo scandalo fosse organizzato, che ci fosse un «sistema», io non riuscivo a crederlo, e quando alla fine del campionato 2005-2006 la verità finalmente trapelò, rimasi di sasso.

Ricordo quel momento in piena luce, ogni dettaglio. Eravamo in ritiro, a Cagliari, dove avremmo giocato il 14 maggio per l'ultima giornata: una partita senza storia, la squadra di casa ormai salva, noi terzi, un 2-2 al sole. Il pareggio per noi lo segnò uno dei calciatori più saggi e intelligenti che abbia incontrato, uno che tra Inter, Real Madrid e River Plate ha vinto tutto quel che c'è da vincere, scudetti e coppe, senza montarsi mai la testa: «Conta solo lavorare, Pupi» rideva, Santiago Solari. A mano a mano che i fatti e le denunce si accumulavano, fino poi alle condanne per Luciano Moggi e Antonio Giraudo, sembrava che si accendessero i riflettori sul passato. I tifosi allora mi fermavano per strada, festeggiando: «Capitano, sei felice? Avevamo ragione noi...».

Non ero felice e non lo sono ora. È stato importante fare giustizia, riconoscere le sofferenze patite da tante vittime, in testa Moratti, Facchetti, tutta l'Inter. Ma Calciopoli non può farmi felice: la considero – e come me tutti gli uomini di sport – una pagina triste del calcio italiano. Che si sia fatta pulizia, questo dovrebbero invece accettare i tifosi di ogni bandiera, non è stato un bene solo per l'Inter, è stato un bene per tutto lo sport, anche per chi tifa Juventus o Milan e adesso può tranquillamente tornare a vincere, senza essere sospettato, con battute, dubbi o ghigni dietro le spalle.

Purtroppo è toccato alla Juventus perché Luciano Moggi era alla Juventus, nessuno ce l'ha, o ce l'aveva, con loro in modo pregiudiziale. Era la realtà, ed è venuta allo scoperto.

Guardavo i compagni, soprattutto quelli che, come me, erano passati per il Calvario. «Siete arrabbiati?» ci chiedono i reporter a microfoni spianati. Io mi frugavo dentro, ne parlavo con gli amici, con Córdoba, con Samuel. Bevendo il mate, che nella furia delle conversazioni finiva per raffreddarsi, ci dicevamo: «No, non siamo arrabbiati. Ci si infuria per un gol mancato, per la traversa che ti respinge il *tap-in*, per un autogol cretino al 90'. Questa storia amareggia, non fa arrabbiare. Arrivano, pian piano, risposte che aspettiamo da sempre e che nessuno ci dava».

Chi, come me, ha vissuto la notte di Calciopoli e poi ha visto sorgere, inaspettata, l'alba della verità, dice fra sé: «Ma ci pensi? Su Internet e in televisione c'è ancora chi nega, come quelli che cercano fantasmi e complotti dietro la morte del presidente John Fitzgerald Kennedy o l'attacco alle Torri Gemelle, dimenticando la verità, inseguendo bugie. Quanta poca memoria abbiamo...».

Ai miei compagni delusi dagli attacchi a Facchetti, scocciati per il fango che è stato lanciato contro gli onesti, rispondo: «Ragazzi, amnesia o meno, la storia non si cancella. Calciopoli è esistita, sta nei libri di storia, negli annali del calcio. E la storia non è Bar Sport. Non illudetevi, a qualcuno farà per sempre comodo polemizzare su questa o quella vicenda, per costruire una finta verità, mischiando fatti e menzogne. Non possiamo farci nulla. Ma neppure si possono alterare i fatti, la versione della verità che la storia ha accertato. Noi, l'Inter, eravamo vittime e siamo stati dunque risarciti, i colpevoli hanno pagato e sono stati puniti, come è giusto che accada, nella vita e nello sport». Il folclore delle proteste, i siti dei tifosi, le ricostruzioni fantasiose, gli insulti andranno avanti per sempre, amen. Ma il calcio italiano ha fatto pulizia e questo è stato un bene enorme, per tutti, come dice un coro dei tifosi che amo: «Gare truccate non ce n'è più...». Il mister Mancini era sorpreso quanto noi, anche perché lui era sceso in campo fino a poche stagioni prima, senza pensare a schede telefoniche segrete, colloqui con gli arbitri, pasticci. Gridava: «Tutto bene, adesso dimostriamogli anche di essere più forti in campo, capito?». Non si diede pace finché non ci riuscì, e alla grande.

Alla fine lo scudetto 2005-2006 venne assegnato a noi dell'Inter. Le polemiche, lo so, non finiranno mai, va benissimo. Quando però Sol, Nacho e Tommy mi chiederanno: «Papà, sei stato contento di vincere lo scudetto del 2006? Avete fatto bene ad accettarlo?», li guarderò negli occhi, tutti e tre in fila sul divano, prenderò la maglia con il triangolino tricolore, e risponderò: «Molto contento. Né il presidente Moratti né noi l'abbiamo chiesto, è stata la giustizia sportiva ad assegnarcelo. Tutto lo sport internazionale, le federazioni europee e mondiali insistevano per regolarizzare la situazione del calcio italiano in quella stagione, c'era il rischio di essere esclusi dalle coppe. E un titolo non basta a risarcirci di tutto quello che ci è mancato, le vittorie che in passato ci sono state precluse».

Girava quell'estate un distintivo, una semplice spilletta con la scritta «Io sono interista». Come dire: «Io sono pulito, niente pastrocchi». Lo scudetto del 2006 è lo scudetto dell'onore e della lealtà, i miei valori: brilla in bacheca, brilla nel mio cuore.

XV
La stagione migliore

Non ho nulla contro la Juventus, come contro nessun'altra squadra. Rispetto la sua storia, le sue vittorie, la sua tradizione, e ammiro giocatori come Alessandro Del Piero, per come si sono comportati in campo e fuori dal campo. Inter, Juventus e Milan sono tre società diverse, ciascuna con il proprio passato, di cui i tifosi sono orgogliosi, in cui si riconoscono. Io sono un interista felice, per quello che abbiamo vinto e per come lo abbiamo vinto. So che i tifosi e i giocatori della Juventus saranno altrettanto fieri dei loro trofei e della loro personalità, così come i rossoneri, o i tifosi di Real Madrid, Barcellona, Manchester United, delle grandi squadre argentine e brasiliane. Anche le Nazionali hanno spiriti diversi: gioioso il Brasile, tattica l'Italia, arcigna l'Argentina, atletica l'Inghilterra, «diesel» la Germania. Non le cambierete mai, esprimeranno le loro diverse culture a ogni Mondiale. Credo dunque che la stagione delle polemiche infinite vada chiusa, ora e per sempre. Anche se non saremo mai d'accordo fino in fondo dobbiamo però imparare a rispettarci reciprocamente, per le vittorie e le sconfitte di ciascuno, senza candeggiare il passato.

Ognuna di queste squadre ha leader diversi, per età, cultura, passioni, idee: Massimo Moratti per l'Inter, Andrea Agnelli per la Juventus, Adriano Galliani e Silvio Berlusconi per il Milan. Juventus e Milan sono più strutturate nel business, l'Inter modello grande famiglia, il bene e il male di compagnie moderne, il bene e il male di una casa.

Dopo il 2006 si è provato a mettere tutti intorno a un tavolo e a firmare un «patto di pace», senza però riuscirci: era troppo presto, troppo calde erano le emozioni. Ora il tempo giusto sembra essere arrivato. Non è necessaria una riunione, con i grandi capi seduti in cerchio a fumare il calumet della pace, come gli indiani nei film western. Basta accettare la realtà: il passato e la storia sono quelli, adesso occorre andare avanti, trovare nuovi stimoli, nuove rivalità, che però tornino a esaurirsi in campo, nella lealtà sportiva.

Lo penso per Argentina e Inghilterra: credo che le due scuole di football, e così i due paesi, debbano ritornare a vivere una partita solo come una partita. Lo penso di Inter e Juventus, protagoniste di quello che Gianni Brera battezzò «il derby d'Italia». Rifacciamo del derby d'Italia un «classico», una partita avvincente che impegni allo spasimo dirigenti, allenatori, calciatori e dia gioie e dolori per una settimana ai tifosi, fino alla rivincita, nel ciclo naturale dello sport. Ciascuno di noi chiede a popoli nemici di dimenticare le ostilità e di firmare subito trattati di pace: quanti articoli in questo senso avete letto sulle guerre in Medio Oriente? Chiediamo, in buona fede, a chi ha visto persone care cadere, a chi ha avuto morti, feriti, di stringersi la mano e tornare al negoziato, all'accordo, all'intesa ma poi siamo incapaci di farlo noi stessi nello sport. È sbagliato.

Cerchiamo di essere chiari: non sto proponendo un «volemose bene», uno «scurdámmocce 'o ppassato», «chi ha avuto ha avuto, chi ha dato ha dato», non mi piacciono gli accordi pasticciati. Ho detto come la penso su Calciopoli e i fatti del 2006. Ma la storia tormentata del mio paese mi ha insegnato che non possiamo vivere anchilosati nei torti e nelle ragioni del passato, rimuginare per sempre le ferite subite, se nel presente non vogliamo restare deboli. Nessuno mai riconcilierà le storie di Inter, Juventus e Milan, i tifosi resteranno persuasi della propria: chi darà dell'interista al professore Guido Rossi, il giurista che nel 2006 commissaria la Federcalcio, chi accuserà Luciano Moggi, chi rileggerà le carte per darsi ragione. Non mi illudo che sia diversamente, conosco da bambino il calcio, «passione delle masse». Sto chiedendo qualcosa di diverso, un atteggiamento mentale che ho imparato con durezza nelle sconfitte: rialzarsi e andare avanti, lo sguardo rivolto al futuro, non al passato.

Con Giacinto Facchetti, negli ultimi incontri prima della sua scomparsa, immaginavamo un momento così, di cambiamento morale. Purtroppo Giacinto non è arrivato a vedere le rivincite della sua squadra, ma a tutti quanti vorrei dire: ora voltiamo pagina, testa alta e andiamo avanti.

Le mie stagioni da giocatore, il mio futuro nel calcio, sono improntati a questa speranza. Come prima non dubitavo della buona fede di nessuno, anche quando Paula mi osservava dubbiosa e tantissimi mi davano dell'ingenuo, adesso non voglio perdere la fiducia nel prossimo. Dobbiamo guardare oltre, non possiamo incatenare due o tre generazioni di tifosi italiani a quel, brutto, passato. Quando in campo stringevo la mano ad Alex Del Piero o a Paolo Maldini, sapevo di aver stretto la mano a un campione che condivideva con me valori, ideali e passione sportiva. Quando li abbraccio adesso, incontrandoli per strada, so di abbracciare uomini che sono fiero di invitare a casa e additare a esempio per i miei figli.

È arrivato il momento, finalmente, che le differenze fra Inter, Juventus, Milan vengano regolate solo nei novanta minuti di una partita, giocati con lealtà e coraggio. Poi, al triplice fischio, i vincenti festeggino e gli sconfitti preparino la rivincita. Non propongo né un'amnistia né un colpo di spugna. Vorrei solo che il veleno delle polemiche e della corruzione alla fine lasciasse il posto al balsamo della rivalità sportiva. Noi interisti dobbiamo dare l'esempio anche in questa ripartenza morale, e sono fiducioso che anche i migliori tifosi juventini e milanisti saranno con noi.

Quando mi sono rotto il tendine d'Achille, allo stadio di

San Siro qualche ultras ha intonato cori idioti: «Salta con noi, Javier Zanetti...». Capisco che questo tipo di «tifoso» non ascolterà mai il mio appello. Ma molti ragazzi juventini, e con loro i padri di famiglia milanisti che per strada mi hanno detto: «Bravo Zanetti, forza, tornerai, non vedo l'ora di rivederti in campo ma dovrai perdere contro di noi, eh!», o la stragrande maggioranza degli sportivi che sono leali e in gamba, e mi hanno fatto gli auguri su Twitter per i quarant'anni – «Totti e Zanetti grandi bandiere» – sanno che cosa intendo quando dico: «Chiudiamo la stagione dell'odio».

Dopo lo scudetto del 2006 viene una stagione che per la prima volta non vede la Juventus in Serie A e lascia sulle nostre spalle la responsabilità di sola squadra italiana a non essere mai retrocessa in Serie B. È un club esclusivo al mondo, in cui siedono pochi soci prestigiosi: Real Madrid, Barcellona, Atlético Bilbao in Spagna, Bayern Monaco, Bayern Leverkusen e Amburgo in Germania, tutte vuote le poltrone inglesi (perfino Manchester United, Chelsea e Arsenal conoscono la Serie B), Celtic e Rangers in Scozia, Benfica, Porto e Sporting Lisbona in Portogallo, il Boca Juniors in Argentina, dopo il crollo dell'Independiente nel 2013.

Io ricomincio la stagione con lo stesso spirito di pacificazione che ripropongo adesso: la parola al campo, basta risse. È lo spirito con il quale, da capitano, accolgo due campioni che dalla Juventus vengono a giocare con noi in nerazzurro, e che i tifosi adottano subito: il saggio centrocampista Patrick Vieira e il bizzoso attaccante Zlatan Ibrahimović. Che giocatori e che caratteri!

Patrick si presenta da campione del mondo e d'Europa con la Francia, uno che con i club conquista sette scudetti e sette coppe tra Inghilterra e Italia, ma non se la tira per nulla, sempre buono, sorridente. Nessuno scambia la sua bontà per indolenza: in campo gli avversari cadono nel ritmo dei suoi passi strascinati, per poi vederlo tagliare il campo con un assist lampo. Patrick è un colosso, nel fisico e nella testa, un giocatore straordinario: centrocampista razionale, presenza e qualità, un filtro in difesa, una molla in attacco.

Era un anno difficile: senza la Juventus e con il Milan «azzoppato» tutti si aspettavano che vincessimo, e noi sapevamo che vincere non bastava, occorreva farlo bene, giocando a testa alta, contro i pregiudizi, e anche contro i «gufi», gli uccelli del malaugurio che, negli stadi e nelle redazioni di televisioni e giornali, volavano su di noi.

Vieira parlava poco negli spogliatoi, di solito lasciava a me il compito come capitano, ma quando capiva che l'aria era tesa e la pressione aumentava, allora diceva la sua, con un tono autorevole, credibile, come se quelle due corone di campione del mondo e d'Europa brillassero. Tutti ascoltavano in silenzio e annuivano d'accordo. Guai però a mettersi contro di lui. Se ne accorse il mister Mancini, nel pazzo derby del 28 ottobre 2006. Il derby di Milano è sempre partita ad altissima tensione, al punto che i giocatori – in rossonero o in nerazzurro – alla prima stagione, vivendo nel capoluogo lombardo magari solo da poche settimane, raccontano di non aver mai sentito altrove una simile pressione. Manager, miliardari, gente semplice, lavoratori, studenti, tutti invocano la vittoria: vincere il derby, oltre ai tre punti in campionato, regala 365 giorni di sfottò ai «cugini», in famiglia, a scuola, in ufficio, in fabbrica.

Noi quell'anno «passeggiamo»: gol di Crespo, poi reti di Stanković, autore di una partita fantastica, e Ibrahimović, che nel suo peregrinare avrebbe indossato anche la maglia del Milan. Quando sembra che ci si possa rilassare – mai rilassarsi nel calcio! – Clarence Seedorf, un compagno sempre rimpianto, segna il 3-1 e riapre i giochi. Non a lungo, perché Marco Materazzi, neocampione del mondo con l'Italia, sigla il 4-1. I tifosi milanisti sono inviperiti, per Calciopoli e per il risultato, la festa di Marco risulta per loro troppo lunga ed elaborata, lo beccano senza pietà. A Marco, già ammonito, non pare vero di esultare ancora e l'arbitro Farina lo espelle per doppia ammonizione. Carlo Ancelotti, allenatore del Milan, serra le fila, mandando in campo il sempreverde Maldini. Gilardino fa il 4-2 e, in pieno recupero, Kaká scatena la bagarre segnando il 4-3. I milanisti sognano una rimonta come la nostra contro la Sampdoria, San Siro è un vulcano.

Già sul 4-2 Vieira mi fa segno: «Pupi, ho male al tendine, chiama il cambio per favore». Io indico subito alla panchina: «Cambio per Vieira, non ce la fa più». Massaggiatori e compagni, lo stesso Siniša Mihajlović, «chiamano» la sostituzione, ma Roberto Mancini sembra ipnotizzato dalla partita: i nostri che gestiscono il vantaggio, il Milan avanti all'arma bianca.

Durante una pausa Patrick si avvicina al mister e grida: «Toglimi, toglimi!». Perfino dalle tribune i tifosi cominciano a notare: «Vieira si è fatto male, vuole uscire». Mancini non batte ciglio. Il Milan va sul 4-3, noi soffriamo come cani, ricordo ancora come un incubo una palla al laser di Nesta che attraversa tutta la nostra area e io che la guardo certo che qualcuno la intercetterà e la spedirà in rete. Basta, come volle Dio l'arbitro fischia la fine della corrida, e noi vinciamo il derby da campioni.

Qui inizia la seconda corrida, con Vieira che, la gamba rigida dal dolore, insegue Mancini per dirgliene quattro: «Sei un pazzo! Ho male da tutto il secondo tempo, sono zoppo da un quarto d'ora, non mi vedevi? A costo di farmi infortunare o di farci beccare un gol se non potevo inseguire...». Si butta addosso, ma per fortuna in quell'istante interviene Siniša, un armadio d'uomo che fa da vice a Mancini. Blocca Vieira e lo porta via di peso, sbrigando la vicenda.

Mi chiedo che cosa sia passato per la testa del mister. Certo non era distratto, gli ho parlato io stesso. E mi sono fatto un'idea, che alla fine dovrebbe compiacere il povero Patrick: fine psicologo delle partite, Roberto Mancini deve aver concluso che ad Ancelotti e ai suoi giocatori, in undici contro dieci dopo l'espulsione di Materazzi, facesse più paura un Vieira azzoppato in campo di qualunque altro giocatore sano in panchina. Così ha scelto di tenerlo in partita, come nel grande film di guerra giapponese *Kagemusha* l'esercito manda all'attacco un sosia del grande guerriero Takeda Shingen pur di impaurire i nemici. Patrick inveisce ancora, ma il trucco di Mancini funziona.

L'altro giocatore arrivato dalla Juventus quell'anno e destinato a fare storia è – chi altri se no? – Zlatan Ibrahimović. La leggenda lo precede su ogni campo e racconta di un ragazzino slavo che gioca in Svezia, sul cemento di periferia a Rosengård, un sobborgo di Malmö affollato da immigrati, sempre pronto alla rissa per non farsi sopraffare dai coetanei, perfino a rubare una bicicletta se è in ritardo per l'allenamento. Zingaro giramondo che ovunque vince, Zlatan si fa amare dai tifosi della propria squadra e odiare da quelli avversari, per poi cambiare club e paese e ricominciare la giostra di odio e amore. È anche bersaglio di spietati paparazzi, che lo ritraggono quasi abbracciato al giocatore del Barcellona Piqué e ricamano storie grottesche, o lo riprendono d'estate, con addosso una specie di bikini nero, un bizzarro due pezzi slip e minicanottiera, che nutre gossip online.

Incensato, detestato, fischiato, applaudito, Ibra è da sempre a caccia del Sacro Graal che fin qui gli è sfuggito, la Champions League inseguita invano con Ajax, Juventus, Inter, Barcellona, Milan, Paris Saint-Germain. Esperto nell'arte marziale del taekwondo, ne esporta talvolta le mosse in certe giocate acrobatiche sotto porta e anche nello spogliatoio, per intimidire, volutamente o no, amici e rivali: «Io sono Ibra, il duro, nessuno è più duro di me» sembra ripetere a ogni passo, con la sua andatura muscolare, lo sguardo a cercare brighe, vere o presunte che siano.

Ma ora il capitano sono io, i campioni siamo noi, Ibrahimović arriva con la sua fama di giocatore tosto e, insomma, mi tocca gestirlo. Non l'ho mai trovato antipatico, Zlatan è fatto così, inutile provare a cambiarlo, nemmeno Freud e tutta la sua psicoanalisi ci riuscirebbero. Ha momenti di black-out, quando il mondo intero gli sembra un nemico da abbattere. A un altro verrebbe la depressione a sentirsi solo contro tutto l'universo, Ibra si alza ancor più sulle punte, gonfia il petto, sfidando sette miliardi di esseri umani: «Fatevi sotto, se avete coraggio!».

In quei momenti è saggio lasciarlo perdere, evitare scintille. Noi ci siamo riusciti: quell'anno facemmo insieme 97 punti su 114 in palio, un totem che sarà difficile da duplicare in Serie A. Ibrahimović fu molto bravo, segnò 15 gol, e io contrapposi a quei suoi momenti no un sorriso solare, dandogli pacche sulla spalla che lo smontavano. Il suo carattere forte ad alcuni dà ombra, li infastidisce. Non a me, però, che forse in lui, ragazzino del ghetto in Svezia, rivedevo certi miei compagni «duri» di Dock Sud, che nascondevano dietro la grinta solo il desiderio di una carezza, di un'attenzione. Se però passava il limite lo sfottevo: «Dai, Ibra, che cosa fai ora? Spacchi tutto?». E lui, che è intelligente, smaniava tornando nei ranghi.

In partita è un leone, ma negli allenamenti si aspetta, chissà perché, un atteggiamento reverenziale. Tenta il tunnel su tutti e ride, ma se qualcuno prova a restituirgli il tunnel, sono stecche, spinte, musi. Figuratevi gladiatori come Córdoba o Samuel, gente che le ha date e prese su tutti i campi del mondo, se possono digerire un atteggiamento del genere. Nei suoi allunghi Zlatan è bestiale, devastante, ma Iván e Walter sono lupi dell'area di rigore. Giorno dopo giorno gli prendono le misure e, quando esagera, zac, un'entrata dura gli ricorda: «Niente sconti Ibra, qua il pane è duro per tutti. Cintura nera o no, serve buscarselo ogni giorno». Lui tiene, tiene, poi a un certo punto si strappa la maglia per dire: «Capitano, e questi che vogliono?». Io fingo di nulla e avanti.

L'ho rimproverato una sola volta, lui lo ricorda ancora, non credo che siano in tanti nella vita, da Malmö a Parigi, ad avere sgridato Zlatan Ibrahimović riuscendo poi a raccontarlo incolumi.

Roberto Mancini è un maniaco delle punizioni, ai suoi tempi le sapeva tirare bene. Ora con Siniša Mihajlović studiano ogni posizione, come fossero ufficiali d'artiglieria al poligono di tiro: gira la valvola di qua, stanga l'effetto di là, occhio alla barriera piazzata, segui il portiere che si sposta, esercizi di trigonometria calcistica come non vedrete mai più in uno stadio. Al Manchester City Mancini farà studiare al computer i dati su migliaia di calci d'angolo, per decidere poi qual è la percentuale di successo maggiore, se quando vengono battuti a uscire fuori area oppure centrali verso il portiere avversario. Per la prima volta i *big data,* i numeri di Internet, finiscono nel calcio, come già nel baseball, e il Manchester City segna 15 gol in più. Zlatan va a nozze con questo tipo di esercizi, persuaso com'è di non avere rivali nel tiro (vi consiglio, se per caso non condivideste questo giudizio sul suo valore, di astenervi dal dirglielo: non rispondo della sua reazione se, come gli capita spesso, vive un momento di cattivo umore).

Un giorno, dunque, ci alleniamo sulle punizioni. Ibra piazza la palla su tutte le possibili traiettorie finché a un certo punto a me pare che, per come il mister ha sistemato i manichini che simulano la barriera e per come il nostro nuovo portiere, il brasiliano Júlio César, si muove fra i pali, ci sia un'ulteriore possibilità di tirare, forse non visibile a prima vista. Allora trotterello tranquillo da Zlatan e, con la voce più serena di questo mondo, gli suggerisco: «Ibra, se provi a spostarla un po' più in là e tiri a rientrare, forse...».

Se gli avessi piantato a freddo i tacchetti sullo stinco avrebbe reagito meglio. «Che cosa dici?» urla Ibra con voce nasale, fredda. Quindi mi si fa sotto imprecando: «Vieni a calciarla te allora!». E con una pausa calcolata, da attore, aggiunge per provocarmi: «Fenomeno...», mentre mi guarda di sbieco per vedere che effetto ottiene.

Ho affrontato, o mi sono allenato, con tutti i più grandi, da Maradona a Messi, a Ronaldo, Kaká, Seedorf, Beckham. Quel «Fenomeno...» gridatomi contro da Ibra ha su di me un solo effetto, mi fa scappare da ridere. Perché è la bravata di un gradasso al bar, la sfida da spaghetti western al saloon, quando volano finte bottiglie di whisky a rompere le teste delle comparse e dalle finte ferite scorre ketchup e non sangue. Altrettanto posticcia è la provocazione di Ibra, troppo perché lo prenda sul serio. Ma se avessi lasciato perdere, se non l'avessi rimesso a posto, Ibra – che gioca al bullo – si sarebbe sentito libero di replicare la scenetta ogni giorno, davanti ai compagni e al mister, invece di fare il suo dovere di goleador e segnare, complicandoci una stagione che volevamo da record.

Non sono mai stato un capitano che grida, come «El Cholo» Simeone: lui si sente da porta a porta, è un grintoso, vive il calcio come passione. Ciascuno ha il suo metodo: io quando c'è da parlare parlo, ma preferisco dare l'esempio, alzare la voce non è nel mio carattere. Mi arrabbio solo raramente. Ricordo una partita con il Genoa, in cui non stiamo davvero in piedi, e nell'intervallo urlo come un matto: «Abbiamo fatto poco, niente! Vogliamo giocarcela o ci facciamo la doccia e torniamo a casa, che dite?». In generale, però, credo che con il dialogo si possano ottenere gli stessi risultati che urlando, ed è più piacevole, per chi parla e per chi ascolta. Parlavo sempre a Mario Balotelli, faceva di sì con la testa rasata, ma chissà se davvero mi stava ad ascoltare. Un'altra volta, durante Inter-Roma, a un giovane talento che in partitella dà sempre fastidio agli anziani, il bravo Marko Livaja, ho gridato: «Livaja! Livaja! Lo vedi De Rossi, là? È il più forte della Roma, se sei forte anche tu come pensi, rompigli ora i coglioni come fai con noi in allenamento!».

Con calma, tranquillo, apostrofo Ibrahimović come fossi incazzato: «Zlatan, ti ho solo dato un parere, non c'è nessuna ragione per alzare la voce, hai capito? Nessun fenomeno qui, siamo tutti compagni, andiamo a vincere la partita e basta. Ora fa quel che ti ho detto, ok?». Silenzio di tutta la squadra, Ibra capisce al volo, con la sensibilità del fuoriclasse, di avere sbagliato. Borbotta qualcosa che io accetto

nobilmente come fossero scuse, quindi tira secondo il mio consiglio: gol. «Bravo» sono il primo a complimentarmi.
Così è Ibrahimović, prendere o lasciare.

La squadra dei 97 punti non ha debolezze. In porta c'è Júlio César, che confuta il luogo comune secondo cui i brasiliani non schierano grandi portieri. Quando nel 1950 l'Uruguay batté il Brasile al Maracanã, i generali avevano già letto il discorso della vittoria prima della partita: il numero 1 brasiliano Barbosa fu accusato di non avere parato il tiro vincente di Ghiggia e da quel momento fino alla morte, avvenuta nel 2000, fu isolato e additato per strada come iettatore. Leggende, Júlio César ha dimostrato come un brasiliano porti fantasia anche tra i pali.

La difesa è unica: Maicon, Córdoba, Chivu, Materazzi, Maxwell. Di Douglas Maicon parlerei per ore. Quando ha lasciato l'Inter gli ho detto: «Amico mio, sei il compagno che più mi ha ascoltato. Nella fossa del Camp Nou contro il Barcellona, davanti alle volate di Robben al Santiago Bernabeu, nelle tante battaglie di San Siro, la notte in cui ci ridussero in nove con le espulsioni di Córdoba e Samuel, mentre il mister Mourinho faceva il gesto delle manette – "Ora arrestate anche me" – e il pubblico impazzito a sventolare la *pañolada*, fazzoletti bianchi agitati in segno di vergogna, mi hai sempre ascoltato, sempre. Partivi come un razzo per i tuoi blitz in attacco a segnare gol decisivi e io ti coprivo in difesa. Se andavo io verso l'area avversaria, ero certo che tu fossi in linea a coprirmi. Bastava un'occhiata. Mai un disaccordo, sempre a ridere negli spogliatoi e a dare il cuore in campo. Se penso a un calciatore che ho amato penso a te, Douglas Maicon, se penso a un esempio che indicherei ai giovani che debuttano nel calcio sei tu, generoso, leale, allegro, un campione nello sport e nel carattere. Non ti ho mai visto prenderti sul serio: le tue battute mi fanno ammazzare dalle risate, le facce che fai sia segnando un gol strepitoso, tre tocchi tutti al volo, sia quando la palla ti finisce invece in tribuna, indicano sempre gioia di vivere».

Anche Iván Ramiro Córdoba è un «fratello in linea», mai un cedimento, mai uno scarto. Oggi fa il team manager dell'Inter e mi fa sempre sorridere quando, impeccabile nel suo vestito grigio, alza la lavagna elettronica con i numeri del giocatore da sostituire.

Di Marco Materazzi che dire? Dopo che ha vinto i Mondiali nel 2006, segnando prima il pareggio e poi il suo rigore contro il portiere francese Barthez, dopo che la testata ricevuta da Zidane è diventata perfino una statua in bronzo dell'artista algerino Adel Abdessemed esposta al celebre Centre Pompidou di Parigi, da semplice difensore, Marco si è trasformato in icona, calciatore famoso. Il calcio è curioso: come nell'estate di Cúper io ero in partenza per il Real Madrid, e invece poi restai all'Inter per i nostri anni migliori, così nell'estate del 2006 sembrava che Marco potesse lasciare l'Inter e cambiare squadra, andando a giocare nel Milan. Da Berlino tornò eroe e campione del mondo, se lo meritava, era un giocatore arrivato tardi in una grande squadra ma che con il lavoro ha trovato vittorie e conquistato i tifosi.

La linea di difesa era chiusa da Maxwell, bravo in campo e fuori, dove svolgeva un compito essenziale: come certi domatori che riescono a tranquillizzare le tigri più scatenate, così Maxwell andava d'accordo con Ibra, e con lui accanto lo svedese era sereno. Ce lo saremmo poi trovato contro nel Barcellona.

A centrocampo, con me, tre assi: Esteban Cambiasso, «allenatore in campo», Patrick Vieira, muscoli e cervello, e Dejan Stanković, il guerriero. Tra loro Luís Figo. Non provo neppure a dirvi quanto ha vinto o dovrei scrivere un nuovo libro: venticinque trofei, *top player* fra Barcellona, Real Madrid e Inter, Pallone d'oro nel 2000.

Un campione ha una dote particolare, una sorte di divinazione del momento. Se la partita si blocca, i minuti passano e bisogna risolverla, lui trova la giocata geniale. Il 26 agosto 2006, quando sfidiamo la Roma in Supercoppa Italiana, tutto va storto: Roma 3 Inter 0, per la gioia della metà d'Italia che, dopo Calciopoli, gufa contro di noi. L'aria però è cambiata, non siamo più squadra che perde la testa. Vieira fa due gol, Crespo segna il terzo, tempi supplementari. E lì Figo spiega perché nella sua bacheca non c'è più posto libero: dopo novantaquattro minuti di finale siamo sfiniti, la preparazione è appena terminata, ma la Roma, che sarà la nostra leale rivale di quegli anni, tiene duro, e così si avvicinano i rigori. Invece, gelido come un giocatore di biliardo, Luís Figo centra una punizione e compie il sorpasso: Inter 4 Roma 3.

Con Ibra in attacco c'è Hernán Crespo, un compagno da cui ho imparato una nozione fondamentale del calcio, scherzando – ma non troppo – potrei definirla il Teorema di Crespo. La dimostrazione comincia da un assioma che i giornalisti veterani mi hanno raccontato essere caro allo scrittore e cronista sportivo Gianni Brera: «La partita di calcio perfetta non può che finire 0-0». Questo risultato, infatti, concilia due squadre che non commettono errori. È una tesi che spesso sentite tornare di moda quando, nelle inesauribili moviole della domenica sera, al computer si smontano e rimontano le azioni: «Ecco il difensore che arretra invece di avanzare, ecco il centrale che si accentra anziché allargarsi...» e via così, facendo derivare i gol da presunti errori.

È una teoria ben strana, che non si adatterebbe mai ad altri sport. Quando Usain Bolt vince l'oro alle Olimpiadi di Londra sui 100 metri, a nessuno viene in mente di dire che Blake e Gatlin, rispettivamente secondo e terzo, «hanno commesso l'errore di andare troppo piano». E se nel golf applaudiamo i successi di Tiger Woods, non li consideriamo frutto degli «errori» degli altri golfisti, bensì merito del suo talento. A Wimbledon, se ci sgoliamo per Nadal o Đoković (io tifo ovviamente per l'argentino Del Potro), non pensiamo che prevalgano perché l'asso perdente «sbaglia», ma perché loro affermano in positivo la propria forza.

Passiamo quindi alla dimostrazione del Teorema di Crespo: anche se per novanta minuti la difesa immaginata da Brera agisse alla perfezione, senza compiere un solo errore, resta possibile che la squadra avversaria segni un gol. Perché il gol, la meta finale del nostro mestiere, non nasce solo da «papere» dei difensori, ma anche – e soprattutto – dal genio calcistico di chi segna.

Ho formulato il mio Teorema di Crespo vedendo un giorno Hernán marcato da Maldini. Paolo lo ammiro, non so immaginare difensore più bravo di lui. Un istituto di ricerca inglese ha dato al computer da elaborare tutte le partite di Maldini, confrontate con quelle di un altro difensore formidabile, l'olandese Jaap Stam. Bene, in carriera Paolo ha fatto molti meno falli di Stam, solo perché il suo senso della posizione gli permetteva di bloccare l'attaccante senza rischiare il tackle e l'eventuale fischio dell'arbitro.

Eppure proprio Maldini, disposto in campo da manuale di scuola del calcio, prende quel gol da Hernán, e non perché commetta un «errore», ma perché Crespo vola più in alto e segna, permettendo a me di elaborare il suo teorema: il gol non nasce solo da un errore di chi difende, ma anche e soprattutto dalla bravura di chi attacca.

In difesa arriva Cristian Chivu, difensore romeno. Il primo anno con noi gioca con una spalla lussata ma, pur sentendo un male cane a ogni botta, non sbaglia un intervento, sempre serio, determinato. Nulla rispetto a quel che gli capita il 6 gennaio 2010, quando in campionato contro il Chievo si butta per evitare un intervento del frenetico attaccante Sergio Pellissier. Lo scontro è terribile, sembra che Cristian non si rialzi, boccheggia. Portato in ospedale, gli diagnosticano un trauma cranico grave: finisce nel reparto di terapia intensiva, non si sa se potrà tornare a giocare. Quando riappare nello spogliatoio, i capelli ancora rasati, resto senza fiato, ha una cicatrice da ferita di guerra. Il trauma è stato profondo, ma il 24 marzo, contro il Livorno, Cristian è in campo. Da allora giocherà con un caschetto di cuoio per proteggersi. I tifosi si alzano commossi a salutarlo, quando dico che i calciatori sono la parte migliore del calcio non è vuota vanteria, guardate come Cristian Chivu ha rischiato vita, affetti e salute per lo sport.

Il terzo scudetto consecutivo con Roberto Mancini non è però tranquillo come quello dei record del 2007, messo al sicuro con cinque turni d'anticipo. Sull'indimenticabile ottovolante che fu la stagione 2007-2008, la volata è da brivido. La Roma è appena dietro di noi all'ultima giornata, lo stress è da 5 maggio 2002. E come la Juventus di allora, anche i giallorossi vanno in vantaggio, diventando virtualmente campioni d'Italia, mentre noi restiamo bloccati sullo 0-0 con il Parma. Nella capitale, durante l'intervallo, si srotolano già bandiere e striscioni, pronti per la festa che impazzerà fino all'alba. È un giorno buono per i racconti di Soriano: né il Parma né noi segniamo «in una porta grande come l'arcobaleno». La notte, ogni tanto, ancora sogno i tiri di Budan, Reginaldo e Gasbarroni, le loro maglie bianche con la croce nera. Al 61' mi arriva una palla che sembra inoffensiva, davanti a me vedo libero Stanković e, «di prima», senza pensarci su, gliela passo. Il Drago fa due o tre falcate, accanto gli corre Ibra, entrato da pochi minuti. Patisce per i postumi di un infortunio, ma Mancini sa che non c'è futuro dopo questa partita, dobbiamo giocarci tutto, vincere o perdere. «Deki» lancia Zlatan che, con una botta delle sue, riporta lo scudetto a Milano.

Il silenzio scende all'interno di tutto il Grande Raccordo Anulare di Roma, e si fa assoluto quando, al 79', Maicon mi guarda: io resto dietro, lui scatta, va in area a palleggiare, rimette il cross per Ibra che si scorda dell'infortunio e segna il 2-0. In tribuna al Tardini di Parma piove a dirotto, il presidente Moratti ci manda affettuosamente al diavolo, ridendo: «Ma è possibile che ogni volta mi dobbiate fare soffrire così, ragazzi?». Finisce con la festa nell'acqua, campioni d'Italia per la terza volta.

L'era di Roberto Mancini è una festa: due Coppe Italia,

due Supercoppe Italiane e tre scudetti, ma in Europa, in Champions League, non andiamo avanti. La maturazione dell'Inter, cominciata con Hodgson e Simoni, perfezionata da Cúper e portata alla vittoria da Mancini deve raggiungere un'ultima fase, ha bisogno di un ultimo regista. Massimo Moratti guarda le foto in bianco e nero di suo padre Angelo, portato in trionfo con la coppa, sulle spalle dei ragazzi della Grande Inter degli anni Sessanta: Facchetti, Picchi, Guarneri... Ha già un'idea. L'Idea.

XVI

Il Mister

Questo è il libro della mia vita, così come la ricordo. Sono le mie idee, la mia storia, le mie speranze, i miei errori, a lungo ricostruiti e confrontati – per evitare che la memoria mi tradisse – con mia moglie Paula, mio padre Rodolfo, i miei amici, i compagni. Ricordi che ho poi pazientemente misurato con l'enorme archivio di parole e immagini che, anno dopo anno, il calcio si lascia dietro.

Mi ha accompagnato in questo lungo viaggio – a Milano, sul lago di Como, ad Appiano Gentile, a San Siro, al Predio di Buenos Aires dove sto facendo la fisioterapia, nei *barrios* della mia città, nella mia casa, a tavola davanti ai nostri piatti argentini e a una bottiglia di Quilmes (la *cerveza* cui lo ha iniziato l'amico *porteño* Gustavo) – Gianni Riotta, interista fin da bambino. È con lui che abbiamo frugato in migliaia di articoli di giornale di tutto il mondo, visto di nuovo alla moviola gol e gesti dimenticati, passaggi e partite di cui avevo perduto traccia, rivedendomi con la faccia da bambino a esultare su YouTube.

Lascio qui la parola a Gianni, e per una volta vi racconto io che cosa lui ha raccontato a me, perché spiega bene i sentimenti e i pensieri degli interisti nell'estate del 2008.

«Lavoravo allora alla Rai» inizia Gianni, ridendo «come direttore del Tg1. E quando l'Inter cambia allenatore, c'è l'addio di Mancini e arriva il leggendario José Mourinho, sentiamo subito dire che per un po' non darà interviste a nessuna televisione, vuole prima capire che aria tira in Italia. I colleghi dello sport al Tg1, veterani come Donatella Scarnati, Felice La Sorsa, Marco Franzelli, vengono a prendermi un po' in giro: "Dai, siamo il Tg1, tu sei interista, chiama Moratti e facci dare la prima intervista, facciamo uno scoop". Raccolgo la sfida, chiamo il presidente, gentile come sempre, che mobilita la cara Susanna Wermelinger, autrice del bel libro *Zanetti 757 record di fedeltà*, e otteniamo l'appuntamento ad Appiano Gentile con il mister. Il Tg1 mobilita la troupe più prestigiosa, cameramen e tecnici del suono che di solito seguono il presidente della Repubblica o il Papa. Vogliamo fare bella figura per la prima intervista. Alla Pinetina subito una sorpresa: Mourinho chiede di non filmare gli allenamenti. "Non desidero che alla Juventus e al Milan vedano in anteprima i miei schemi" dice. Non permette nemmeno che si riprenda la squadra mentre pranza: "È un momento di relax dopo la fatica degli allenamenti". Quindi vieta la telecamera sul bus dell'Inter: "Lo farò per tutto il campionato, niente cronisti a bordo. Quando siamo tra noi dobbiamo poter parlare in libertà, senza preoccuparci che quello che diciamo finisca sui giornali". L'intervista sarà interessante, il mister risponde pronto, ma allo scadere del tempo previsto ci congeda, cortese e spiccio. Alla domanda di chiusura: "Mister Mourinho, da quale libro è stato più influenzato, qual è il libro della sua vita?", la risposta è indimenticabile: "Nessun libro!". Come a dire: "Nessuno, né Omero né Dante né Tolstoj influenza José Mário dos Santos Mourinho Félix, detto Mou o "The Special One", insignito dell'onorificenza di Cavaliere dell'Ordine dell'Infante Don Enrico Il Navigatore per meriti sportivi!". Tornando a Roma, la troupe, tre bravissimi colleghi, ovviamente romanisti doc, mastica amaro per le troppe regole, il tempo limitato, l'accesso ristretto al campo. Io beato, commento: "Ragazzi, con uno così tosto, l'Inter rivince la Coppa dei Campioni!".»

Gianni finisce qui il suo racconto e capisco cosa voglia dire. Tutti noi giocatori, non appena Mourinho raccoglie attorno a sé la squadra, abbiamo l'impressione di vedere tra noi un leader, quella personalità carismatica che ci può aiutare a fare l'ultimo passo mancante, vincere nel mondo dopo avere dominato in Italia.

La mia prima impressione di José Mourinho fu ottima. E di nuovo, come con Héctor Cúper, tutto accadde in un aeroporto, questa volta Roma Fiumicino, in transito verso Buenos Aires.

Sono sovrappensiero, da giorni le prime pagine rilanciano voci sull'addio all'Inter di Roberto Mancini. Ma io non cerco conferme alle indiscrezioni, ho un'antica abitudine su pettegolezzi e notizie non ufficiali: le ignoro. Forse sarà parte del mio carattere positivo, ma mi sembra inutile inseguire la ridda infinita di conferme e smentite che, soprattutto d'estate, quando si fermano i campionati e le coppe, infesta il mio mestiere. Ci sono allenatori, agenti, procuratori, dirigenti, calciatori che passano la vita ad agguantare l'ultima presunta notizia, e quando ti incontrano, ancora prima di chiederti come stai, esordiscono: «Novità?». Non credo che, alla fine, ne sappiano più di chi, come me, aspetta che le cose davvero accadano, in compenso perdono un sacco di tempo.

Mentre al terminal rifletto sulla stagione che verrà, squilla il cellulare. Sto partendo, non ho una gran voglia di rispondere, per di più sul display compare la scritta: «Numero sconosciuto». Potrei non prendere la chiamata, ma quando come me si hanno famigliari che vivono lontano in Argentina, c'è sempre un po' di ansia. Così, di malavoglia, rispondo: «Sì?».

La voce dall'altro capo del telefono è forte, ferma, molto cortese, come se anziché al cellulare fosse in una conferenza stampa in diretta mondiale. «Sono José Mourinho. Guarda, esco ora dalla sede dell'Inter. Sono il tuo nuovo allenatore.

Scusa se non parlo ancora bene l'italiano, lo studio solo da tre settimane, lo sto imparando, vedrai che prima di Natale lo parlerò benissimo. Tu sarai il mio capitano. Avremo la possibilità di conoscerci di persona, ma volevo essere io, e nessun altro, a dirti per primo che sono il tuo mister.»

A partire da quando ero ragazzo, fino a quell'estate del 2008, avevo avuto tanti allenatori, bravi e meno bravi, duri e cortesi, vincitori e sconfitti, paterni o alla mano, ma nessuno mi aveva mai chiamato, senza che ci conoscessimo, per presentarsi e dire: «Sono contento di lavorare con te». Un modo di fare nuovo, diretto, che mi piace subito.

«Mister,» rispondo, mentre attorno a me i passanti, vedendomi al cellulare, cercano di carpire le novità sulla panchina dell'Inter «grazie della chiamata, l'apprezzo molto, mi fa piacere. Se ha ancora tempo per due chiacchiere posso dirle...»

«Ti ascolto, Zanetti.»

«...che il gruppo che troverà a Milano è forte. Abbiamo vinto molto con Mancini, ma ci teniamo a fare meglio. Sappiamo che Moratti e i tifosi si aspettano una vittoria in Europa, ci teniamo tantissimo a fare bene con lei. Siamo pronti alla sfida.»

«Lo so, Zanetti. Sono felice di arrivare nel calcio italiano...»

Pensando agli scandali e alle polemiche da cui venivamo fuori, mi scappa un sorriso e lo interrompo: «Perché mister? Perché proprio l'Italia?».

«Perché io vivo di nuove esperienze. E questo passaggio nel calcio mi manca. Ho lavorato in Spagna, ho vinto in Portogallo e in Inghilterra, ora arrivo in Italia.»

«Cosa si aspetta, mister?» Provo a fargli intuire che razza di pentola a pressione siano la Serie A e l'Inter.

«Voglio la sfida. Non tutto quello che vedo in campo mi piace, non tutto quello che vedo fuori dal campo mi piace, ma voglio vincere anche tra voi. Ci vediamo in ritiro!»

Rimetto il cellulare in tasca e penso: «Per non sapere ancora l'italiano se la cava bene, diavolo di un uomo, pensare che parla anche portoghese, spagnolo, catalano, inglese e francese...».

Rivedo José Mourinho il primo giorno al rientro ad Appiano Gentile. Sono state vacanze curiose, come quando finisci la scuola e cominci a lavorare, o vai all'università. Ti rendi conto di essere diventato grande, senti che ti aspetta un mondo diverso, il mondo «dei grandi». Ecco, siamo tutti adulti, davanti a Mourinho ci sembra di dover maturare, capire.

Tiriamo fuori dai borsoni scarpe, calze, pantaloncini e magliette. La prima sgambata della stagione, anche per me che mi alleno ogni giorno, è tosta: si sbuffa, si arranca, c'è un compagno che perde il contatto con il gruppo, non sai se aspettarlo o lasciarlo dietro, da capitano mentre corri ti tocca improvvisare una seduta di psicologia collettiva con il fiatone, sotto il sole. E poi le battute, qualche racconto delle vacanze, fiatone e via, pronti di nuovo a faticare.

Quest'anno niente campo, niente erba, scatti e jogging: Mourinho ci convoca in sala riunioni. Dal soffitto fa calare uno schermo grande come un lenzuolo matrimoniale e comincia a spiegarci come avremmo giocato, cosa vuole da ciascuno di noi in campo. A Cambiasso non sembra vero ascoltare una lezione di tattica proprio dall'allenatore numero uno della tattica, e al posto della saliera che lui usa a tavola per gli schemi adesso ci sono il megaschermo e Mourinho a dettare le posizioni: «Tu, Maicon, dovrai lavorare in questo modo sulla fascia. Zanetti, tu quando la squadra fa possesso palla devi... e quando siamo sotto attacco invece...».

«Io sono fatto in questo modo» spiega Mourinho, mentre lo ascoltiamo in silenzio. «Non vi manderò mai a dire le cose, non vi parlerò mai alle spalle. Quel che va o che non va ce lo diremo sempre, da uomo a uomo, guardandoci negli occhi. Sono onesto e leale con voi, vi chiedo di esserlo con me e tra di voi. Non sopporto i furbi, gli ipocriti, gli opportunisti. Questo è il nostro primo ritiro, il nostro primo giorno di lavoro insieme, mettiamo le carte in tavola ora e per sempre. Voi avete vinto molto, ma dovete vincere di più e in Europa, giusto?»

Noi mormoriamo tutti: «Sì, certo mister...». José però non ascolta, va avanti con i suoi pensieri. «Io pretendo da voi solo due cose: grande attenzione e grande intensità. Non pensate sia facile, perché sono due atteggiamenti che pretendo su ogni cosa fatta insieme, nelle riunioni, in allenamento, in partita, nel dopo partita, quando cercheremo di capire cosa ha funzionato e cosa no. Se sarete sempre attenti andremo lontano. Altrimenti abbiamo già perso, stamattina» e Mourinho ci trafigge uno per uno con gli occhi, come se avessimo già perso, come se io mi fossi lasciato sfuggire un centravanti, Ibrahimović avesse lisciato un gol a porta vuota, Júlio César incassato un «gollonzo» di quelli che facevano ridere la Gialappa.

Qualcuno si muove a disagio sulla sedia, siamo sotto pressione. Vorrei quasi alzare la mano e dire a nome dei compagni: «Sì, mister, saremo attenti» come fosse un giuramento militare. Mourinho non mi lascia il tempo, ci fissa e ricomincia: «Voi siete calciatori, io sono un allenatore di calcio. Dobbiamo iniziare a fare tutto con il pallone per prepararci. Voglio che seguiate il mio nuovo metodo di lavoro, dimenticate quello che avete fatto prima, prestate attenzione a ciò che vi dico: il pallone è al centro del vostro lavoro. Vi metteremo sotto per ottenere forza fisica, perché senza muscoli non si va lontano nel calcio di oggi. Ma vi farete i muscoli senza morire di fatica in palestra. Vi divertirete con il pallone, capito?».

Sì, o meglio capivamo e non capivamo. Intensi, attenti, concentrati anche a tavola, e invece ora il mister parlava di divertirsi: dov'era il trucco?

Come se ci avesse letto nel pensiero, mentre proietta uno schema sullo schermo, Mourinho spiega: «Il segreto è pensare. Vi allenerete a pensare, vi rafforzerete pensando. Penserete agli schemi che vi indico, giocherete a pallone pensando. Avete capito? Un giocatore che non pensa, non può giocare a calcio».

Quando raggiungiamo il campo per iniziare l'allenamento, cominciamo a vedere che cosa abbia in mente Mourinho: gli inglesi dicono che le guerre contro Napoleone le hanno vinte con la disciplina e lo sport, io comprendo adesso che la Champions League contro il Bayern cominciamo a vincerla in quella riunione con José. Da tempo nel calcio spira un'aria da culturismo fisico: certi preparatori vedono in ognuno di noi un aspirante Schwarzenegger: macchine, macchine, macchine. Mourinho non li ascolta nemmeno. Magari ordina: «Allunghi, un chilometro di corsa, ottocento metri...». Ma al centro resta il pallone e l'allenamento passa in fretta. Maicon mi guarda e ride come solo lui sa fare, quando ti apre il cuore dalla felicità: «Pupi, ci divertiamo un sacco, no?». Ci divertiamo un sacco davvero, Douglas, ma a patto di non smettere mai di pensare. Ecco, se mi chiedete cosa deve fare un calciatore per trovarsi bene con Mourinho, vi dico: «Non smettere mai di pensare».

In partitella il mister si mette al centro del campo e divide i compiti. «Mario,» dice, rivolgendosi a Balotelli «Mario, ci sono regole speciali in questa partita. Mi stai ascoltando, Mario? Non hai mica le cuffiette dell'iPhone, vero? No, meno male... Ecco, bravo. Segui le regole, Mario. E tu, Ibra, hai capito quali regole ci sono? Chi non ha capito lo dica adesso, oppure poi farà un sacco di errori.»

Le regole che il mister inserisce a ogni partita sono disparate. Una volta ci convoca uno per uno: «Zanetti, Córdoba, Santon, Stanković...». Come vedete la squadra non era poi molto cambiata, c'erano stati solo gli innesti di Ricardo Quaresma, voluto da Mourinho e celebre per la sua *trivela*, il cross fatto usando solo tre dita del piede (che in realtà poco si vide a San Siro), del dinamico Sulley Muntari e del brasiliano Amantino Mancini, che aveva fatto innamorare la Curva Sud della Roma con uno straordinario gol, un «cocktail di finte», al Lione.

Finito l'appello, Mourinho assegna a ciascuno un numero e divisi in piccole squadre di quattro, cinque giocatori, andiamo in campetti l'uno vicino all'altro. In ciascuna minipartita il mister impone regole diverse: «Voi del campo 1, solo due tocchi, non più di un passaggio, capito? Al campo 2, tre tocchi, non di più. Voi al campo 3, mi sentite? Parlo a voi: solo "di prima", ok? Un tocco e via, un tocco e via...».

L'obiettivo era insegnarci a «giocare pensando». Non dovevamo mai smettere di pensare in campo, non dovevamo farci prendere di sorpresa dall'attacco degli avversari o dal contropiede dei compagni, né farci cogliere impreparati dal pallone, magari ricevuto in alleggerimento, su un passaggio, o ripreso di controbalzo in ripartenza. A volte, la sera, Inter Channel manda in onda filmati di vecchie partite, con la difesa a dare la palla lunga ai centrocampisti, che hanno il tempo di stoppare e alzare lo sguardo per guardare il campo davanti a loro. Tutti giocatori dai piedi superbi, capaci poi di dettare il lancio: Suárez nell'Inter, Rivera nel Milan, Bulgarelli nel Bologna, Juliano nel Napoli. Passaggi telecomandati, perfetti, millimetrici, ma con il mister e i compagni vediamo subito che oggi quel tipo di gioco sarebbe impossibile, perché in quella che è stata definita la «tonnara del centrocampo», nell'attimo in cui si stoppa il pallone, un difensore o un centrocampista avversario arriverebbero irruenti a stroncare in tackle ogni pacata riflessione da numero 10.

«Pensare giocando, giocare pensando» è la filosofia di Mourinho, efficace in partita, ardua in allenamento. Perché non appena riusciamo ad applicare le regole nel campo dove stiamo giocando, un fischio di Mourinho ribalta tutto e si ricomincia: chi aveva da fare i tre tocchi passa a giocare «di prima» e viceversa. «Alta intensità!» ordina il mister, e noi sudiamo per lui.

Ogni giocatore reagisce a suo modo a questa preparazione che fonde corpo e mente. I più disciplinati – io, Cambiasso, Samuel, Chivu, Sneijder – seguiamo le regole passo passo, magari incavolandoci quando ci segnalano da bordo campo: «Pupi, "Cuchu", errore!». I più fantasiosi, come Maicon, scoppiano in una bella risata che alleggerisce la tensione: «Ho sbagliato! E che ca...». Per i nuovi, o i più giovani, come Balotelli e Santon, lo stress è forte.

Davide Santon è un difensore da cui mi aspettavo, e mi aspetto, tanto. È bravo, disciplinato, Cesare Prandelli lo ha già convocato nella Nazionale italiana. Forse il calcio frenetico di oggi ne ha ritardato la maturazione – una volta l'ho sgridato anche io – ma se posso dargli un consiglio da capitano, è: «Davide, ricordati di Mourinho, gioca pensando».

Mario Balotelli, invece, soffre e Mourinho soffre con lui. Mario è un «jazzista del calcio», improvvisa sempre. Ha grande fiducia, giustamente, nei suoi mezzi e nel suo talento, ma poca voglia di applicarsi agli schemi del mister. Non crede fino in fondo che davvero possa migliorare, si sente «giusto» così com'è. Perfino Ibrahimović ascolta Mourinho, e dico Ibra. Mario invece si distrae, lascia la mente svagarsi. I giornali titolano con enfasi quando, dopo una partita con la Fiorentina, Balotelli esce dal campo infuriato per la sostituzione e sbatte in terra i guanti masticando amaro all'indirizzo di Mourinho: «Ma che c... vuole questo qui?». In conferenza stampa il mister non si tira indietro, ed elogia pubblicamente lo sconosciuto centrocampista Mariga: «Lavorare con giocatori importanti aiuta sempre, e aiuterà anche Mariga. Una persona con un po' di neuroni in testa, allenandosi tutti i giorni con esempi fantastici, come lo sono Zanetti, Córdoba, Materazzi, uomini che sono davvero grandissimi esempi, può solo migliorare. Ma se qualcuno ha la fortuna di lavorare con questi campioni e non impara, sarà sicuramente perché ha un solo neurone e, chissà, questo neurone è un po' infortunato».

Mourinho non nomina Balotelli, ma i cronisti forzano sull'allusione. Davanti all'incostanza di Mario, il mister non ha pietà: «La prestazione di Mario è vicina allo zero» dirà dopo un match con la Roma. O ancora, in un'altra occasione: «Mario andrà in tribuna perché questa settimana si è allenato in maniera pessima». Nulla di personale: Mou vuole vincere e Balotelli è un ottimo giocatore, ma Mou vuole vincere secondo le sue regole, il suo metodo, «giocare pensando», e a Mario questo metodo non piace.

Il resto della squadra, giovani e meno giovani, nuovi o veterani, è conquistato da José Mourinho, pronto a tutto per lui. «I miei allenamenti sono completi» spiega il mister a mano a mano che campionato e coppe ci affaticano. «Fai la parte fisica, la tecnica, la tattica. Dobbiamo conciliare tutti questi elementi ma non serve a nulla se poi non ci mettete intensità, attenzione, concentrazione. Quel che seminate in allenamento, sboccia in partita».

Magari le sue parole risultano ai critici – i tantissimi che non amano José – eccessive, pedanti, demagogiche. Noi vediamo un uomo che non trascura nessun dettaglio, che lavora notte e giorno preparando la partita, ossessivamente, faticando. Mourinho detesta il caso, non lascia nulla alla sorte. Sua mamma veniva da una famiglia di possidenti, che aveva però perduto gran parte del patrimonio con la caduta del regime di Salazar in Portogallo, a metà degli anni Settanta. Può darsi che da questo evento traumatico Mourinho abbia tratto l'etica del lavoro, della precisione, l'orrore per l'affidarsi alla fortuna. I genitori lo iscrivono alla facoltà di economia e commercio, lo vedono manager, businessman. Una sera in ritiro, il mister racconta: «Durai solo un giorno, volevo lavorare nel calcio. Il fisico non mi portava a essere un asso in campo e allora eccomi allenatore. Mi iscrivo all'Instituto Superior de Educação Física per studiare scienza dello sport, perché lo sport, e anche il calcio, è scienza».

Abbia o meno ragione, il mister si prepara agli allenamenti come in laboratorio, si sente scienziato con provette e camice bianco. In conferenza stampa non si presenta se non studia prima vita, morte e miracoli di tutti i giornalisti. Legge gli articoli, si fa dire quali domande facciano solitamente, analizza i curriculum, gli hobby, la vita personale, i gusti nel calcio, se tifano per un club, se sono amici di altri allenatori o condividano interessi con presidenti e manager. Le domande non cominciano ancora e Mourinho già sa chi chiede cosa. Accusa certi cronisti di «prostituzione intellettuale», deferenza verso altri club, forse esagerando e questo non lo rende popolare nelle redazioni.

Prima di una partita ci convoca tutti in riunione e spiega cosa fare, poi ci affida uno a uno il compito. Nel 2009-2010, Ibra se ne va al Barcellona e da noi viene Samuel Eto'o, un attaccante che Mou stima per la dedizione alla squadra prima che a se stesso. Passa ore con lui: «Samuel, se tu torni indietro, in questa partita si vince, guarda come...». Quindi passa ad analizzare la squadra avversaria e l'allenatore rivale. Rivede con lo staff le partite recenti, ci invita a fare uno sforzo mentale: «Pensate come pensano loro: al loro posto che faremmo?». Mi guarda: «Zanetti, come credi che ti metteranno in difficoltà? Conoscono il tuo gioco, sai? Ti hanno visto partire palla al piede, capiscono che se Maicon scende sulla fascia tu aspetti. Dunque cosa ci possono fare? E come gli impediamo di farlo?».

Se tutto questo vi sembra troppo cerebrale, se José Mourinho vi appare come un guru astratto del calcio, vi siete fatti un'impressione errata. Da allenatore legge le partite in maniera semplice e lineare. L'enorme mole di studio e i dati macinati al computer vengono distillati in poche righe di analisi: «Guardate, loro giocheranno così e noi così. Ognuno di voi farà questo, questo e questo». Quando ci troviamo negli spogliatoi, durante i quindici frenetici minuti di intervallo, e io magari dico: «Mister, siamo in affanno sulla fascia, ci mettono in difficoltà». Lui, con calma, tira fuori uno dei suoi celebri taccuini, su cui ha già preso gli appunti per provare a risolvere i guai: «Pupi, il rimedio è *pressão* alta, più alta: se tu e Maicon salite il problema mi pare risolto, guarda qui...» e indica sulla pagina lo schema schizzato in panchina. Guarda e pensa, sempre, senza soste, cambiando la partita con geniale chiarezza.

Di questa virtù di José Mourinho ricordo due esempi fra tanti, uno in Champions League e uno in campionato, e penso che li studieranno a lungo nei corsi per allenatori stile Coverciano.

Il primo è in Ucraina, a Kiev, il 4 novembre 2009, nella partita contro la Dinamo di Shevchenko, quest'ultimo bestia nera dell'Inter e dello stesso Mourinho. A noi, con il Milan, Sheva ha già segnato 14 gol, e il quindicesimo lo fa proprio in quella gelida serata. Con Mourinho ha giocato, senza trovare il feeling, al Chelsea, e il mister ricorda: «Shevchenko fu un fallimento in campo, non funzionava proprio con Drogba accanto, e io passai l'estate intera a cercare di portare a Londra Eto'o, purtroppo senza riuscirci».

In tribuna vedo Paula che beve da una grande tazza, e penso a quella volta che, nel gelo di Mosca, a fine partita le chiesi: «Amore, almeno ti hanno dato del tè per scaldarti bene?». E lei, tranquilla, mi risponde: «Altro che tè, Pupi. Siamo in Russia, ho bevuto vodka pura!». Anche noi in campo a Kiev avremmo voluto uno *shot* di vodka per dimenticare: siamo in Champions League con una striscia di otto partite senza vittorie, i giornali titolano *Maledizione Europa per l'Inter*, i milanisti ghignano e tifano per il loro ex attaccante, il grande Sheva.

Nell'intervallo, con calma, come fossimo ad Appiano Gentile a studiare, Mourinho spiega: «Ragazzi, siamo fuori dalla Champions League. Non stiamo pensando bene la partita, dobbiamo cambiare. La difesa passa a tre: tu, Pupi, con Lúcio e Maicon. Samuel più avanti, segui Thiago Motta al centro. Cambiasso, tu vieni con me in panchina. Sneijder vai più avanti, tranquillo, stai più avanzato, e tira. Lo so che non stai bene e fa un freddo cane, ma stringi i denti, ce la fai?».

E Wesley, serissimo: «Sicuro, mister».

«Bene. Milito, in avanti segui Sneijder, come un'ombra. Pensate insieme, prima che lui vada, tu vai con lui, capito?».

Diego annuisce.

«Allora, torniamo in campo con Balotelli ed Eto'o larghi, capito? Larghi! Se vi allargate non possono che seguirvi e aprirsi con voi, così creiamo spazi centrali per Wesley e Diego? Va bene? E se non passiamo subito, Zanetti tu centrale con Thiago Motta ancora più avanti. Tutto chiaro?»

Lo schema flessibile paga: Balotelli, Eto'o, Samuel vanno vicinissimi al pareggio, mancando solo la botta sotto porta. Arriviamo a quattro minuti dalla fine e siamo ancora fuori dalla Champions League. Non ci smontiamo, continuiamo a pensare in campo. E a un certo punto la formula di Mou scatta, vincente. Sneijder pesca Milito e pareggiamo, il Principe non sbaglia quei gol lì. Noi continuiamo a giocare come fossimo in apertura di match, restano invece solo centoventi secondi da giocare, la palla non vuole entrare. Bogush, il portiere avversario, respinge su un Muntari assatanato, riprende la botta di Milito ma arriva – e lo merita per come ha giocato, pur acciaccato – Sneijder a segnare il 2-1. Nell'altra partita del gruppo, Rubin Kazan e Barcellona pareggiano e così, in quattro minuti, da eliminati siamo primi nel girone.

Mourinho confida di aver deciso di allenare quando capisce di non avere le doti per essere un calciatore professionista di primo livello. Al gol di Wesley dubito di quel suo giudizio, perché, avvolto in un piumino nero da omino della Michelin contro il gelo, le mani protette da guanti dello stesso colore, Mou fa uno scatto da centometrista lungo la fascia, schizzando verso la nostra porta. Corre il mister, corre senza abbracciare nessuno, corre contro se stesso, contro il tempo o il destino, non lo so, ma corre come se non dovesse più fermarsi a Kiev. Finché non sbatte, petto contro petto, su Júlio César, che lo placca felice.

Chi era davanti alla televisione – entusiasti gli interisti, depressi i tifosi della Dinamo e tutti i «gufi» – magari avrà pensato: «Due gol in quattro minuti, che fortuna!» o, nell'italiano degli stadi, più crudamente: «Che culo!». Una vita nel calcio mi insegna che non c'è successo senza un pizzico di fortuna, e spesso basta proprio quel pizzico a decidere tra gioia e sconforto. Eppure, vedere in quella rimonta solo fortuna o «culo» è un errore strategico, e ci impedisce di capire come funziona il nostro sport, traendone una lezione proficua per la vita e il lavoro.

La fortuna conta, e molto. Ma conta solo se quella fortuna la cerchi, quando la cerchi, in che modo la cerchi. Se non fai la partita da protagonista, se non fai di tutto per vincere, se rischi poco e non crei occasioni, alla fine saranno più le volte che ti andrà male rispetto a quelle in cui ti andrà bene. Se fai «catenaccio», se non te la giochi per andare a vincere, magari tiri una sola volta in novanta minuti, è difficile che la fortuna ti assista, perché resti sempre lontano dalla porta. Certo, ci possono essere episodi eccezionali, un calcio d'angolo «spizzato» in gol o una «papera» del portiere, ma contando su questi casi da roulette russa non si va lontano, non si vince nulla. Mourinho quella sera vince perché non smette di pensare, si adatta alla difficoltà, cambia la squadra, ci bilancia più in avanti, e allora può correre felice, a ringraziare la dea Fortuna che ha corteggiato con coraggio e che gli ha sorriso. E che non si tratti di casualità lo dimostrano non solo le due stagioni con l'Inter ma la carriera intera di Mou, con Porto, Chelsea, Inter, Real Madrid e di nuovo Chelsea.

La fotocopia di Kiev arriva infatti in campionato a San Siro, nel gennaio 2010 contro il Siena, ultima giornata del girone di andata. La squadra toscana, 30 punti in classifica dietro di noi, la peggiore difesa contro il migliore attacco della Serie A, non si fa però intimidire dalla nostra fama, gestendo l'equilibrio fino al 2-2 e poi passando in vantaggio con Maccarone al 65'. Mourinho ha in squadra giocatori nuovi e poco esperti come Arnautović e Stefanović, non teme di sperimentare, ma a due minuti dalla fine restiamo ancora in svantaggio, e una sconfitta pesa, alla fine del campionato potrebbe costare lo scudetto.

Il mister allora richiama Walter Samuel, il maestro del mate che i tifosi incoraggiano al grido di «The Wall», il Muro. Walter lo guarda perplesso: «Io?».

Il gesto perentorio di Mou non lascia dubbi: «Sì, tu. Vai al centro. In area».

Walter, uno dei difensori centrali più forti della storia, lascia le retrovie, giocherà i pochi minuti rimasti e il recupero da centravanti centrale tra Pandev e Milito. È ancora Wesley Sneijder a pareggiare, con una punizione delle sue all'88', ma la corte alla fortuna non finisce lì. Perché Walter Samuel gioca la sua partita da vero centravanti, riceve al limite dal Drago Stanković, si allunga la palla sul sinistro e, come fosse Eto'o o Milito, segna.

Non ho mai più visto Samuel così emozionato, si leva la maglia, sfoggia nel gran freddo dell'inverno milanese una muscolatura da *boxeur*, sventola i colori nerazzurri verso i tifosi. Alzo gli occhi al tabellone di San Siro: il 93', terzo minuto di recupero. Il mister indica la Curva Nord: «Per voi, per voi, ragazzi!».

In tanti libri, in tanti documentari, articoli e siti web si raccontano la genesi, la storia, le imprese dell'Inter di José Mourinho che vincerà il Triplete nel 2010, cercando il segreto di quella squadra invincibile. Io c'ero e il segreto è non smettere mai di pensare. Mai.

XVII

Il rigorista del secolo

Ripenso a tutto quello che di me vi ho raccontato finora, e mi viene un dubbio. Va bene, sono solare, «fortunato e felice», uno che ha bevuto una birra solo il giorno del suo diciottesimo compleanno e da allora ha fatto finta di brindare a Capodanno per non scocciare gli altri con la propria dieta, che si allena il giorno delle nozze e in spiaggia in vacanza, che prega Santa Rita la notte prima della partita della vita. La marachella peggiore di cui mi sono macchiato è giocare a nascondino per spaventare mia mamma, in un mondo dove Ibrahimović fa il duro, raccontando di come da bambino saltasse sulla prima bici che gli capitava a tiro quando ne aveva bisogno, nemmeno vivesse ancora ai tempi di *Ladri di biciclette*, Tiger Woods vede online i suoi guai con la moglie, Antonio Cassano, il mio compagno di risate, conteggia in pubblico, una per una, le sue conquiste, e perfino Andrea Pirlo, un ragazzo quieto, nel suo libro svela i dissapori con Galliani e la delusione nel vedersi regalare, all'addio dal Milan, solo una penna stilografica alla Fantozzi. Gli amori della campionessa di nuoto Federica Pellegrini appassionano le lettrici di giornali rosa più delle gesta di Paris Hilton, la tragedia del ciclista Marco Pantani e la caduta clamorosa del trionfatore di tanti Tour de France Lance Armstrong scuotono lo sport. Andre Agassi, scusandosi, ammette di aver provato droghe quando era depresso. Ogni calciatore, al primo gol, va in giro in Ferrari con a bordo una diversa, bellissima velina, mentre io sono sposato con la mia ragazza, baciata la prima volta quando andava alla scuola media.

Il quieto Clark Kent alla fine si trasforma in Superman, Bruce Wayne diventa Batman, il dottor Jekyll si tramuta in Mister Hyde, Javier Aldemar Zanetti resta invece sempre Javier Aldemar Zanetti, romanzo giallo senza colpi di scena, film thriller senza nessuna sorpresa finale. È possibile? Forse c'è un momento, un'inquadratura speciale, da grande regista alla Hitchcock o alla Spielberg, in cui trapela uno Zanetti «pazzo», uno Zanetti che non vi aspettereste, capace di tutto, spettinato. Ma manca ancora qualche scena, qualche pagina di sceneggiatura prima di arrivarci. Pazienza, alla fine forse il doppio Dna matto, Independiente-Inter, qualche gene dentro me l'ha lasciato.

La conquista del Triplete da parte dell'Inter viene raccontata come un'invincibile *Cavalcata delle Valchirie*, colonna sonora di Wagner, come nella scena degli elicotteri in *Apocalypse Now*. E invece vi ho già dimostrato come, senza il flirt di Mourinho tra Coraggio e Fortuna a Kiev, saremmo usciti dalla Champions League e nessuno si ricorderebbe di noi. Furono due anni di battaglia, e se il mister ci guidava con il pugno di ferro e il dialogo, noi non smettevamo di «pensare giocando» e di darci dentro, mentre il presidente Moratti ci incoraggiava e soffriva, e i tifosi, ovunque in Italia, in Europa e nel mondo cantavano: «Amala! Pazza Inter amala...». Che con Mou sarebbe stata una cavalcata mozzafiato da Valchirie, lo si era già visto all'esordio, in Supercoppa Italiana, il 24 agosto 2008, al rientro dalle vacanze dopo un'estate caldissima.

Ricordo quella sera a San Siro come una sfilata di crani lucidi: a specchio, abbronzatissimo, Luciano Spalletti, l'allenatore di quella Roma che ci dava tanto filo da torcere, rasato a zero Daniele De Rossi, centrocampista giallorosso campione del mondo, senza un capello, come una palla da bowling, Mario Balotelli in panchina, e Júlio Baptista, poderoso acquisto della Roma, in campo. Mourinho preferisce un taglio leggero, alla George Clooney, mio vicino di casa sul lago di Como. Paula, pur avendo incrociato il grande attore dalle nostre parti, non mi ha fatto mai alcun commento estetico su di lui, eppure quando una volta, durante un trasferimento, vede il mister Mourinho in aereo, torna di colpo la teenager che avevo conosciuto a Remedios de Escalada e cinguetta: «Pupi, non prendertela, ma quanto è bello Mourinho? Quanto?». La guardo storto, ma in quegli anni a Milano tante signore avranno il cuore spezzato dal mister, bello e impossibile.

Giochiamo in casa quella che ormai pare una sfida più lunga di quella Far West all'O.K. Corral di Tombstone, in Arizona, nel 1881, contro una Roma imbottita di assi vittoriosi ai Mondiali: il capitano Francesco Totti, una bandiera della sua generazione e mio rivale in longevità, il suo successore De Rossi, poi Perrotta, Aquilani, Vučinić, Burdisso. Veniamo da duelli continui: cinque nostri successi, cinque vittorie della Roma, tre pareggi. Si contano le coppe e i tifosi litigano: tre scudetti, una Coppa Italia e due Supercoppe Italiane per noi, due Coppe Italia e una Supercoppa Italiana per la Roma.

A questa sfida infinita io ho dato un contributo speciale nel febbraio 2008, quando in volata proviamo a staccare la squadra della capitale in campionato. I romanisti, con impegno, non ci mollano e vengono a San Siro per vincere e rimontare. I loro tifosi sognano lo scudetto che manca dall'impresa con Fabio Capello in panchina nel 2001, e accompagnano ovunque la squadra con cori meravigliosi. Ho grande ammirazione per la curva giallorossa, perché riempie lo stadio Olimpico come poche altre, incoraggia «alla brasiliana» i suoi per novanta minuti, è fantastica.

Quella sera del febbraio 2008 la Curva Sud si trasferisce in massa a San Siro, per incoraggiare il sorpasso romanista. Capitan Totti la premia con un gol dei suoi, noi carichiamo alla grande, come tori delle *pampas*, senza però riuscire a segnare. L'arbitro espelle Mexès per un brutto fallo su Crespo, ma il risultato non cambia. A due minuti dalla fine, quando ormai sembra impossibile aggiustare la partita, una palla rimbalza a campanile appena fuori dall'area della Roma, sotto la Curva Nord di San Siro, dove siede la nostra tifoseria più combattiva e pittoresca, e dove nel derby nascono quei fantastici striscioni a coprire tutte le gradinate (indimenticabile il grande «Vade Retro Satana» di qualche anno fa, indirizzato ai Diavoli rossoneri del Milan).

Vedo un compagno fare un passo verso la palla che rimbalza, poi intuire che io sono più vicino e fermarsi, per non ostacolarmi. Il prato di San Siro in quegli anni è acciaccato come la mia vecchia Disneylandia, un *patchwork* di zolle, erba mal cresciuta, sabbiaccia che affiora, buche assassine per le caviglie. Non c'è da fidarsi, tendo l'occhio e invece in quel punto il pallone non prende nessun effetto ingannevole, si alza pulito verso di me, aspetto che ricada. Dentro l'area della Roma ci sono in quel momento, insieme al portiere Doni, almeno undici o dodici giocatori, una fermata dell'autobus all'ora di punta. Potrei aprire a destra, o a sinistra, per un assist, o tentare un pallonetto a cercare la testa di Maicon. Invece tiro, di destro, non di sinistro come contro l'Inghilterra. Non posso andare dritto per dritto, c'è troppa gente davanti, devo provare un effetto a spiovere, che voli oltre la mischia in area e si insacchi dietro Doni, non sulla gradinata della Curva Nord. Bum, gol. Al rallentatore delle moviole il mio tiro è dolcissimo, una parabola da lezione di geometria con la maestra Nora a Dock Sud: la curva parte dal collo del mio piede, raggiunge l'apice in mezzo all'area, troppo veloce perché i saltatori romanisti la intercettino, poi bruscamente si piega alla naturale legge di gravità, insaccandosi dove Doni non arriva. La Roma, che si era portata a meno 6 punti da noi – cioè solo a due partite di distanza, con la vittoria che vale 3 punti – ritorna a meno 9, respiriamo.

Segnare sotto la Curva Nord è una gioia, la felicità dei tifosi sembra venirti addosso come lava da un vulcano, non riesci a resistere. Quella notte Paula non beveva vodka e non solo perché a Milano fa meno freddo che a Kiev, ma perché aspettava un bambino. Dal campo la saluto, mimando carezze sul pancione, una, due volte, e corro come un pazzo finché Cristian Chivu non mi sbatte sul prato gridandomi nelle orecchie: «Ma che hai fatto, capitano? Che hai fatto?».

Febbraio 2008, agosto 2008. Non sapevo che quell'anno, in quella porta sotto la Curva Nord, il destino mi aveva dato non uno, ma due appuntamenti, e sempre con la Roma testimone.

Quando arriva la finale di Supercoppa Italiana e il bel Mourinho siede in panchina al posto di Mancini, i nostri tifosi vogliono la vittoria e la festa in casa. Partiamo bene: Ibrahimović, che è in una di quelle giornate in cui crea e divora gol da ingordo, ne sbaglia almeno tre in venti minuti. Prendiamo anche una traversa, poi Sulley Muntari segna con un tiro da lontano, 1-0 per noi. La Roma si sveglia dalle vacanze e pareggia con De Rossi, un altro che quando tira la «lecca» da fuori area fa male: 1-1. Mourinho allora manda dentro Mario Balotelli, la Curva Nord, con cui poi litigherà per la maglia buttata con il Barcellona e le foto affettuose con i milanisti, lo invoca, è il beniamino di San Siro. Mario li ripaga con una bomba che Doni non vede neppure, portandoci sul 2-1.

Sono già pronto alla festa, a sollevare la coppa – un diritto e un dovere del capitano – ma in campo c'è Mirko Vučinić, un altro attaccante della razza dei fratelli Inzaghi, quelli che, se gli lasci un quarto di pallone libero, uno spicchio da niente, ti fanno gol. Ormai al 90', a partita finita, su un corner da sinistra, Vučinić «spizza» e batte Júlio César: 2-2, tutto da rifare. I tempi supplementari fanno soffrire chi guarda la partita a fine estate ma non portano a nuovi gol. Si va ai calci di rigore. L'arbitro Rosetti indica che si batteranno nella porta sotto la Curva Nord. I nostri tifosi alzano le ottave dei cori, ma dalla curva opposta le migliaia di romanisti venuti con passione al seguito della squadra rispondono a tono: è bolgia, circo, spettacolo.

Vučinić tira il primo rigore e fa gol, neanche a pensarci subito pareggia i conti Ibra. Quella è gente che butta dentro un rigore come l'impiegato alle poste mette il timbro su una busta, mentre sta chiacchierando con voi dall'altra parte dello sportello, zac, bum, grazie tante. Viene il turno di Baptista, gol, e Mario Balotelli, 2-2. Cassetti manda in delirio i giallorossi segnando il penalty numero tre, mentre la traversa dice di no a «Deki» Stanković, grande specialista dei calci piazzati: andiamo sotto 3-2. Tocca a De Rossi, altro chirurgo dal dischetto: colpo di bisturi e 4-2, con il centrocampista della Roma che irride la Curva Nord e i nostri che schiumano rabbia. Maxwell, freddo, accorcia le distanze per noi, 4-3.

I rigori, spiega la regola, vengono battuti in una prima serie di cinque e si calcola quale delle due squadre prevale. In caso di parità si procede, con un'espressione drammatica che i telecronisti adorano, «a oltranza». Il *Guinness dei primati* cita le squadre inglesi del Littletown e Storthes Hall, che nelle serie minori dello Yorkshire, finale West Riding Amateur League Cup del dicembre 2001, tirano 34 rigori di fila, decidendo poi di continuare l'anno dopo, nel gennaio 2002. Tra i professionisti, nel 2013 in Coppa Libertadores servono 26 calci di rigore di fila per decidere la vincente tra i club argentini Newell's Old Boys e Boca Juniors.

A quel punto, a San Siro, nessuno si attende di andare «a oltranza». In panchina un paio di miei compagni con la pettorina gialla si voltano terrorizzati verso gli spalti per non guardare in campo, come i condannati davanti al plotone di esecuzione che chiedono la benda nera sugli occhi per non vedere la morte. Nessuno di noi si illude: Francesco Totti, che si avvia al dischetto per tirare il rigore match point per la Supercoppa Italiana, non sbaglierà. Il talento e i numeri sono dalla sua parte, le classifiche a volte possono fare confusione ma su questo sono nette. Il grande olandese del «calcio totale» Johan Cruijff ha tirato in carriera 82 rigori, segnandone 76, con una mostruosa percentuale di successo del 92,68%. Il mio amico Roberto Baggio è andato al dischetto 83 volte e, benché invochi il «karma della sofferenza» per il rigore sbagliato ai Mondiali contro il Brasile, ha dato gioia ai suoi tifosi 68 volte, a segno l'81,93% delle volte. Mentre scrivo, Francesco Totti è ancora in attività e può perciò migliorare i suoi fantastici record: ha tirato 79 penalties e ha fatto gol 62 volte. Anche la sua percentuale di successo impressiona, il 78,48%: senza troppi calcoli vuol dire che Francesco la mette dentro quattro volte su cinque. Sul dischetto nessuna pressione esterna lo scalda, come testimonia il «cucchiaio» in semifinale agli Europei del 2000 contro l'Olanda – annunciato in panchina a Gigi Di Biagio: «Mo je faccio er cucchiaio» – o il rigore contro l'Australia ai Mondiali del 2006, tirato con sguardo da killer rivolto verso il basso.

Nel suo libro, che non caso si intitola *Mo je faccio er cucchiaio*, Totti detta la teoria del rigorista perfetto: «Pare facile. Che ci vuole, sono solo undici metri, uno mette la palla lì e tira, la porta è così grande. Ma non è per niente così, i portieri mi sembrano tutti enormi». E, quanto a tirare: «Non c'è un modo migliore di un altro, dipende da come uno si sente. Ci sono però delle regole: non cambiare mai idea all'ultimo momento, mai mettersi a discutere con un avversario prima del tiro, non guardare negli occhi il portiere, respirare prima di calciare». Sono le Regole di Totti, sperimentate con successo nel 79% dei casi.

Quando Totti va sul dischetto, dunque, la festa sembra già finita a casa nostra, a San Siro, sotto la Curva Nord: segnerà il capitano della Roma, ci saranno caroselli giallorossi, ironie contro i nerazzurri. Il calcio ha il suo copione, come a teatro. Fedele alla massima, Francesco non parla con nessuno di noi, non ci ripensa all'ultimo momento, non cambia direzione né accenna la finta, non guarda negli occhi Júlio César. Immagino abbia respirato prima di calciare, eppure la palla picchia inesorabile sulla traversa e si impenna, inoffensiva, verso la nostra curva, dove la passione sembra attrarla come una calamita, a scampare il pericolo. Per un istante si fa silenzio allo stadio, i nostri tifosi sono increduli e felici, increduli e sgomenti i romanisti. Totti ha sbagliato il rigore? Totti ha sbagliato il rigore!

Ripartono i cori, «El Cuchu» Cambiasso pareggia per noi, segna anche la coppia arrivata dal Cile: David Pizarro per la Roma, Luis Jiménez per l'Inter. Sul dischetto va la maglia giallorossa di Juan, tiro, stavolta Júlio César abbranca il pallone e lascia di stucco il compagno brasiliano. Due errori per la Roma, uno per noi, adesso tocca all'Inter tirare: se segniamo la Supercoppa Italiana resta a Milano, se facciamo cilecca si va «a oltranza». Il mister Mourinho indica me: «Tira tu, capitano». D'altra parte il regolamento impone che si alternino tutti i giocatori, uno per volta, e capita che talvolta tirino anche i portieri.

Non avevo mai calciato un rigore nella mia intera vita. Non sul campetto di Disneylandia, non al Talleres né con il Banfield, l'Inter o la Nazionale. Se qualche volta, in allenamento, mi avvicinavo al dischetto, i compagni mi allontanavano ridendo: «No, tu no, capitano, dai...». In tribuna Paula, la mia «*amigovia*», fidanzata, moglie e mamma dei miei figli, la donna che ha sempre avuto fiducia in me, si accartoccia sul vicino, mormorando: «No, Pupi no...». In Argentina, a casa, mio padre sintonizza meglio il televisore, nella stanza con le maglie mie e di mio fratello Sergio e la foto del nostro abbraccio in campo: guarda il suo amico Gustavo, non parlano. Totti, capitano della Roma e rigorista massimo, ha sbagliato il rigore che poteva decidere la vittoria. Sul 7-7, Zanetti, capitano dell'Inter e rigorista debuttante, va a tirare il rigore che può decidere la vittoria.

Non conoscevo allora le Regole di Totti, ma le applico di pancia, d'istinto. Mentre vado a recuperare la palla, in quella Via Crucis di passi, che vede l'area svuotarsi, i compagni allontanarsi, l'arbitro defilarsi prima di fischiare, quando l'attaccante si piazza e il portiere cerca di leggergli il pensiero, mi dico: «Va bene, Pupi vai, niente dubbi, destra, in mezzo, sinistra. Sbaglia pure se devi ma non andare lì a cincischiare, tira da una parte e spera in Dio, non dubitare. Fai una scelta e che ti vada bene».

Gli specialisti del penalty, portieri o attaccanti, hanno lunghe e complicate statistiche, sanno da che parte vanno i rigoristi o in che direzione si tuffa il portiere. Ricordano di aver tirato a destra o a sinistra l'ultima volta che si sono affrontati, hanno rivisto in dvd ogni esecuzione recente, danno vita a un velenoso gioco psicologico: «Se le ultime due volte lui ha tirato a destra, mentre io le ultime volte mi sono gettato a sinistra, allora lui penserà che io penserò e...» e via così in un'angosciosa spirale di dubbi.

Io non avevo idea da che parte si potesse buttare Doni e Doni, per quanto avesse studiato, non poteva aver letto la *Storia dei rigori battuti da Javier Aldemar Zanetti*, un libro che aveva, fino a quella sera, tutte le pagine candide, senza neppure una riga. Così decido: «Botta di destro a incrociare sulla sinistra e vai». Con la coda dell'occhio vedo in panchina un compagno in pettorina che si nasconde per non guardare, ma non penso: «Uomo di poca fede...». Penso se mai: «Hai ragione, vecchio mio, a non guardarmi, neppure Paula starà guardando...». Vado, tiro, gol! Il Capitano porta la Supercoppa Italiana a Milano.

Paula ricorda: «Riaprii gli occhi al boato dello stadio, terrorizzata dal pensiero di sentire la Curva Nord che esalava la sua delusione, mentre i romanisti esplodevano di gioia. Invece era proprio la Curva Nord a cantare e vedo Javier che schizza in campo come un ragazzo, finché le maglie nerazzurre non gli si stringono intorno e lo sollevano sulle spalle. Quella notte l'Inter porta in trionfo il suo capitano, che non l'ha abbandonata nel momento più duro: è festa grande».

La sola regola che mi ero dato a San Siro prima di tirare

quell'unico rigore vale sempre. Quando si fa una scelta si deve essere coscienti di poter sbagliare, ma si deve agire con convinzione, sereni che anche uno sbaglio serve a crescere, se impariamo a non ripeterlo. I calcoli eccessivi non pagano, generano insicurezza. Meglio essere spontanei, mettere in conto l'errore, ricominciare con coraggio comunque vada.

E fu così che, suo malgrado, a trentacinque anni e due settimane, Javier Aldemar Zanetti diventa uno dei rigoristi con la percentuale più prestigiosa della storia, 100% di realizzazioni in carriera: sempre gol, nessun errore, un record pazzesco che condivido con Mario Balotelli.

Balotelli Mario, Milan, Italia: rigori battuti 21, gol fatti 21, 100% di realizzazioni.

Zanetti Javier, Inter, Argentina: rigori battuti 1, gol fatti 1, 100% di realizzazioni.

Come si dice con le icone del cellulare: ;-)

XVIII

Rivincita del «veneziano»

«Presidente, l'anno venturo vinceremo la Champions League.» Noi ascoltavamo e non credevamo alle nostre orecchie. Era l'11 marzo 2009, e il Manchester United di Sir Alex Ferguson ce le aveva appena suonate per 2-0 all'Old Trafford, gol di Vidić e Cristiano Ronaldo, che aveva celebrato a modo suo, volando in surf sull'erba con le ginocchia, a proclamare la vittoria sotto le telecamere. Ibrahimović aveva colpito la traversa, Stanković aveva avuto una grandissima occasione, ma il mister Mourinho non era riuscito a bissare la sua impresa del 2004, quando con il Porto aveva affondato la corazzata United.

Chi si aspettava di vederlo a testa bassa – quelli che in Italia Mou avrebbe denunciato: «Mi diverte il rumore dei nemici» – però si sbagliava. Il mister non era amato, coccolato, vezzeggiato, e le vittorie non gli diedero premi né della critica né dei colleghi allenatori, ma di ciò non sembrava crucciarsi, al netto delle sue sparate in conferenza stampa. Mourinho aveva un metodo logico, lasciava per l'intera giornata che le polemiche si susseguissero sui siti, «Gazzetta dello Sport», «Corriere della Sera», «Repubblica», «Corriere dello Sport», in tv tra Rai, Mediaset, La7 e Sky, e poi, in prima serata, rilasciava una dichiarazione esclusiva a Inter Channel, troppo tardi perché gli altri, per esempio Claudio Ranieri, tecnico della Roma, potessero replicare. Il mister aveva sempre l'ultima parola.

La partita di Manchester aveva confermato le difficoltà dell'Inter in Europa. A colloquio con il presidente, noi presenti, Mourinho spiega, taccuino alla mano, che la sconfitta dimostra la maturazione del team: «Manca un passo e ci siamo». Il passo è, a sorpresa, la cessione di Zlatan Ibrahimović all'onnipotente Barcellona e l'arrivo a Milano del grande Samuel Eto'o. Ibra mormora, secondo i giornali: «Vado a Barcellona perché voglio vincere finalmente la Champions League e qui non la vincerò». I tifosi se la legano al dito, facendo voto di ricordarsi della sfida di Ibra a tempo debito. Eto'o, uomo saggio e intelligente, che aveva descritto una volta la sua condizione di stella del calcio africano con parole struggenti – «Devo correre come un nero per vivere come un bianco» – lega subito con allenatore e squadra, gentile e affabile. Eto'o l'ho visto tante volte prendere da parte Mario Balotelli e parlargli di lavoro, etica, fantasia, di come ci sia spazio per tutto nella vita, senza dare fuori di matto. Capiva che Mario, nato da genitori africani a Palermo e adottato dalla sua famiglia italiana a Brescia, cercava un modello, un sostegno, e con generosità si sforzava di offrirglielo.

Altrettanto a sorpresa arriva a Milano Wesley Sneijder: piccolo, veloce, irrequieto, non ancora famoso, il centrocampista olandese è accompagnato dalla sua bellissima compagna, Yolanthe Cabau, che fa girare la testa ai paparazzi. Nel Real Madrid Wesley ha giocato 52 partite con 11 gol, un buon tabellino, ma si sente snobbato dal club spagnolo e vuole dimostrare al mondo di essere un numero uno: quando Moratti e Mourinho gliene danno la possibilità, vola a Milano, si stabilisce con Yolanthe in una suite dell'Hotel Principe di Savoia e prepara la vendetta contro le «Merengues».

Si dice che la vendetta sia un piatto che va servito freddo, dopo molto tempo, ma nei menu olandesi forse si usa gustarlo bollente, almeno per quel che ho visto fare allo chef Sneijder, al suo debutto, in un insolito derby di agosto contro il Milan. Il derby Inter-Milan, un classico in autunno o in primavera, nella foschia gelida o ai primi profumi di marzo, quell'anno si gioca ancora in estate, in una Milano abbronzata, da infradito ai piedi: i milanisti a riparlare della legnata per 6-0, gli interisti felici per le nuove vittorie e pronti a ripagarli con gli interessi. Per me c'è la voglia di fare bene in campionato fin da subito. In tribuna il presidente del Milan Silvio Berlusconi, venuto a vedere il debutto della sua squadra, sorride insieme a Adriano Galliani, almeno finché la partita non comincia. Non appena si parte, infatti, Wesley Sneijder, mentre i tifosi più distratti ancora chiedono: «Chi è poi quel piccoletto là?», fa partire una botta spaventosa da trentacinque metri che il portiere Storari para a fatica.

Non parerà invece i gol di Thiago Motta, Milito, Maicon, mentre le piroette di Wesley ubriacano a tal punto Rino Gattuso che l'arbitro, all'ennesimo fallo, non può che espellere il milanista soprannominato Ringhio, oggi allenatore del Palermo. Il gol del 4-0 – di poker parleranno i titoli di giornale – arriva da una grande trovata di «Deki» Stanković, che segna tirando da così lontano che tutti gli diciamo: «La prossima volta tira da casa e fai prima, Drago...». Sulley Muntari si inginocchia e mima il gesto di lustrargli le scarpe, come a dire: «Meriti tutto, "Deki"». Io, al secondo gol, capisco che abbiamo la partita in mano, ed esplodo a centrocampo in un: «Evvai! Cazzo...». Spero che le signore in tribuna non abbiano colto, ma la mostruosa Internet conserva tutto, anche la mia frase in bel primo piano. Dovrò spiegare ai miei figli, quando cresceranno, che il labiale non è corretto, e che mi ero limitato a dire: «Evvai! Cavolo...». Ma, come diceva la moglie del «Cuchu», mentre il marito imprecava davanti alla propria bambina: «*Fútbol es fútbol*», il calcio è calcio.

Restituiamo il cappotto al Milan, e i nostri tifosi conquistano diritto di sfottò. Un amico, avido macinatore di statistiche, mi manda quella notte un sms: «Capitano, l'Inter non batteva il Milan con quattro gol di scarto da trentadue anni. Bravi». Non sono mai andato a controllare se sia vero, non mi curo troppo dei numeri, meglio lavorare in campo. Ma mi fa piacere, per il presidente e per i tifosi, non per arroganza contro i giocatori del Milan. Quell'Inter, come dimostrano il debutto senza problemi di Sneijder, il gesto spiritoso di Sulley Muntari con «Deki», e perfino il mio labiale non da galateo, è squadra di amici. Festeggiando il poker di gol al Milan nessuno va a provocare la curva o gli avversari, gesti che detesto, non da professionisti. Al contrario, ridiamo tra noi, ridiamo di noi, ci prendiamo in giro con affetto come compagni di scuola: «Ma che fai, il fenomeno? Be', allora dillo che sei un grande...».

Maicon, al suo gol, ci lascia di sasso e scatta. Ho corso per anni accanto a Douglas in campo e fuori, e quando lui scatta, scatta davvero, non gli si sta dietro. Quella notte se ne va a scalare la tribuna, saltando i cartelloni pubblicitari come fosse un finalista olimpico dei 400 metri ostacoli. Un gruppo di amici è lì per lui, e lui festeggia beato con loro, poi si degna di accettare il nostro omaggio. Che tipo, che squadra! Siamo una squadra di amici, che pensa come il mister ci ha insegnato, che si diverte a lavorare, è felice, rispettosa, fortunata. Io mi definisco «fortunato e felice», quell'Inter ha il mio stesso Dna.

Quante volte in campo ho visto arroganza, il petto buttato in fuori, il giocatore che, quando un compagno di squadra incassa un fallo, invece di rasserenare gli animi e invocare la calma, si getta avanti come cercando la rissa da saloon, bene attento che gli ultras si accorgano delle sue deprecabili gesta. Non mi piace questa prepotenza, non mi piace quando l'allegria, la solidarietà, il rispetto che, pur tra avversari, devono sempre governare la partita, cedono il posto alla spocchia. A livello internazionale ci sono giocatori anche bravi, Piqué, Chiellini o Bonucci (quest'ultimo cresciuto nell'Inter, l'ho visto allenarsi accanto a me quando era nella nostra Primavera) per esempio, che entrano in campo come aristocratici alla corte del Re Sole: guardano tutti dall'alto in basso, squadrano sprezzanti gli avversari, esagerano in veemenza. «Datevi una calmata, ragazzi» mi viene da dire loro. Il calcio è un gioco, è uno sport, per noi è anche lavoro, ma è inutile caricarlo di stress. La vita è già lunga, difficile, la fortuna capricciosa, gira a suo piacere: meglio stringersi la mano, incoraggiarsi, ricordare quel che ci unisce e non quel che ci divide. Purtroppo non tutti la pensano così.

Questi sentimenti sono però condivisi dai ragazzi la sera del derby, per la gioia del loro capitano, e perciò non li dimenticherò. Certo, ricorderò con orgoglio le vittorie, il bellissimo gioco in campo – tre tocchi e via in rete, come insegnava il mister lustrandosi gli occhi – ma soprattutto ricorderò il clima tra noi, il gusto di ridere dopo un gol come scolari che l'hanno fatta grossa, senza che la maestra se ne sia accorta. Giocare con Júlio César e Maicon, non mollare mai come Lúcio e Sneijder, recitare una preghiera, assorti prima di un gol pazzesco, come Milito, correre da giganti africani del fondo come Eto'o, rischiare la vita da pilota di Formula 1 come Chivu, realizzare in campo schemi ideati a tavola con la saliera come «El Cuchu» Cambiasso... Quello era il nostro, mitico, ritmo! Vincere tutto e restare ragazzi normali, la virtù più grande.

Mourinho ci ha fatto capire che pensare senza ingrugnirsi, lavorare divertendosi, faticare insieme restando (o diventando) amici, ci avrebbe portato sul tetto del mondo. Con il suo modo di fare – insieme da profeta, duro di Hollywood che castiga i nemici e fa innamorare le bionde e manager che calcola costi e ricavi in ogni affare – pur battuto dallo storico rivale Ferguson del Manchester United, il mister può annunciare al presidente Moratti: «Vinceremo in Europa».

Prima però, partendo dal 4-0 al Milan, vinciamo in Italia. E non è per nulla facile: la Roma tiene duro fino alla fine, e stavolta riesce in quel sorpasso che nel campionato 2007-2008 il mio gol a San Siro aveva esorcizzato, superandoci in classifica. Spesso ho scritto in queste pagine: «Sono positivo, sono solare...». Ma capita a volte che qualcuno mi chieda: «Capitano, ma che cosa vuol dire essere ottimisti? Come fai tu?». È la mia natura, ha a che fare con l'educazione di Rodolfo e Violeta, oppure con i geni, non lo so. So che quando la Roma ci passa davanti e noi con Mourinho sembriamo aver perso il campionato, non perdo il buon umore, sicuro che alla fine avremmo vinto. Perché? Non lo so.

Di sicuro mi arrabbio di brutto quando pareggiamo a Firenze 2-2 e la Roma, battendo l'Atalanta, va in testa. Sfortuna? No, colpa nostra. Siamo in vantaggio per 2-1, e su una palla ferma Krøldrup ci fa gol, con tutti noi immobili come belle statuine e il secondo palo sguarnito. Al ritorno a Milano sono molto triste. Devo richiamare la squadra subito: «Ragazzi,» mi lamento «se facciamo queste cazzate tutto il lavoro sfuma». Mi accorgo però di non toccare i tasti giusti. Il resto della squadra, anche i più tosti, Júlio César, Maicon, Stanković, Samuel, è dubbioso: «Domani la Roma fa tre gol all'Atalanta, li asfalta. Giocano in casa, hanno il calendario dalla loro, quando mai li riacchiappiamo?». La depressione è in agguato, c'è bisogno del capitano. Cambio tono, e dopo la rabbia torno solare: «Calma, ragazzi. Abbiamo visto momenti peggiori, e ne siamo usciti insieme, giusto? Ora la pressione è su di loro, la città di Roma li metterà in una pentola d'entusiasmo, dovranno restare freddi, e non è facile lassù, lo sapete, visto che ci stiamo dal 2006. Vediamo...».

Claudio Ranieri guida una Roma quadrata, brillante, con Francesco Totti in regia. Il montenegrino Vučinić, nel suo italiano d'assalto, sintetizza allora l'umore dell'intera capitale: «Stare in testa è una situazione molto bellissima, speriamo continui». Davvero per i romanisti intravedere la vittoria è «molto bellissimo», ma per noi invece è «molto bruttissimo», e con Mourinho studiamo il calendario, come indovini che scrutano perplessi la palla di cristallo.

«Loro hanno il derby con la Lazio» ripete il mister, rileggendo appunti che conosce a memoria.

«È sempre una partita difficile» rispondo io, e intorno a me i ragazzi annuiscono.

«Quindi hanno la Sampdoria in casa e chiudono a Verona con il Chievo, giusto?» chiede il mister.

«Sì, a Verona, mister.»

«Cosa ne pensi, capitano?» insiste Mourinho alzando gli occhi su di me.

«Be', lo stress tocca a loro. Noi siamo obbligati a vincere dall'inizio del campionato, siamo sempre stati avanti. Se sono capaci di mantenere la testa nelle giornate che restano, chiamerò Totti per fargli i complimenti» rispondo.

«E poi...» insiste ancora il mister con aria enigmatica, come di chi custodisce segreti sconosciuti al resto del mondo.

I ragazzi cadono nella trappola e, a una voce, chiedono: «E poi che cosa, mister?».

Mourinho, solenne, scandisce: «Poi la Roma non mi sembra così in forma, sta rallentando. Con l'Atalanta tutti prevedevate la goleada e invece è arrivato un 2-1 risicato. Non è la solita Roma che gioca a memoria, benissimo. Una cosa è quando tu rincorri, magari aspetti, sei leggero. Adesso devono dimostrare quanto sono bravi».

Era vero. Dopo aver rivisto la partita della Roma, mi ero messo in tasca un ritaglio della «Gazzetta dello Sport»:

> All'8' l'Atalanta, che ha cambiato testa nella ripresa, trova il gol con Tiribocchi, che approfitta di un'indecisione di Riise e solo in area batte Júlio Sérgio. I nerazzurri prendono coraggio e diventano padroni del campo. Sfiorano il pari con una doppia occasione Ferreira Pinto-Tiribocchi su cui si supera Júlio Sérgio e Valdés sulla sinistra fa troppo spesso quello che vuole. La partita diventa più nervosa: Ménez viene ammonito per simulazione e poco dopo rischia il secondo cartellino per lo stesso motivo. Così quando Ranieri richiama in panchina Totti per inserire Brighi, il capitano suggerisce di togliere il francese: «Sennò lo caccia» dice al

tecnico. L'Atalanta preme fino alla fine, la Roma tiene in un Olimpico carico di ansia e di felicità.

La felicità la conosco, so che è difficile conquistarla e molto difficile conservarla. Il mister alza la pressione su tutti noi, come sempre. In allenamento ci fa il mazzo, senza eccezioni. Uno per uno, rimarca gli errori, le dimenticanze, la scarsa intensità, la poca concentrazione. Arrivato davanti a me, mi squadra, fa mezzo passo avanti, quasi a passare al prossimo compagno, poi ci ripensa, torna indietro e dice: «Tu poi, Zanetti, anche tu... tu non corri in campo, no! Tu cammini!».

So di non poter incassare senza rispondere, un capitano deve difendere il prestigio davanti ai compagni e, con calma e rispetto, obietto: «Cammino e non corro? Mister, mi puoi dire tutto e l'accetto, ma non ho mai camminato in partita».

Mourinho fa quel test per ridarci carica, per dire ai compagni: «Se strapazzo Zanetti, il capitano, non sentitevi messi sotto quando tocca a voi. Siamo tutti uguali, insieme vinciamo, insieme perdiamo, nessuna star».

Giorno dopo giorno i compagni si dividono in quella rincorsa, la prima in campionato per noi dal 2006. Ci sono gli scaramantici, tutto il giorno a toccare ferro, entrare in campo solo con il piede destro, o con il sinistro, lo scarpino slacciato, o allacciato, insomma un continuo esorcismo. Ci sono i pessimisti, quelli che mi fanno: «Te lo dico io, Pupi, o la Roma perde punti nel derby o è finita per noi». Ci sono i sereni, che continuano come se nulla fosse. E infine ci sono gli ottimisti, come me.

Stiamo tornando in treno da Firenze, e un compagno, cupissimo, mi dice: «Siamo finiti, capitano».

«Tranquillo, vinciamo noi.»

«Ma dai, lo dici solo per tirarmi su.»

«Vedrai che alla fine ho ragione.»

Quando arriva il derby Roma-Lazio, con la città in delirio, il mio ottimismo sembra per una volta fuori posto. Mi piazzo davanti alla televisione e assisto al primo tempo devastante dei laziali: 1-0, l'impressione è che la Lazio non possa che vincere. Un'impressione confermata nel secondo tempo quando, in uno stadio Olimpico catino di tifo, canti e cori, l'arbitro assegna un rigore ai biancocelesti. Sul dischetto va Floccari e piazza la palla che profuma di scudetto per noi: rincorsa, tiro, cilecca. Le partite hanno una loro storia, così la Roma toglie il freno a mano e dal possibile 2-0 per la Lazio prima pareggia, poi va in vantaggio e vince 2-1. Al lunedì i compagni pessimisti mi mettono con le spalle al muro: «Capitano, sono ancora avanti di due punti, noi possiamo anche continuare a vincere ma dopo il derby, con quel rigore sbagliato dalla Lazio, sono guai...». Gli scaramantici raddoppiano i riti, Mourinho riempie i taccuini di scarabocchi, appunti, idee come se potesse giocare anche le partite della Roma, non solo le nostre. Quindi tocca alla Sampdoria, all'Olimpico. Noi vinciamo una partita tranquilla con l'Atalanta, talmente tranquilla che non la ricordavo nemmeno più e devo controllare il tabellino su Google.

Paula mi prende sempre in giro: «Javier in casa è distratto, con la testa al campo. Una mattina mi sveglio con un po' di influenza, mi rigiro nel letto, faccio per alzarmi e lui mi dice: "No, no, sei matta? Non vedi che stai male, vado giù a scaldarti io qualcosa, tu resta a letto, al calduccio". È la prima volta che si offre di prepararmi la colazione da quando viviamo insieme, accetto volentieri. Socchiudo gli occhi sotto le coperte e aspetto il vassoio con latte, tè, brioche come in un hotel di lusso. Dopo un po', non sentendolo ancora arrivare, chiamo: "Tutto ok, Pupi?". E lui, mentre si sente un gran armeggiare in cucina, mi risponde: "Bene, bene, un attimo ancora". I minuti passano, e allora, rassegnata, infilo le pantofole ai piedi, mi copro con un maglione e assonnata arrivo di sotto. "Che succede Javi?" "Niente, amore, solo che non riesco ad accendere il fornello" e continua a far brillare un fiammifero dopo l'altro, sempre più nervoso, mentre il gas sibila puzzolente nella stanza. Senza una parola spingo il pulsante, scocca la scintilla, il fornello si accende. Stupore sul volto di mio marito, come un uomo delle caverne davanti al primo falò: "Amore, abitiamo in questa casa da anni, come hai fatto a non accorgerti che i fornelli hanno l'accensione elettrica?"».

Che figuraccia! Lo so, sono «distrazioni», ma se invece parliamo di calcio, magari di una remota partita con la Cremonese posso dirvi il gol, il minuto e chi ha fatto l'ultimo passaggio. Il fatto che non mi ricordi, e abbia dovuto controllare, con chi abbiamo giocato mentre alla Roma toccava la Sampdoria, testimonia solo che io, il mister e tutti i compagni eravamo sicuri che non ci sarebbe stato un nuovo 5 maggio 2002. Noi avremmo fatto la nostra corsa senza inciampi, contava solo che fosse la Roma a fare un passo falso. Anche se, a dire il vero, Google mi ricorda poi severo che quella partita proprio una passeggiata non fu: l'Atalanta andò in vantaggio subito con Tiribocchi, e ci volle mezz'ora perché Milito e Muntari raddrizzassero la barca, fino al rassicurante 3-1 di Chivu.

Paula era volata in Argentina dai suoi, quella sera mi chiama Diego Milito e mi dice: «Pupi, senti, io non resisto a questa tensione. Per favore, vieni a vedere la partita a casa mia, stasera sei solo, se ti va porta un paio di amici, ci ordiniamo una pizza». Accetto l'invito e vado da Diego: è con la moglie e la bambina piccola, ci piazziamo sul divano, megaschermo acceso. Nel primo tempo gioca solo la Roma, Totti che segna l'1-0 e potrebbe raddoppiare se il portiere della Sampdoria Storari non facesse un miracolo. È sarabanda, Burdisso salva su Cassano, Milito sul divano si agita, poi Ménez per la Roma sbaglia facile e ancora Vučinić prova la botta sicura da solo, senza passarla a Perrotta, liberissimo, che lo manda al diavolo, i due litigano, mette pace Totti.

«La Roma è tesa» faccio io. «Ha i nervi a fior di pelle.» Ma lo dico per tenere alto il morale.

Diego Milito ha il muso lungo fino a terra: «Negativo Pupi, negativo, che cosa ti avevo detto? Questi vincono lo scudetto, niente da fare, cavolo, 2-0 nell'aria...».

Non posso che restare nella parte che mi sono scelto nella commedia, quella dell'ottimista, mi tocca per ruolo. Non so perché, ma sono fiducioso: «Accadrà il contrario che in passato, rimonteremo noi».

In quel momento suonano alla porta, è l'uomo delle pizze. Milito apre sovrappensiero, ma il tipo quasi gli salta in braccio: «Diego! Diego! Ma sei tu? Con tutti i gol che hai fatto... sono il tifoso interista numero uno e un tuo fan da sempre, ti posso raccontare ogni dribbling... Grande Diego! Forza, mi fai l'autografo per favore?». Poi sbircia nel soggiorno: «Ma c'è pure Zanetti! Capitano, capitano, sempre forza Inter!». La moglie di Milito si alza sorridendo per pagare la pizza a quel ragazzo entusiasta. Diego, centravanti della squadra campione d'Italia e in corsa per diventare campione d'Europa, un asso conosciuto in tutto il mondo, lo guarda e gli chiede disperato: «I miei gol? I miei gol? Mi sai dire tu cosa contano adesso tutti i miei gol, tutto il lavoro fatto, tutti i sacrifici, se stasera la Roma batte la Sampdoria e noi perdiamo il campionato? Che dici? Guarda tu stesso...» e indica al nostro tifoso lo schermo, con la scritta impietosa: «Roma 1 Sampdoria 0». Lui lo incoraggia senza perdersi d'animo: «Forza forza! Andrà bene...». La moglie di Milito paga la pizza e dà la mancia al tifoso, mentre Diego prende in braccio la bambina e si risiede sul divano, nero in volto, per il secondo tempo.

Ricomincia la partita, ma è una partita diversa, un incantesimo pare essersi spezzato. La Sampdoria attacca e attacca. La bambina, malgrado il volume della telecronaca a palla e il nostro tifo da ultras, si addormenta placida in braccio al papà, e allora la mamma mormora: «Diego, la bambina dorme. Dammela, la metto a letto...».

Serissimo, Diego Milito, il padre più sollecito e amorevole che ci sia, un uomo serio e intelligente, un cattolico praticante, stringe al petto la figlioletta, dicendo: «Neanche per sogno, Sofi. Appena l'ho presa in braccio la partita è cambiata. La pupa sta qui, in braccio al papà» e le sorride mentre ronfa beata.

Quando la Sampdoria pareggia con Pazzini, su assist di Cassano, urliamo e «battiamo il cinque» come in curva allo stadio. Ci abbracciamo, trasciniamo il divano più vicino alla televisione, ma Milito, come se proteggesse la figlia dall'uragano della vita, la tiene stretta. «Dai Diego, ti prego, dammela. Le cambio almeno il pannolino» insiste sua moglie. Lui non la guarda neppure: «Hanno segnato l'1-1 mentre lei era in braccio, Sofi. Mia figlia dorme qui con me fino al 90', capito?».

Claudio Ranieri, esperto allenatore della Roma, capisce di essere all'«ora o mai più»: fa uscire Perrotta, al suo posto entra Luca Toni, i giallorossi hanno quattro attaccanti per cercare il gol che vale lo scudetto. In casa Milito il frastuono è infernale, la pupa spalanca gli occhi, mentre in campo Roma e Sampdoria se le danno di brutto. «Vedi? Adesso si mette a piangere, ti dico. Dammela, la cambio e la metto a nanna» si fa avanti decisa la mamma. Diego, divincolandosi come davanti a un terzino in tackle, chiude perentorio: «Amore, niente sonno, niente pannolino, niente pianto, la bambina sta benissimo in braccio a me». E la figlioletta, orgoglio di papà goleador, invece di piangere, sorride beata, poggiandogli la testina sul braccio.

Cinque minuti dopo, lancio in contropiede per Pazzini, la Roma sbilanciata, Burdisso e Riise si perdono lo scatto del Pazzo che segna il 2-1 per la Sampdoria. Dove sei Victor Hugo Morales, telecronista e voce della mia infanzia? Con te voglio urlare: «Gooooooooool... Gooooooooool... Golaaaaaazooo!». Cominciamo a fare i calcoli, orologi alla mano: «Manca tanto... più il recupero...». Storari vola e para, è la sua partita della vita e noi ogni volta: «Olèèè!». Il conto alla rovescia ci tormenta, fino al fischio finale: Roma 1 Sampdoria 2. Siamo di nuovo in testa noi, due punti a tre giornate dalla fine, padroni del nostro destino. Vorrei urlare alla Vučinić: «Molto bellissimo!», ma scoppio invece a ridere, piegato in due sul divano perché, solo quando cominciano le interviste con i giocatori e la partita è finita – finita! – Diego Milito riconsegna la figlia alla mamma, non prima di averle scoccato un super bacio: «Sofi? Amore? Eccola, grazie, l'ha vinta lei questa partita!». Il destino ha deciso, e a tutt'oggi Diego Milito resta persuaso che sia stato l'abbraccio fatale tra lui e la figlia a piegare la Roma.

Mentre noi ridiamo sul divano, le telecamere cercano in campo le reazioni allo choc. Mexès, difensore della Roma, piange a dirotto seduto in panchina, perduta la speranza. È la stessa panchina su cui ho visto Ronaldo singhiozzare il 5 maggio 2002, lamentando, come Mexès, uno scudetto sicuro e smarrito. Mi faccio serio davanti alle nuove lacrime su quella panchina infelice. Lo sport ha i suoi riti e i suoi appuntamenti crudeli, pianto e riso ruotano, inesorabili.

Tornando a Como, verso casa, passo tanto di quel tempo al cellulare da rischiare ogni punto residuo sulla patente. Mi chiama Paula da Buenos Aires: «Siamo primi, siamo primi!» le dico, e impazzisce quando le racconto di Diego, del ragazzo delle pizze e della figlia. Chiama mio padre Rodolfo, imperturbabile: «Che ti avevo detto, Javier? Siete tornati primi. Ora vincete e per celebrare facciamo un *asado* con almeno quattro vitelli e senza maiale, che tanto a te non piace».

In squadra, tra gli amici e i tifosi, i cupi presentimenti scompaiono. Adesso trionfano i sorrisi da pubblicità del dentifricio e le pacche sulle spalle: «Visto capitano? Che cosa ti avevo detto? Si vince!». Come se io, l'unico ad averci creduto insieme al mister, fossi stato il solo pessimista. «Batto il cinque», non provo nemmeno a ristabilire la verità. Siamo fatti a questo modo noi esseri umani, e non solo nel calcio: ciascuno ricorda le cose come vuole, ci aggiustiamo il passato a piacere. Non me ne lagno, siamo di nuovo in testa, è la sola cosa che conti ormai.

Giochiamo allo stadio Olimpico ancora una partita, contro la Lazio, con la tifoseria biancoceleste e quella nerazzurra affratellate in un comune «Battete la Roma», invito che dà origine a striscioni divertenti, come quello in romanesco dei tifosi laziali rivolto ai propri giocatori: «Scansateve». In campo la partita è routine, la Lazio già tranquilla, noi decisi a vincere: i gol di Samuel e Thiago Motta ci danno i tre punti.

Arriva l'ultima giornata e ci tocca la trasferta di Siena. Là capisco quanto l'Italia non interista detesti José Mourinho. Si percepisce nitido nell'aria il «rumore dei nemici»: il presidente del Siena Mezzaroma si dichiara «romanista a oltranza» e assicura che ci batteranno. In giro si parla di un premio in caso di vittoria per i giocatori senesi di due milioni di euro. Mezzaroma smentisce, ma conferma di sperare che lo scudetto vada ai giallorossi. Mourinho non si tira indietro, come sempre nei momenti di tensione, e dichiara a mezza voce, quando battiamo i giallorossi in finale di Coppa Italia, nuovo match della maratona Milano-Roma: «Ora la Roma non deve più pagare il premio Coppa Italia, chissà se è disponibile a dare qualche soldo in più al Siena per batterci all'ultima di campionato».

«Mister, ti prego, stai zitto… Quella sarà la partita della morte, non li gasare di più!» lo imploriamo. Lui, imperterrito, fa salire la pressione, per caricarci.

Un giornale della capitale raccoglie la battuta di Mou ed è l'inferno. La Roma convoca gli avvocati, c'è aria di querele, perfino il Parlamento italiano ribolle: il capogruppo del Pdl al Senato, Maurizio Gasparri, romanista sfegatato, detta alle agenzie una dichiarazione ultras: «Evidentemente Mourinho per i troppi successi si è ubriacato. Può darsi che dopo la vittoria in Coppa Italia abbia prolungato il brindisi fino alla mattinata. Quando riacquisterà il controllo dei propri sensi si renderà conto di aver fatto una battuta dopo l'euforia…». Insomma, siamo diventati un caso politico nazionale.

Immagino che José Mourinho abbia concepito l'idea di lasciare l'Italia in quei giorni. Ha vinto, ma sa che gli ambienti ostili, i «nemici», lo aspettano alla prima sconfitta per linciarlo. Un giorno, mentre camminiamo in silenzio sui prati della Pinetina, senza che nessuno possa ascoltarci, mi dice, non so se confidandosi o parlando a se stesso: «Bisogna sempre andare via da vincenti, ricordalo. Anche in Italia».

Ci toccano tre finali, una dopo l'altra, slalom da esaurimento nervoso. Il 5 maggio 2010 allo stadio Olimpico, la finale di Coppa Italia contro la Roma, otto anni esatti dopo la rotta con l'Inter di Cúper e Ronaldo. Il 16 maggio a Siena, contro i fantasmi, i «gufi» e i furbi, per la partita che vale il quinto scudetto consecutivo, un record riuscito solo alla Juventus nei primi anni Trenta. Il 22 maggio a Madrid, contro il Bayern Monaco, per la terza Champions League della storia dell'Inter, tutte con un Moratti alla presidenza.

A Roma giochiamo la finale di Coppa Italia, dovrebbe essere campo neutro ma ovviamente siamo fuori casa. I nostri tifosi sono accorsi a frotte ma all'Olimpico i romanisti dilagano. Scendiamo in campo in una pioggia di fischi. A me i fischi degli avversari hanno sempre fatto da stimolo, uno stimolo per l'orgoglio. Piuttosto, sono i fischi dei tuoi tifosi che fanno male, quando ti beccano. Ma quell'anno, per fortuna, non ne sentimmo mai uno.

La finale di Coppa Italia riceve il solito timbro di Diego Milito, in gol al 40' del primo tempo. Poi più niente da fare per l'attacco della Roma. Mourinho prepara la partita costringendoci «a pensarla» con lui: «Andremo con un 4-3-1-2. Oggi giochiamo la prima di tre finali, poi ci tocca Siena e quindi Madrid. Una maratona, non possiamo sprecare le forze: ognuno di voi deve dare tutto, sapendo però lasciarsi dentro l'energia per gli altri impegni. Io vi alternerò: ricordatevi, insieme si vince. Quindi, davanti a Júlio César, difesa a quattro: tu Maicon con Córdoba, Materazzi e Chivu. Lúcio, tu giocherai a Madrid. A centrocampo andate in tre: Cambiasso, Thiago Motta e tu, Zanetti. Se la Roma sale coprite gli spazi, ok? Dietro le punte vai tu Sneijder e in avanti voi due, Milito ed Eto'o. Va bene?».

Va benissimo mister, ma gli schemi durano solo finché non si esce dallo spogliatoio, poi comincia la partita e i piani vanno all'aria. Non facciamo in tempo a entrare che dagli altoparlanti parte l'inno della Roma, anziché le formazioni o l'inno nazionale di Mameli. Mourinho sbotta: «Ma siamo in campo neutro o giochiamo in trasferta a casa della Roma? Be', allora se finisce 1-1 la coppa viene con noi a Milano, perché il nostro gol vale doppio!».

Provano invano a calmarlo, l'arbitro fischia, si comincia. Per spiegare subito che aria tira, Burdisso, un argentino ex interista, entra a gamba tesa su Sneijder, che si rotola dal dolore. Arrivano i sanitari dalla nostra panchina, e fanno il segno: «Cambio! Cambio!». Corro a vedere, Wesley ha sulla coscia destra un livido gigante, non ha giocato neppure sessanta secondi e deve uscire. Risento nelle orecchie la voce di Mourinho: «Ognuno di voi dovrà dare tutto ma usando bene le forze». «Hai ragione, mister» mi dico. Al posto di Sneijder entra Mario Balotelli, poi Maicon e Thiago Motta vanno vicini al gol, finché esplode la nostra curva perché Milito ha segnato. L'arbitro Rizzoli annulla. Vedo a bordo campo Mourinho che, nella calca, furioso, studia il replay su un monitor, poi il funzionario della Federcalcio lo allontana, piegando lo schermo. Volano scintille.

Anche Balotelli e Toni vanno vicini al gol. Eto'o, Vučinić e De Rossi se ne dicono di tutti i colori a centrocampo con l'arbitro a sedare il caos, è corrida. Per «matare» il toro Roma, Milito corre da solo verso il portiere Júlio Sérgio e lo infila con una stilettata. Troppo presto per la festa, la Roma preme, una rissa via l'altra. Burdisso, ammonito, pesta Balotelli, la panchina dell'Inter chiede il secondo giallo e l'espulsione, Rizzoli non ascolta e caccia invece Lele Oriali, dirigente nerazzurro, campione del mondo nel 1982, cantato da Ligabue in una sua ballata: «Una vita da mediano, lavorando come Oriali, anni di fatiche e botte e vinci casomai i Mondiali...». Ci sono spallate tra Mexès e Materazzi, tra Perrotta ed Eto'o, Totti viene ammonito per reazione su Milito, quindi il patatrac. A cinque minuti dalla fine viene ammonito anche Mario Balotelli, dispute schiumanti intorno all'arbitro, Mario caracolla via indolente: «Prendetemi se vi riesce». Totti non ci vede più e, inviperito, gli molla un calcione da dietro. Rosso, espulsione.

Alziamo la Coppa Italia in un frastuono di fischi e applausi: il duello lunghissimo con la Roma, una squadra forte con un pubblico meraviglioso, finisce bene per noi. In bacheca va il primo trofeo del Triplete, il «primo titulo», come ripete tutta Italia, prendendo a prestito una battuta di Mourinho che parlava di «zero tituli» avversari.

Il secondo «titulo» deve arrivare da Siena, in campionato, in quella trasferta che per me è stata la più difficile delle tre finali del Triplete. Dobbiamo vincere a tutti i costi, pur in vantaggio di due punti sulla Roma, perché abbiamo pareggiato e perso nei due scontri diretti: con il pareggio a Siena saremmo arrivati insieme a 80 punti, e lo scudetto sarebbe andato, per regolamento, sulle maglie giallorosse. Nessuna via d'uscita, dunque, e seconda finale secca: vincere o perdere.

Alla fine del primo tempo la Roma è campione, proprio come quando nel 2008 a Parma toccò a Ibrahimović, sotto la pioggia, toglierci dai guai. Segnano Vučinić e De Rossi a Verona contro il Chievo, i romanisti devono ora solo aspettare. In panchina a Siena il mister ha due laser al posto degli occhi. Non parla, ci guarda come per ipnotizzarci: «Pensate! Pensate!».

Ekdal, Maccarone, Jajalo, pur con una squadra già retrocessa in Serie B, cercano di far felice il presidente Mezzaroma e tutta la Roma giallorossa. Scoccano tiri che la nostra difesa non sa fermare e che impegnano Júlio César. Il Siena reclama un rigore per fallo di mano in area di Thiago Motta. Io a centrocampo cerco di tenere il filo, di non agire con impazienza, lavorare senza ansia. Grido ai miei compagni: «Niente esitazioni, nessuno spazio!».

Milito tira a botta sicuro contro Curci, il grido «gol!» mi riempie la gola, ma niente, superba parata del portiere. Il tabellone segna 52', come me lo guarda ipnotico anche il mister. Mourinho non perde tempo: fuori Thiago Motta e dentro Pandev, serve accelerare, pressare, questo è il messaggio. La Roma non era riuscita a segnare contro la Sampdoria con un poker di attaccanti, adesso ci proveremo noi: in campo ci sono insieme Eto'o, Milito, Balotelli, Pandev. È partita a scacchi, il Siena insiste: fuori Maccarone dentro Calaiò. Non serve, però, perché lo scacco matto nerazzurro è pronto, anche se lo impone al 56' non un re, come sulla scacchiera, ma un principe, il Principe Milito.

Quel gol, che risolve la seconda delle tre finali del Triplete, è un ricordo «molto bellissimo». Tardelli mi rimproverava: «Porti troppo la palla». Mourinho mi aveva rampognato: «Cammini, non corri». I compagni mi prendevano in giro, chiamandomi «veneziano», cioè chi, proprio come i bambini che giocano fra le calli a Venezia, tiene palla per non perderla per sempre fra i canali. Ma se l'Inter con quattro attaccanti non segna, il Siena fa muro, allora tocca a «El Tractor». Da «veneziano», parto palla al piede, «in percussione» amano scrivere i cronisti. Sbatto e risbatto sulla difesa, non passo e non mi fermo, non importa nemmeno più se stia camminando o stia correndo, tanto per i tifosi di tutta Italia che guardano senza fiatare è come se noi ventidue in campo giocassimo al rallentatore, la palla è con me, solo con me. A casa Rodolfo e Gustavo fissano lo schermo, Paula è immobile, in panchina Mourinho, in abito grigio, camicia bianca, senza cravatta, è una statua sulla linea dell'out, e io non passo e non mi fermo, nossignori, no mister, almeno finché il Principe Milito non si defila di un centimetro, forse mezzo centimetro, tra i *guardrail* dei due centrali senesi e allora ecco il mio assist a Diego: è gol! Campioni d'Italia.

Tic, tac, il Capitano, il Principe: Inter 1 Siena 0, quinto scudetto consecutivo, record della Juventus eguagliato!

L'ultima angoscia è l'innocuo cross di un terzino del Siena: lo vediamo allungarsi verso la porta difesa da Júlio César, la traiettoria sembra cambiare, sformarsi come nei cartoni animati di mia figlia Sol. Ho la famiglia in tribuna, vorrei salutarli, invece quel cavatappi di cross che diventa tiro e sta per beffarci ci dà l'ultima ulcera della stagione in Italia. Accanto a me, come in ogni momento che conta, vedo la maglia di Douglas Maicon. Anche lui non respira, mi guarda: «È dentro...» dice. Penso anch'io: «È dentro...».

Sbagliamo in due, è fuori, vinciamo.

Voglio ricordare infine tutti i giocatori, gli allenatori e i tifosi della Roma di quelle sfide fantastiche, e dire loro, uno per uno: siete stati grandi, la passione che ho visto nei nostri match all'Olimpico mi ha emozionato, il pubblico giallorosso è meraviglioso e onora il calcio, «passione delle masse». La lealtà con la quale ci siamo affrontati in campo ha tenuto vivo il calcio italiano e scaldato milioni di appassionati. Vi dedico qui il mio più sincero applauso di sportivo.

Al Triplete – Treble lo chiamano gli inglesi – manca solo la partita del Santiago Bernabeu e l'ultima data di quel fatidico maggio 2010 in nerazzurro: il 22, giorno di Santa Rita dei Miracoli Impossibili.

XIX

«Pressão» alta

Provate a dire a un interista: «Cosa ti ricorda il 5 maggio?». Se ha studiato al vecchio liceo, vi parlerà della poesia di Manzoni sulla morte di Napoleone, ammettendo poi sconsolato: «Il giorno della sconfitta con la Lazio all'Olimpico nel 2002». Se ha la testa solo al pallone, vi parlerà di quel giorno nero e basta. Insomma, il 5 maggio porta sfortuna nella memoria collettiva dei tifosi nerazzurri. Non per me, però, non per il Capitano, perché per me ora il 5 maggio da ricordare è il 5 maggio 2010, il giorno della finale contro la Roma, la prima vittoria del Triplete. I nostri tifosi devono cambiare il «calendario mentale», in positivo. Perché il Triplete è nato in finale di Coppa Italia, poi c'è stata la partita con il Siena per la volata scudetto, la «finale» più difficile, e quando siamo arrivati al 22 maggio, a Madrid contro il Bayern Monaco per giocarci la Champions League, il cielo era «nero e blu».

«Non possiamo perdere» dico alla vigilia a Lúcio, sotto la doccia, e lui, più forte del getto scrosciante: «Perché dici che non possiamo perdere? Il Bayern Monaco è tostissimo». La mia voce supera ogni doccia dello spogliatoio e lancia il messaggio alla squadra: «Lúcio, ti ho detto che non possiamo perdere». Quella notte sono sceso in campo sereno, con la consapevolezza che avremmo vinto noi.

Arrivare a Madrid non era stato né facile né scontato. Allibratori, «gufi», il «rumore dei nemici»: in molti ci avevano atteso alla caduta, che arrivava ormai tradizionale dal 1965, anno dell'ultima Coppa dei Campioni vinta dall'Inter contro il Benfica, a doppiare il successo dell'anno prima, contro il leggendario Real Madrid. Poi c'erano state le due sconfitte di cui mi parlavano Facchetti, Moratti, l'avvocato Prisco e i «vecchi», quei giocatori, reporter e tifosi che da ragazzi avevano patito la finale perduta contro il Celtic nel 1967 e quella sfumata nel 1972 contro il formidabile Ajax. La certezza di tanti, in Italia e fuori, era che la «sindrome europea», marchiataci addosso dalla sconfitta con il Manchester United di Ferguson ancora nel 2009, gravasse sull'Inter come un incubo. Anche chi non ce l'aveva con noi, e guardava alla Champions League con occhio sereno, era certo che ci fossero squadre più in gamba dell'Inter.

Certamente una di queste era considerata il Chelsea, che schierava al centro dell'attacco Didier Drogba ed era allenato da Carlo Ancelotti, un mister che tanto filo da torcere ci aveva dato con il Milan. Poi il Bayern Monaco, in panchina il mister Louis van Gaal, a sfrecciare in gol Arjen Robben, stella della Nazionale olandese. Il Real Madrid faceva sempre paura con Cristiano Ronaldo, il Manchester United puntava su Wayne Rooney. Favorito era soprattutto l'inarrivabile Barcellona, allenato da Pep Guardiola, in mezzo al campo il genio Lionel Messi e in avanti ora Zlatan Ibrahimović, che ci aveva lasciato proprio per «andare a vincere la Champions» mentre, covando vendetta, a Milano si allenava con noi Samuel Eto'o. «Magari faranno la cinquina scudetto in Italia, ma in Europa niente da fare...», era questa l'atmosfera che ci sentivamo intorno.

Il sorteggio del primo turno non è buono: oltre al Barcellona campione uscente, abbiamo nel girone la Dinamo Kiev di Shevchenko e il Rubin Kazan. Contro il Barcellona facciamo 0-0 a Milano e le buschiamo 2-0 al Camp Nou: tra noi e loro la distanza sembra netta. La partita chiave ve l'ho già raccontata, a Kiev, con noi ormai spacciati, Mourinho che ci chiama a giocare avanti, la sorte che premia Sneijder e la nostra foga.

La resa dei conti sembra già arrivare agli ottavi, quando il sorteggio ci assegna il Chelsea. Per i tifosi interisti Carlo Ancelotti è nemesi in Champions League: in quelli che i giornali battezzano con enfasi Euroderby di Milano, ci ha eliminato due volte su due, nel 2003 e nel 2005, la seconda in modo netto, la prima per sfortuna.

In quell'occasione, infatti, pur giocando sempre a San Siro, il pareggio per 0-0 scatta quando giochiamo in casa del Milan, quello per 1-1 in casa dell'Inter, con il risultato che in semifinale usciamo noi. Aveva segnato il solito Shevchenko e pareggiato «Oba Oba» Martins a sei minuti dalla fine, ma noi restiamo penalizzati per il gol «in trasferta» dei rossoneri. Quando tutto sembra perduto Kallon batte a colpo sicuro la palla che ci avrebbe dato il 2-1 e la finale, ma il portiere del Milan, Abbiati, devia con il ginocchio, e ancora si starà chiedendo come abbia fatto.

Per gli interisti, dunque, quella partita è una rivincita che combina la voglia di imporsi in Europa con i crediti da saldare in Italia. All'andata segna Milito, che quell'anno timbra gol con puntualità a ogni match decisivo, ma pareggia Kalou. Ci pensa Cambiasso a farci vincere 2-1, ma grazie al gol in trasferta, al Chelsea di Ancelotti basta l'1-0 per eliminarci, come già il Milan.

«Correre come un nero per vivere come un bianco» è la massima filosofica di Samuel Eto'o, ma quella sera a Londra Samuel sfodera insieme vita e sprint da fuoriclasse. Allo stadio Stamford Bridge, Mourinho incassa i fischi dei tifosi, che l'avevano idolatrato quando aveva rotto il loro digiuno di vittorie in Premier League, durato oltre mezzo secolo. Il mister non batte ciglio, e mentre i tabloid inglesi vaneggiano di «catenaccio», Mou schiera tre punte, Samuel, Milito ed Eto'o, come a dire agli uomini del suo ex presidente Abramovič: «Fatevi sotto, ragazzi!». Mourinho impone la strategia in cui è maestro, impedire agli avversari di giocare bene come sanno, tarparne i punti di forza, frustrarli in campo, distillandone a poco a poco, in novanta minuti, il talento in rabbia impotente. Totti, nella finale di Coppa Italia, furioso di non poter schiodare il risultato, aveva pestato Balotelli e adesso tocca a Drogba, un altro asso, farsi cacciare per fallo su Thiago Motta, un puro gesto di irritazione dopo essersi a lungo dibattuto nella nostra ragnatela. Il vice di Ancelotti, Ray Wilkins, ex milanista, cede a sua volta alla pressione e durante l'intervallo si sfoga imprecando a destra e a manca. Dalla panchina la voce di Mourinho arriva poco, comunica molto di più a gesti e a occhiate: «Coprire, su Zhirkov. Pressione in area, su Turnbull».

Quando il Chelsea non riesce più a muoversi nella pentola a pressione in cui li abbiamo ficcati, parte dalla valvola di sicurezza del nostro centrocampo il fischio di vapore, violentissimo, di una fuga di Eto'o, che taglia Stamford Bridge, arriva in area del Chelsea e segna, giusto sotto la curva dove sono assiepati i nostri tifosi in tripudio. Non dimenticherò mai lo sguardo di Samuel mentre sorride alle bandiere interiste: non c'è arroganza, o smania da gradasso, solo la felicità da fanciullo di chi è stato in gamba e ha superato i compagni d'un fiato. La nostra panchina è in tumulto, noi in campo stravediamo, i volti dei giocatori del Chelsea sono color cenere. Stamford Bridge subisce una metamorfosi, Mourinho non scatta né si abbandona a salti di gioia, resta composto. Qualcuno si sorprende: «Che ha il mister?». Io no, io ho capito che per lui la scommessa finale è la Champions League, vincerla. Quella notte il mondo scopre la nuova Grande Inter, un team che arriverà in cima al mondo.

Dopo il Chelsea, i quarti di finale contro il CSKA di Mosca sembrano un intermezzo, 1-0 andata, 1-0 ritorno, con gol di Milito e Sneijder. I festeggiamenti sono pacati, come Mourinho a Londra: «Siamo stati fortunati con il CSKA» dice il mister, in semifinale ci attendono Messi, Guardiola, gli assi del Barcellona imbattibile e il muro di ostilità del Camp Nou.

Mi viene in mente l'aneddoto che mi ha raccontato un amico, professore universitario. Ogni anno si riunisce a Davos, in Svizzera, il World Economic Forum, simposio di industriali e intellettuali che studiano i problemi economici. Tra loro, il professor Xavier Sala i Martín, studioso della Columbia University, tesoriere e membro del consiglio di amministrazione del Barcellona, che discutendo con il mio amico di fede interista, pronostica sicuro: «Non abbiamo perso in tutta la stagione nessuna partita con più di due gol di scarto. Se con l'Inter perdessimo anche per 1-0 o 2-1 a Milano rimonteremmo al Camp Nou. Nessun dubbio».

L'aria intorno a noi era quella che sintetizza il professor Sala i Martín, con la precisione di chi vive addizionando e sottraendo numeri: è impossibile che l'Inter elimini il Barcellona, questione di semplice matematica. Noi, ad Appiano Gentile, crediamo invece che un'algebra diversa sia possibile e ci applichiamo a pensare, con Mourinho, come dimostrarla. Il mister analizza le due partite Inter-Barcellona della fase a gironi: ci fa vedere come il possesso palla che Guardiola, il direttore d'orchestra, fa suonare ai suoi maestri sia una sinfonia capace di assordare qualsiasi squadra, come le Sirene che stregavano i marinai di Ulisse. Occorre dunque, proprio come Ulisse, tapparsi per bene le orecchie e non permettere che il possesso palla diventi gol, bisogna lasciarlo sterile a centrocampo e poi, in ripartenza, colpire, mentre la linea mediana protegge e scherma la difesa. Prima di entrare in campo, in uno stadio di San Siro dove non c'è un posto libero e mentre ogni interista degno del suo nome è in ascolto della telecronaca, Mourinho non ci dice molto: «Vi ho parlato a lungo in questi giorni, ognuno di voi sa che cosa deve fare. So che non avete paura. Andate, fate quel che sapete».

La partita comincia malissimo, da film thriller, al cinema ne vado matto ma in campo no. Maxwell, un ex, se ne va, lascia Maicon, lascia «El Cuchu» Cambiasso, lascia Lúcio, crossa indietro, Pedro arriva da solo e batte Júlio César. La profezia del professore tesoriere Sala i Martín risuona fosca, con il Barcellona in vantaggio: «Non abbiamo mai perso una partita con due gol di scarto, anche un 2-1 per l'Inter come contro il Chelsea, non ci preoccupa...». Figuriamoci con noi sotto di una rete.

La Curva Nord non si perde d'animo invece e intona: «Siamo sempre con voi, siamo sempre con voi, siamo sempre con voi, non vi lasceremo mai...». E davvero mai, in questi anni, ci hanno lasciato. La nostra reazione è di rabbia, non vogliamo mandare in fumo una montagna di fatica e lavoro. Il Barcellona fa il suo gioco, elegante, sicuro, senza sbagliare un passaggio, noi dobbiamo strappare il ricamo dei catalani.

Lionel Messi se ne va via, a centrocampo. È un ragazzo che stimo, so che batterà i miei record con la Nazionale argentina, penso sia il miglior giocatore del mondo, in corsa per essere il miglior asso della storia, prima di Pelé, prima di Maradona. Questi suoi allunghi hanno un classico esito: gol ed esultanza di Lionel sotto la curva. Gli scatto accanto, lo anticipo e lo fermo: San Siro viene giù dagli applausi, due generazioni in lotta e stavolta non vince il più giovane. Ma, nonostante questo, restiamo sotto. Dalla panchina il mister mima lo schema, 4-2-3-1: davanti a Júlio César stiamo in quattro – io, Maicon, Lúcio e Samuel – poi a filtro Cambiasso e Thiago Motta, quindi Eto'o, Sneijder e Pandev. Davanti, da boa, il Principe Milito. Abbiamo sentito tutti cosa ha detto il mister a Samuel Eto'o ad Appiano Gentile: «Ti prego di sacrificarti, correre, tirare ma di aiutarmi anche in copertura, fino alla linea dei terzini. Te la senti?».

Mourinho chiede di ripiegare, fino a difendere, facendo una maratona intera in novanta minuti, a un giocatore che ha vinto la medaglia d'oro alle Olimpiadi con il Camerun, sette trofei in Spagna, di cui tre scudetti e due Champions League con il Barcellona che abbiamo davanti, la Coppa Intercontinentale con il Real Madrid, e oggi è l'unico della storia ad avere vinto due Triplete, con il Barcellona nel 2009 e con noi nel 2010. Ho visto ragazzini usciti appena dalla

Primavera storcere il naso se il mister chiede loro di recuperare durante la partita più di quanto non credano opportuno. Eto'o risponde invece: «A disposizione, mister, torno indietro tutte le volte che sarà necessario» e mantiene l'impegno con polmoni magnifici.

Sbagliando, i critici distratti scrivono: «L'Inter gioca in contropiede». L'Inter di Mourinho è squadra equilibrata, ricca di qualità, soprattutto nel secondo anno. Tutti i giocatori hanno carattere, esperienza, equilibrio. L'altra chiave, per chi davvero ama capire il calcio e non solo parlare a vanvera, è il ruolo di Douglas Maicon, punto di forza sul quale contiamo tantissimo. Sulla fascia, in tandem con me, uno avanti, l'altro indietro, Maicon è stratosferico. Oggi le partite vengono sezionate in televisione, nei programmi sportivi, a cominciare dai gol e dalle azioni controverse. Il pubblico non viene educato però a comprendere la trama del gioco, il suo sviluppo, dalla difesa all'attacco, ed è un peccato. Sembra così strano dire ora che un terzino destro possa fare la differenza ma, ristudiando alla moviola le partite dell'Inter, Maicon fa la differenza.

Con il Barcellona il mandato è non correre troppi rischi, senza rinunciare a essere protagonisti, ad attaccare. La nostra sensazione è che non avremmo perso, che per batterci non basta neppure il Barcellona, servono anche la partita della vita e tanta buona sorte. «Dipende da voi, abbiate fiducia in voi stessi» scandisce il mister, e noi gli crediamo. Così Maicon avvia l'azione del pareggio: palla a Milito, il Barcellona ha esaminato i timbri che Diego va stampando sulla stagione e si avventa sicuro a marcarlo, in testa Dani Alves. Sono tre le maglie avversarie che vedo attorno al Principe, ma tutti si scordano di Wesley Sneijder, folletto delle favole che spunta appena ti distrai: gol, 1-1.

In casa con il Barcellona 1-1 è, secondo logica, un risultato negativo: basta lo 0-0 al Camp Nou e si esce. Nell'intervallo Mourinho ostenta però tranquillità: «Tutti al vostro posto, lo schema resta 4-2-3-1, non cambiamo nulla. Finisce 4-1 per noi». Un guru? Un indovino? O solo un mister che vuole caricarci? Non lo so, a me pare che nello spogliatoio Mourinho segua la sua logica, algebra che non coincide con quella del professor Sala i Martín o con quella di Pep Guardiola. Serve il secondo tempo per decidere dove stia la ragione e dove il torto.

Come funziona l'equazione del nostro 4-2-3-1 lo scriviamo sul campo di San Siro, trasformato in lavagna universitaria per quarantacinque minuti. Pandev, utilissimo, va in contropiede con la boa Milito. Piqué, celeberrimo fidanzato della star Shakira, tocca appena il pallone e dalla nostra difesa arriva come un ciclone Douglas Maicon. Io aspetto indietro, so che il tango della nostra coppia prevede ora il mio stop a coprire la sua fuga e Douglas premia la mia fedeltà. Segna il gol del 2-1, al Camp Nou servirà ancora l'impresa, ma ora la pressione è sul Barcellona.

Perché la cartolina ricordo della nostra vittoria possa essere inviata in tutto il mondo, manca solo il timbro del Principe Milito. Arriva puntuale quando il filtro steso da Cambiasso e Thiago Motta dietro il nostro attacco intercetta un pallone, la palla passa a Eto'o, capace di correre da porta a porta come se fossimo al primo minuto, cross, Sneijder «spizza», Milito mette in rete.

Il mister esulta, vuole il quarto gol che ci ha pronosticato, e che non arriva per sfortuna o perché il destino vuol godersi al ritorno una battaglia, non un match alla camomilla. Messi è smarrito, il suo immenso talento ingoiato dal sottovuoto spinto che gli creiamo a centrocampo, Ibrahimović esce tra i fischi di uno stadio di San Siro che non gli perdona l'addio senza amore, Dani Alves e Xavi non si raccapezzano. Guardiola sostituisce infine Ibra, attaccante degli attaccanti, con Abidal, un difensore: nella Teoria della Relatività del Calcio vuol dire che abbiamo reso il Barcellona umano. Hanno paura di subire l'onta della goleada.

Il mister controlla le sue note sul taccuino, io le conosco

già senza averle lette: grande Douglas, grandissimo Eto'o, re umile, perfetta *pressão* alta, pressing alto, da togliere il respiro ai geni. Sneijder ha pensato prima e meglio del grande Xavi, Cambiasso, Thiago Motta e Samuel hanno reso inoffensivo il *tiqui-taca blaugrana*, non più macchina da gol ma innocuo sferruzzare da nonnetta in panchina ai giardinetti di San Siro. Messi è, e resta, il più forte di tutti, ma lo teniamo lontano dalla porta, di spalle, e non può spiccare il volo. Lúcio cancella Ibrahimović, lo irrita al punto che la rabbia di quel grande campione non si rivolge più contro di noi ma contro se stesso: cerca il colpo di bravura solitario, da «fenomeno» – per usare la parola con cui mi aveva sfottuto in allenamento – ma Guardiola non ama che Messi esca dagli schemi e lotti da solo contro gli avversari, figurarsi Ibra. Lo sostituisce, è l'umiliazione. Pedro, Dani Alves, Xavi e Messi non smettono di provarci con un cuore grande così, ma è tutto inutile.

Chi era a San Siro, chi era a seguirci nel mondo, non dimenticherà quella notte per tutta la vita.

Internazionale 3 Barcellona 1, ci vediamo al Camp Nou, Lionel.

XX
Un sogno è più puro di un'ossessione

«Spero che i giocatori dell'Inter arrivino in campo e rimpiangano di essere calciatori per novanta minuti» dichiara il difensore del Barcellona Gerard Piqué, e detta le condizioni in cui dovrà essere sceneggiata la nostra disfatta. «L'erba del Camp Nou va tagliata bassa, il campo è un po' più grande, il prato irrigato fino all'ultimo per favorire il gioco dinamico e rapido che pratichiamo. Due gol di scarto per noi? Non ci bastano, siamo ambiziosi».

Questo è il clima alla vigilia di Barcellona-Inter. La stampa catalana parla di *remuntada*, i tifosi non sembrano neppure tesi, certi di rimetterci a posto dopo la levata di capo a San Siro. Credevo di averle viste tutte sui campi di calcio, ma l'idea di pentirmi di avere scelto il mestiere di calciatore era nuova. Immagino che Piqué non abbia mai lavorato in un cantiere come operaio edile, altrimenti avrebbe usato parole differenti. José Mourinho la ributta in seduta di psicoanalisi. Mette tutti sul lettino e fa il Freud: «Siete giocatori esperti, arriviamo qui da una strada lunga e difficile. Mi raccomando: il Barcellona insegue una sua ossessione, noi inseguiamo un sogno. E il nostro sogno è più puro della loro ossessione. Non so perché stiano alzando lo stress a questo livello, voi giocate e basta. È una partita, non la guerra».

Comincia a circolare la voce che avremmo marcato a uomo Messi e non a zona. Prima di venire a giocare in Italia non avevo mai marcato a uomo, solo a zona. Mi sembrava un modo primitivo di intendere il calcio, da anni Sessanta, telefono a gettoni contro iPhone. Se perdi l'uomo, quello ha un'autostrada aperta verso il gol. Mi è accaduto nell'anno del debutto con l'Inter, il 1995: la Cremonese ci marca a uomo, il mio avversario diretto si lascia confondere da un dribbling, gli altri difensori fanno i movimenti sull'uomo a loro assegnato, anziché venirmi addosso, e così io mi libero per il tiro. Faccio gol di sinistro, il primo in carriera, per quello famoso all'Inghilterra avrei dovuto aspettare i Mondiali del 1998, per il prossimo vedremo ancora... Ma un gol come quello alla Cremonese non lo segno più, perché se accenno quel dribbling solitario contro una difesa a zona ho sulla schiena mezza squadra e ciao.

Marcare a uomo Messi è un concetto bizzarro, significa sprofondare nella trappola del Barcellona, non proporre noi il gioco, subire rassegnati, a tacchetti spianati, in attesa dell'inevitabile resa. Il mister non ci pensa neppure, ci chiede di fare «quello che abbiamo fatto in tutta la stagione: *pressão* alta e cercare le punte per il tiro».

Un compagno, mentre siamo già in bus verso il Camp Nou, mi prende per il braccio: «Pupi, come finisce?».

«Passiamo noi.»

«Come fai a essere sicuro?»

«Abbiamo più fame di loro.»

L'aria si è scaldata al punto che dall'organizzazione suggeriscono a Mourinho di andare in giro con una guardia del corpo. Lui sbuffa e prima di entrare in campo legge le ultime indicazioni: «Ragazzi, il nostro sogno è là fuori, andiamo a prendercelo. Uscirete tutti in fila, dietro di me. I tifosi del Barcellona mi odiano, io entrerò in campo da solo, loro fischieranno, si spolmoneranno a urlarmi contro di tutto, e quando toccherà a voi andare sul prato, si saranno già sfogati». E così José Mário dos Santos Mourinho Félix, detto Mou, «The Special One», Cavaliere dell'Ordine dell'Infante Don Enrico Il Navigatore per meriti sportivi, entra, solo contro le decine di migliaia del Camp Nou, sicuro di ammansirli come un domatore di tigri. Il nostro sogno contro la loro ossessione. Chi è davvero il mister? Un attore? Un eroe? Tutti e due? Niente di tutto questo, è solo José Mourinho, e quella notte gli diede ragione.

Qualcuno dice che la storia la scrivono i vincitori, ma non sempre è così. Il Barcellona, per esempio, a lungo si è lagnato: «L'Inter si è difesa per novanta minuti». E parte della critica ripeterà: «Mourinho si è difeso». Storie. Quando il mister stila la formazione manda tre punte in campo, altro che «catenaccio»: Milito, Eto'o, Pandev, un'Inter a trazione anteriore.

E invece Pandev si fa male durante il riscaldamento, così Chivu prende il suo posto nel 4-3-2-1, non certo il modo migliore di partire. Il modo peggiore di continuare è l'espulsione di Thiago Motta, il solo degli interisti che abbia risposto per le rime all'«ossessione» dei catalani: «I giocatori del Barcellona? Quelli si buttano sempre...». Non l'avesse mai detto. Al 28' Thiago Motta sfiora Busquets, uno che è cresciuto alla scuola del Barcellona, la *cantera*, e conosce ogni trucco. Ai macelli di Buenos Aires i tori non cadono fulminati più tragicamente di Busquets, che al tocco di mano di Thiago Motta crolla come folgorato. Rivedendo la partita a risultato acquisito, rido all'occhiatina furtiva che, mentre finge di torcersi dal dolore, il giocatore *blaugrana* lancia verso l'arbitro, rimuginando: «Lo caccia o non lo caccia? Quando posso finire questa commedia? Ah, ecco il rosso! Bene, posso rialzarmi...».

«In dieci contro una squadra di fenomeni per oltre un'ora. Vabbè...» penso, e guardo verso la panchina cercando indicazioni e conforto. Il mister, imperterrito, fa segno: «4-4-1». Io vado terzino sinistro ed Eto'o mi aiuta sulla fascia, instancabile. Con me in difesa Maicon, Lúcio e Samuel e un centrocampo pazzesco, inedito, con un solo specialista, Cambiasso, affiancato da Eto'o, Sneijder e Chivu. Milito flotta verso l'area, cercando di arpionare i lanci lunghi.

Prima di ripartire con l'uomo in meno, vedo Mourinho che attraversa a grandi passi la distanza tra le due panchine, si piazza davanti a Pep Guardiola e ringhia: «Bada: non è finita!», tornando indietro prima che il quarto uomo dell'Uefa riesca a richiamarlo. Non so se ridere o piangere, Mou mi scalda il cuore.

Da questo punto in avanti la partita è eroica, 4-4-1 o quale che sia il nostro schieramento in campo, io non sono – lo sapete – né Cambiasso né Simeone, non credo molto agli schemi che un Messi farà sempre saltare. Quella sera tocca a me impedire al genio di Lionel di sabotarci, ma ci sono riuscito, e quando lui ha fatto il Messi ed è arrivato comunque al tiro, ha trovato Júlio César pronto alla parata, a guadagnarsi la pagnotta, come insegnava mio padre.

È qui che pronuncio quel «Forza Samuel, manca poco!» a incoraggiare Eto'o. Siamo ancora nel primo tempo, e la cosa ha divertito tanto Samuel da ricordarsene per la sua autobiografia. È una frase da capitano, questa volta, perché come ai tifosi a casa, anche a me in campo Barcellona-Inter sembra non finire mai. Quando segna Piqué, alla fine centravanti per esasperazione, calcolo che, tra partita e recupero, non ci saranno più di dieci minuti da giocare. Saranno i seicento secondi più lunghi della mia vita. Bojan ferma le pulsazioni cardiache agli interisti con un gol, che però sarà annullato. «Dobbiamo togliere loro la palla, conquistiamo palla e teniamola a tutti i costi» rimugino. Con gli occhi cerco Messi, poi intravedo Milito sperando di raggiungerlo con un lancio e allentare così la pressione. Niente da fare, il Barcellona terrà la palla fino all'ultimo.

Tante volte mi hanno chiesto: «Capitano, come si sente un giocatore durante una di quelle partite che faranno la storia, quando manca una manciata di minuti e tutto è in sospeso?».

La risposta per le televisioni è: «Non ci sono parole per dirlo... è impossibile descrivere quelle sensazioni...». Un libro, però, serve invece proprio per raccontare ricordi, emozioni, sentimenti. E quindi, in ordine alfabetico, la prima parola che mi viene in mente è «adrenalina», pulsazioni a mille, fuori controllo. Quando un giocatore di solito tranquillo dà fuori di matto, per esempio reagendo come Beckham con Simeone ai Mondiali del 1998, prima di criticarlo ripenso al finale di Barcellona-Inter.

Sono sempre controllato, il mio cervello va per conto suo e contiene lo stress – be', tranne quella volta con Hodgson contro lo Schalke 04 – ma al Camp Nou sento dentro una furia incredibile mentre il tempo trascorre più denso, lento, vischioso. Siamo in dieci, ci aiutiamo a vicenda, i giocatori del Barcellona ci pungolano con il «torello», ma non passano. Quando volle Dio, arriva il fischio finale! Non mi sono affatto pentito di aver fatto il calciatore, così come i miei compagni e – ne sono certo – neppure i giocatori del Barcellona, campioni che, una volta spente le polemiche, rispettano lo sport.

Stavolta Mourinho dà la stura alla gioia. Carica verso la nostra curva, saltando come un ragazzo e noi con lui. La nostra gioia è opposta all'«incazzatura» del Barcellona, il teorema di Guardiola e di Sala i Martín non funziona: hanno preso, per la prima e unica volta in quella stagione, due gol di scarto a Milano e non li hanno rimontati al Camp Nou, come poi sapranno fare nel 2013 contro il Milan, con il micidiale 4-0. Felici noi, «incazzati» loro. Lo so, non è una bella parola e me ne scuso, ma è l'unica che esprima appieno la loro incredulità, la loro frustrazione e rabbia per averle buscate in campo.

Qualcuno decide che non possiamo fare festa al Camp Nou, e quel che segue il fischio finale dell'arbitro davvero non è degno della storia e della tradizione *blaugrana*. Il portiere Victor Valdés, piccato, placca Mourinho, lui lo ignora, malgrado la mole, e continua con occhi spiritati ad alzare l'indice verso la folla nerazzurra: «Siamo i numeri uno!». Valdés non lo molla, dalla panchina vola Lele Oriali, forse Valdés non conosce la canzone di Ligabue, lui è grosso, ma chi come Oriali ha passato «una vita da mediano» non si spaventa e, severo, lo allontana. Mou salta come un grillo, a Valdés non resta che imprecare invano contro l'arbitro, mentre il saggio Toldo lo consola. Sembra essersi tutto placato, ma qui, in mondovisione, i giardinieri del Camp Nou aprono, in modo grottesco, l'impianto di irrigazione per scacciarci.

Abbiamo resistito in dieci contro questo squadrone, e ci dovrebbe far paura lo spruzzo di una fontanella? Continuiamo la festa, bagnati fradici. Sotto l'acqua grido a Lúcio: «Manca solo la finale!». Il carnevale impazza al ritorno in aereo, e i tifosi ci accolgono festanti. Ricordo una cena fatta solo di risate a Milano, la felicità dalla sofferenza.

Mourinho ha ragione, un sogno vale più di un'ossessione, e Piqué ha torto, il Camp Nou era stato irrigato prima della partita, e anche dopo: ma noi abbiamo eliminato il Barcellona, umidi e allegri.

XXI

Conversazione a Madrid

Avevamo eliminato i campioni d'Inghilterra (il Chelsea), i campioni di Spagna (il Barcellona), e ora avevamo di fronte l'ultimo ostacolo: i campioni di Germania, il Bayern Monaco. La sera del 22 maggio 2010, durante il riscaldamento, vedo allo stadio Santiago Bernabeu di Madrid la nostra curva, migliaia di tifosi venuti da tutto il mondo con le bandiere, per salutarci. Scende da loro un'ondata di calore, di sostegno, che dà i brividi. Non ricordo neppure quale dei compagni fosse accanto a me, se Diego Milito o Douglas Maicon, ricordo solo che, quasi a me stesso, ripeto: «Siamo arrivati fin qui, non possiamo perdere».

Dai giornali e dalle voci di spogliatoio sapevamo che, vincenti o battuti, José Mourinho sarebbe rimasto a Madrid, ad allenare il Real, e che quella era l'ultima nostra notte con il mister. Credo che il suo rapporto con la stampa sia stato cruciale nella scelta di andare via: non si sentiva a suo agio, vedeva intorno a sé un clima di eccessiva e pregiudiziale diffidenza, non ebbe premi né riconoscimenti dai colleghi. E poi lo seduceva la nuova sfida, vincere anche in Spagna, dopo Portogallo, Gran Bretagna e Italia.

Quella notte, però, è una notte d'Europa, e orfani o meno di Mourinho dopo la partita, tocca concentrarsi sul Bayern Monaco. Con Milito avevamo pregato al Santuario di Santa Rita alla Barona, a Milano: io chiedevo una grazia personale e una benedizione sulla finale. Poi, la notte tra il 21 e il 22 maggio, in stanza con Iván Ramiro Córdoba, accendiamo una candela e preghiamo la santa perché non si dimentichi di noi e dei tifosi che, con tanta passione, ci seguono a Madrid. Paula non ha dubbi, e serena mi saluta dicendo: «A questo punto non potete perdere, avete la squadra per farlo, forza!».

Un cronista simpatico mi intercetta al volo: «Capitano, stanotte saranno per te settecento partite con l'Inter, che dici?». Settecento? Un potenziale di 63 mila minuti, 1050 ore, 44 giorni interi passati in campo con la maglia nerazzurra? «Grazie, ci pensiamo dopo...» Ma ci pensavo eccome. Non ho mai giocato al Santiago Bernabeu, né con l'Inter né con l'Argentina, e ci arrivo da capitano, in finale di Champions League e con un ruolino di settecento partite.

I nostri tecnici dirigono il riscaldamento, e noi eseguiamo flessioni, torsioni, scatti e stretching, ma nessuno distoglie lo sguardo dalla festa di striscioni sugli spalti.

Intorno allo stadio la polizia separa con severità interisti e tifosi del Bayern, l'aria è tranquilla ma gli agenti spagnoli non vogliono incidenti. È venuta anche Sol, la mia bambina, e mentre vado in campo e cerco di concentrarmi, non so ancora quello che mi dirà subito dopo il match, mentre l'abbraccio tutto sudato: «Papà, papà, che paura... Non volevano più farci entrare allo stadio, ero con la nonna Monica, mi teneva per mano, ma la polizia diceva: "No, no, questo biglietto non va". La nonna si sforzava di spiegare chi siamo, e loro niente, non si passa, solo alla fine ci hanno detto di sì, per fortuna...». Ci mancava che Sol fosse rimasta fuori con la nonna, non mi sarei mai dato pace.

Ognuno di noi ha portato la famiglia, è la nostra notte, vogliamo insieme a noi tutti i nostri cari. Paula abbraccia la mamma di Wesley Sneijder, ammirata: «Per incoraggiare il figlio ha indossato il vestito più sgargiante del mondo, uno spettacolo. "Voglio che mi veda dal campo" rideva». Tra tifosi e famiglie è come se dovessimo solo stappare lo champagne, e i giocatori del Bayern fossero comparse, venute a stramazzare per terra, come nei film.

Non è affatto così, lo squadrone di van Gaal non ha nessuna intenzione di mettersi da parte, di «scansarse», come i tifosi della Lazio, scherzosamente, suggerivano ai propri beniamini. Vengono per suonarcele di santa ragione e portare a Monaco la quinta Coppa dei Campioni. Dai tempi del Barcellona, van Gaal e Mourinho si conoscono a memoria: ognuno sarebbe in grado di riprodurre a tavola, con saliera e cellulari alla Cambiasso & Simeone, tattiche e schemi dell'altro. Sarà una partita cerebrale quanto muscolare, tra due maestri del calcio mondiale.

Finito il riscaldamento, torniamo negli spogliatoi e Mourinho, con un cenno del capo, ci raccoglie attorno a sé. I compagni sono assorti, in silenzio, comunque vada nella prossima ora e mezza, quella è l'ultima volta che ascoltiamo il mister prima del fischio d'inizio. Se è emozionato, non lo dimostra. Prepara le partite durante la settimana con tanta professionalità e serietà, dando attenzione ai minimi particolari, fino a dibattere con i giardinieri la qualità e la tenuta dell'erba giorno per giorno, che poi l'appello finale non ha un tono drammatico, è solo una pacca sulla spalla: «Forza ragazzi!».

Mou fa girare lo sguardo su tutti, titolari e riserve, veterani e più giovani, poi dice piano, senza enfasi: «Quanto abbiamo aspettato questa notte? Quanto l'ha aspettata l'Inter? Quanto i tifosi? Quanto l'ha aspettata il presidente Moratti? Siamo andati a Londra, contro il Chelsea e nessuno ci credeva, tranne noi e i tifosi. Siamo andati a Barcellona e solo noi e i tifosi sapevamo che era possibile sognare. Ora siamo qui».

Il mister non dice niente di più, ma ci dà i brividi.

Non penso che siamo sicuri di vincere, sarebbe ingiusto per i tedeschi, ma quella notte a Madrid non c'è paura: sentiamo, in campo e in tribuna, di meritarci la coppa. Dobbiamo prendercela. Il Bayern gioca come sa, 4-4-1-1 con

Müller alle spalle di Olić. Il pericolo costante viene da Robben, che ai Mondiali quell'estate, in coppia con Wesley Sneijder contesterà il titolo alla Spagna fino all'ultimo respiro. Robben, tenuto sulla fascia da Chivu, scatta, passa, tira, ci tormenta tutta la sera, fino a far ammonire Cristian, seminando allarme. Il mister grida: «Partita intelligente, non rischiare a vuoto!».

Il nostro sistema nervoso è affidato da un capo a Júlio César, dall'altro a Diego Milito, il Principe, in quella stagione sono il più forte portiere e il più forte centravanti al mondo. Van Gaal ha contato i «timbri-gol» di Diego e prova a isolarlo con una cortina di marcature. Precauzioni inutili, quando Júlio César pesca finalmente Diego da lontano, lui triangola con Sneijder e timbra il primo gol: Inter 1 Bayern 0.

È festa per i nostri tifosi, stanotte la sceneggiatura è tradizionale, niente thriller: tocca a noi vincere e vinciamo. Il Bayern Monaco pressa, ma nella ripresa Milito timbra il suo ultimo gol europeo del Triplete. Prima tocca a Júlio César parare due tiri fantastici di Müller e Robben: vola sospeso sul cielo di Madrid, il suo soprannome è l'Acchiappasogni, come la reticella giocattolo che gli indiani d'America sospendono sulla culla dei bambini. Il sogno che Júlio César acchiappa quella notte è una coppa, i bambini siamo tutti noi.

«Ragazzi, se questi pareggiano comincia un'altra partita» penso. Alzo gli occhi sulla curva, c'è un tifo da matti. Ma il Bayern non pareggia, non è scritto. Entra Miroslav Klose, un attaccante secondo me tra i migliori, e alla seconda palla che tocca già sospiro: «Per fortuna che sei entrato nel secondo tempo, ci mancava che partissi dal primo minuto!».

Ma non c'è niente da fare neppure per Klose. Raddoppiamo noi, da manuale: Milito con una finta stende van Buyten e trafigge Butt. Una mano invisibile spegne i cori della curva del Bayern, come si spegne la televisione finito un programma. Niente canti, silenzio, bandiere ripiegate, in attesa della fine.

Il Santiago Bernabeu è adesso San Siro, cantano solo i

nostri tifosi, una sinfonia attesa dal 1965, poco meno di mezzo secolo. Abbiamo rotto l'incantesimo. Io comincio a piangere cinque minuti buoni prima che l'arbitro fischi al 90' e il tabellone fissi – per sempre, per tutta la storia, finché si giocherà a pallone sulla Terra – «Inter Milan 2 Bayern München 0».

Il recupero, mi pare di vedere sogguardando la lavagna, è di tre minuti. Il Bayern Monaco, squadra di talento, sportiva fino al midollo, attacca per una volta, l'ultima. Júlio César prende palla, sul cronometro forse manca un minuto, forse trenta secondi. Mi passa accanto il «re del mate», il centravanti improvvisato dei giorni neri, «The Wall», il Muro, il mio quieto compagno Walter Samuel, l'uomo che per Paula è un «killer in campo, dolce nella vita». Lo guardo e singhiozzo, piango e piango, mi asciugo le lacrime con il dorso della mano per non perdere di vista l'azione.

Quelle lacrime dividono la mia famiglia, se ne discute da allora. Per mia moglie Paula «Javi piangeva anche per sfogare la delusione per il no di Maradona che non lo aveva convocato ai Mondiali. Il contrasto tra la gioia di Madrid e l'amarezza per non poter difendere i colori dell'Argentina lo scuote. Sente forte l'ingiustizia di non essere chiamato mentre dimostra di essere, con l'Inter, tra i più forti. Piange di gioia e piange di dolore. Nessuno lo sa, io sì».

Mio suocero Andrés mi vede in lacrime e si interroga: «Il 5 maggio 2002, a Roma, il grande Ronaldo piange disperato in panchina, piegato in due a singhiozzare come un bimbo cui abbiano portato via il regalo. Javi no, Javi è pallidissimo, il suo volto è una maschera tirata, ma niente lacrime. Lo conosco, pensa già a ricominciare. A Madrid, invece, le emozioni che ha dentro da una vita si sciolgono, l'onda della passione non si trattiene più e anche il Capitano può piangere, davanti al popolo che lo ama».

Neppure alla fine il Bayern perde convinzione, si batte fino all'ultimo ma deve rassegnarsi, la Champions League è nostra. C'è il fischio finale, tripudio in campo, vedo una maglia del Bayern abbracciarmi: «Complimenti, bravi». Per tanto tempo mi sono chiesto perché mai io, un uomo tranquillo, solare, «fortunato e felice», abbia tifato per l'Independiente e giocato nell'Inter, le due squadre più pazze del pianeta, una nell'emisfero Sud, l'altra in quello Nord. La soluzione all'enigma si trova nella foto più celebre di quella notte del 22 maggio 2010: Javier Aldemar Zanetti, il Capitano, che alza la coppa, se la mette in testa come un cilindro e fa la faccia più pazza di questo pazzo, pazzo mondo del pallone. Paula, quando rivede la foto, scoppia a ridere: «Ma che faccia avevi?». Anche mia figlia Sol ride: «Papà, ma sei tu questo qui?». Ho gli occhi sbarrati, in trance, la bocca contratta in una smorfia e la coppa addosso, come il Cappellaio Matto del cartone animato di *Alice nel Paese delle Meraviglie* che Sol, Nacho e Tommy guardano sull'iPad.

Quella notte parlo a tu per tu alla coppa, le parlo come si parla alla donna amata, che avete temuto di non poter mai baciare. La stringo tra le mani, non è pesante come sembra, la sollevo, vola come una piuma, la accarezzo, la fisso e le parlo, parlo alla coppa: «Quanto ti ho aspettato!» dico. «Quanto ti ho inseguita! E finalmente ti ho presa e sei qui, sei arrivata e non ti lascio andare via, sai? Ti ho persa a Manchester, e poi a Valencia e di nuovo a Manchester, e ti avevo quasi riacchiappato a Milano con il Milan se un ginocchio del portiere non ci avesse separato per caso. Ora nulla più ci separerà, ti ho cercata per vent'anni e sei qui. Finalmente.» I compagni ridono, ma non importa, io parlo con la coppa da solo.

Il cerchio magico si è chiuso in felicità, mentre il capitano saggio diventa matto e parla alla coppa. «Triplete! Triplete!» urlano i ragazzi, ricordando il nostro storico tris di vittorie, un record mai riuscito prima nel calcio italiano, rarissimo ovunque, fatto di pazienza, costanza, lavoro, e benedetto dalla fortuna. Massimo Moratti, ai giornalisti che gridavano: «Presidente, come suo padre, campione d'Europa...», risponde modesto: «No, lui di Coppe dei Campioni ne ha vinte due...». Ma è felice: il giorno dopo va a colazione con la famiglia all'antico ristorante Botín, al collo ha la medaglia della vittoria. Mentre sta mangiando, entra un gruppo di tifosi e, tra le risate degli avventori madrileni, si inginocchiano tutti davanti a lui, in festa.

Non abbiamo neppure parlato quella sera con Moratti: io sono sbucato da un gradone dello stadio, ci siamo visti e abbracciati forte, in silenzio. Quell'abbraccio significava tante cose, voleva dire: «Io e te ci siamo dall'inizio, dal 1995. Abbiamo vissuto insieme le illusioni e le gioie, i dolori e le ingiustizie, il riscatto e il lavoro. Noi due soli ci siamo dal primo giorno, quando nessuno credeva in noi, e adesso siamo qui, sul tetto del mondo, dopo tutte le battaglie». Abbraccio Moratti, nessuno merita quella felicità come lui, dopo tutto quel che ha fatto per l'Inter. Quando io e i miei compagni, negli anni a venire, ci ricorderemo della notte di Madrid e del nostro lavoro, la soddisfazione sarà aver condiviso quella felicità con milioni di tifosi. Li incontro ancora, per strada, al bar, allo stadio, che mi dicono: «Capitano, che gioia quella notte! Come mai nella vita, è stato un regalo meraviglioso per tutti...».

Anche il mister dal cuore di ghiaccio, José Mourinho, piange, vicino a Materazzi. Abbraccio anche lui: «Grazie di tutto, ci mancherai». È triste e felice: felice per la vittoria e la nuova avventura che sta per cominciare, triste perché si lascia dietro un popolo di tifosi innamorati per sempre e una squadra che è, e rimarrà, la «sua» squadra, undici uomini in campo che non smettono mai di pensare, per novanta minuti. Nessuno nega ora la sua bravura, la «Gazzetta dello Sport» annota: «È la sera di José Mourinho, che festeggia piangendo la sua seconda Champions League con due squadre diverse. Adesso può anche andarsene. Sarà arrogante, penserà solo ai risultati, ma ha fatto più lui in due anni per l'Inter che tutti i suoi predecessori in quarantaquattro. Se c'è un allenatore *galactico*, nel calcio, è lui».

E sulle chat online dei tifosi, alla pazzia felice dei nostri nerazzurri si uniscono i complimenti sportivi di tanti milanisti, juventini, gente che la pensa come me: siamo squadre diverse, con storie e tradizioni differenti, non potremo mai diventare uguali ma ciascuna può rispettare le altre con lealtà. Su Internet si possono ancora rileggere quei giudizi, così insoliti nelle polemiche della domenica sera. Scrive sulla chat della «Gazzetta dello Sport» l'utente Member_14551, sabato 22 maggio 2010 alle 23.03:

> Sono milanista, ma sportivo e mi auguravo una vittoria dei cugini. Alla fine mi sono commosso nel vedere tutti i giocatori e tanti tifosi piangere di gioia. Ho rivissuto la vittoria del 1989 contro la Steaua dopo una vita di digiuni di vittorie. All'epoca c'erano tifosi nerazzurri che tifarono Milan insieme a me, ora finalmente ho potuto contraccambiare. Forza Inter, questa sera. Mi raccomando però, non esagerate. Ciao.

E The_Crow5, alle 22.52, mentre io parlo alla coppa a tu per tu, manda questo messaggio agli altri tifosi:

> Complimenti, da uno juventino tanto di cappello a una squadra che ha dimostrato di essere alla fine la più forte! A prescindere da tutte le rivalità è bello vedere una squadra italiana vincere, soprattutto contro i nostri rivali di sempre! Quindi onore a Zanetti e compagni per questa serata.

Ora posso ringraziare Member_14551 e The_Crow5, tifosi del Milan e della Juventus, per questi complimenti. Vediamo il calcio allo stesso modo: rivalità a morte durante la partita, una stretta di mano leale alla fine. Il fatto che l'Inter del 2010 abbia sollevato queste reazioni sportive credo sia l'elogio più bello per tutti noi e, la prossima volta che rivedrò la coppa a quattr'occhi, glielo dirò senz'altro. Sono sicuro che le farà piacere.

XXII
Un'altra pagina di questo libro

Nella vita mi è capitato di tutto, ma poche cose sono più bizzarre di soffrire un infarto in diretta televisiva e neppure saperlo. Accade a Palermo, la città dei miei infortuni gravi, alla fine dell'estate del 2010, alla terza giornata di campionato.

Prendo una pallonata in petto su una botta di Liverani: di solito colpi così mi rimbalzano addosso, ci sono abituato, come un pugile ne ho presi tantissimi, perciò incasso a testa alta e via a correre. Lì per lì non sento niente, del resto siamo contenti per la vittoria: il Palermo è andato in vantaggio con gol di Iličić, poi Samuel Eto'o, in soli sette minuti, segna una doppietta e ci assegna i tre punti. Al fischio di chiusura scambio la maglia con un giocatore rosanero, quindi saluto i tifosi della Curva Nord di San Siro che ci hanno seguito in Sicilia nell'ultimo weekend della bella stagione.

In carriera non ho avuto finora infortuni gravi né ho mai sentito dolore vero in campo. Mia figlia Sol piange quando cado per un fallo: «Papà sta male». Solo una volta mi hanno davvero pestato, ai miei primi Mondiali, contro la Giamaica, 5-0 per noi. Erano giocatori enormi fisicamente, dei gladiatori, e un avversario mi ha dato senza cattiveria una ginocchiata sull'anca: mi è parso che l'osso si incrinasse, ho sentito un trac, e ho avuto le fitte per una settimana intera.

In campo nemmeno io le ho mai date con ferocia: falli tattici sì, la maglia trattenuta, il tackle a centrocampo a stoppare una ripartenza, ma niente interventi a gamba tesa né entrate assassine a tenaglia da dietro, come quelle che subiva Ronaldo. Durante un Inter-Juventus io lancio Ronaldo sulla fascia, lui la butta avanti, si beve Montero e qui il solito Iuliano gli fa un'entrata killer sul ginocchio, fortissimo, da dietro. «Ronnie è morto» penso, e invece lui rimane in piedi, con una smorfia di dolore sul viso, come un tronco che incassa il colpo d'ascia senza cadere, quindi arriva sul fondo, crossa, gol di Djorkaeff che vale il match. Oggi il più tartassato è Lionel Messi. Prende troppe botte, gli arbitri dovrebbero difenderlo meglio, per fortuna oltre al talento ha forza nelle gambe, è unico.

Io mi pento solo di un'entrata davvero brutta, in una partita contro la Sampdoria. Arrivo sul pallone da dietro, mi accorgo mentre sono in volo di essere in ritardo, e centro sul polpaccio il povero Ziegler, un terzino sinistro, con tutta la mia forza e il mio peso. La sera mi faccio dare il suo numero di cellulare: «Pronto, ciao sono Zanetti. Senti, volevo scusarmi per oggi, ho calcolato male la giocata, spero non ti sia fatto male... No? Tutto a posto? Benissimo, grazie. Ti abbraccio, alla prossima partita». I tifosi non sanno quanto sia comune, tra noi giocatori, scusarsi per un fallo: non hai affatto l'intenzione di colpire, magari l'avversario ti dribbla per bravura, lo sgambetti d'istinto, ci resti male, alzi la mano: «È colpa mia».

Quella volta a Palermo, dunque, avviandomi verso gli spogliatoi della Favorita, già sulle scale, non sono per nulla timoroso, ma sento subito di non riuscire a respirare: ho dolore, affanno, conati di vomito. Mi portano di corsa in spogliatoio, dove mormoro: «Ragazzi, chiamate il dottore, presto...». Provo a tranquillizzarmi, a regolare il fiato, non c'è nulla da fare, è come se stessi annegando. D'improvviso penso: «Sto morendo, è un infarto, mi manca l'aria» e mi prende il panico, vedo su di me il volto del dottor Combi, qualche compagno affranto e fra di loro appaiono, come in sogno, Paula, i bambini, che sono invece lontani, a casa, sul lago.

Mi portano in ospedale e mentre sono in ambulanza, nella ridda di voci dello spogliatoio, dove i miei compagni mi hanno visto livido, in debito di ossigeno, qualcuno si persuade che io abbia davvero avuto un attacco cardiaco, al punto che l'inviato di Sky annuncia sconvolto in televisione: «Pare che il capitano dell'Inter Javier Zanetti abbia sofferto un infarto, alla fine della gara con il Palermo».

Paula è sintonizzata e sbianca ancora ricordando: «Sono seduta sul divano, come al solito la domenica, e dicono in televisione che Javi ha avuto un infarto. Da "malore" passano a "infarto cardiaco", ma a me pareva che già "malore" sia un modo ben educato per dire: "Zanetti è morto". In quel periodo ogni volta che sentivo dire in televisione: "Il tale è stato colto da grave malore", da lì a poco ne confermavano la morte. Nemmeno il tempo di farmi prendere dal panico che squilla il cellulare e tra casa nostra e l'ambulanza, in corsa a sirene spiegate verso il pronto soccorso dell'ospedale Villa Sofia, parte un dialogo surreale.

"Paula, amore, sono io, Javi... Sono in ambulanza, ho un dolore ma non preoccuparti, non ascoltare la televisione."

"Ma amore! Dove sei? Qui dicono che hai avuto un infarto, una crisi cardiaca."

"Paula, scusami, faccio fatica a parlare... ma se avessi avuto un infarto mica riuscirei a stare al telefono con te, no?"

"Senti, amore, stai tranquillo, dammi notizie, ma non ti affaticare."

"Va bene, mi chiedono di riattaccare. Dico a Córdoba, a Iván, di tenerti informata, dai un bacio ai bambini"».

In ospedale è il delirio, io ho ancora la maglia e i pantaloncini dell'Inter, siamo appena reduci dal Triplete. L'infermiere, che fa volare la barella verso i controlli, mi prega: «Capitano, va tutto bene, non si preoccupi... ma la maglia me la regala vero?».

È incredibile, riderei se solo potessi respirare: io mi sento morire, penso di avere un infarto, e portantini, infermieri, medici sono tutti felici come bambini dell'asilo. Si prendono cura di me, mettono tutte le ventose dell'elettrocardiogramma al posto giusto, mi auscultano il cuore con lo stetoscopio, fanno i test del caso e mi bombardano come allo stadio: «Capitano, una foto? Capitano, grandi! Capitano, a casa siamo pazzi per l'Inter, mi fa l'autografo per mia figlia? Capitano, vinciamo la Coppa Intercontinentale adesso! Mi raccomando...».

Disteso sul lettino rantolo: «Grazie ragazzi, grazie, ma aspettate un attimo... Grazie per il tifo e per l'entusiasmo... ma credo di star morendo, prima ditemi che cosa ho...». E loro, seri e insieme felici, continuano a visitarmi tifando, o forse meglio, a tifare visitandomi. Mi fanno un prelievo di sangue, il dottore insiste: «Io sono interista e, capitano, ero a Madrid... ma temo ci sia uno pneumotorace, vediamo un po' se è vero». Mi spiega che si tratta di aria infiltrata nella cavità pleurica dei polmoni, una condizione patologica rara. «Dobbiamo stare attenti, però, perché se viene trascurata è di estrema gravità, può portare anche al collasso del polmone» precisa il dottore.

Paula si tormenta: mi ha parlato al telefono, sono vivo, ma la televisione ripete «infarto». Che cosa sta succedendo? Il dottor Combi, dello staff medico dell'Inter, confabula con i colleghi palermitani, io mi sento un po' meglio, dai test non risulta nulla. I medici si interrogano sullo pneumotorace, dialogano tra loro, io respiro e dico: «Forse ce la faccio, proviamo ad andare». Ci sono discussioni, poi arriva l'ok dei medici. La squadra, dopo i controlli antidoping, mi ha aspettato, e tutti mi fanno grandi feste: «Cavolo, Pupi, ci hai fatto morire di paura stavolta!». Torniamo in aereo a Milano, sembra che me la sia cavata anche con l'infarto in diretta via satellite.

Il lunedì è giornata libera, tiro il fiato e scherzo al telefono con amici e parenti: «No, non sono morto... Sì, sì, sono vivo. Grazie per le condoglianze, eh! No, no, tocco ferro...» e via così di battuta in battuta. Il martedì arrivo ad Appiano Gentile per l'allenamento. «Quanti ne hai fatti, Pupi, di allenamenti?» mi chiedeva il mister Marcelo Bielsa, detto «El Loco», il Pazzo, in realtà persona serissima. «Ma non ti stufi mai? Com'è che non ti sei ancora scocciato?» Mi diverto, «Loco», mi diverto e lo sai. Così parto anche oggi con il mio jogging da «Tractor», preparare la partita per me è divertente quanto giocarla, se lavori bene.

Faccio appena dieci metri di corsetta per scaldarmi e sento un coltello infilarsi fra le costole, un dolore ancora più acuto di quello di Palermo.

Guardo Combi: «Dottore, sto malissimo...».

«Ancora? Andiamo a fare un nuovo controllo, dai.»

Chiamano la clinica Le Betulle, non lontano dalla Pinetina. Il dottore ha la faccia scura: se davvero è uno pneumotorace, il viaggio di ritorno a Milano in aereo non mi ha certo fatto bene, visto che lo sbalzo di pressione affatica, e di brutto, un polmone ferito. Ma la clinica conferma il test dell'ospedale Villa Sofia: «Nessuno pneumotorace». Torno in ritiro di pessimo umore. «Dottore, ma come può essere? Io ho un dolore della Madonna e mi dicono che non trovano nulla? Allora che cosa ho?» Ho paura, faccio brutti pensieri.

Decidiamo insieme che starò a riposo finché la situazione non si chiarisce. Non ho mai avuto infortuni gravi, l'esperienza di stare fermo, il rischio che ci sia qualcosa di grave sono sensazioni nuove per me, sgradevoli. Penso a quello che hanno sofferto alcuni miei grandi compagni, gli infortuni e le operazioni chirurgiche patite alle ginocchia da Baggio e Ronaldo. Provo a farmi coraggio, ma non è bello non sapere e vedere i medici perplessi.

Non siamo ancora rientrati in ritiro, che il cellulare del dottor Combi squilla ancora. Chiamano dalla clinica Le Betulle: «*Pneumothorax*, è confermato». Quasi invisibile, è sfuggito sia al primo sia al secondo controllo, e ora c'è anche l'aggravante del volo. Sono preoccupato, il dottore mi calma: «Adesso andiamo dal miglior specialista di Milano. Le soluzioni sono due: prima dobbiamo vedere quanto è grande la lesione, se il polmone è aperto in un'area piccola o più vasta. Se si tratta di una lesione di poco conto, stai un paio di settimane a riposo e si chiuderà naturalmente, senza alcun intervento. Se l'area offesa è di maggiore entità, devi operarti».

Mi agito sul sedile dell'auto: «Operarmi, dottore? Chirurgia? No, no, non ci penso neppure...».

«Stai tranquillo, prima vediamo cosa dice il professore, è inutile allarmarsi adesso.»

«Ma dovrò fermarmi!»

Fermarmi ora, quando la buona sorte ci sorride, con la Coppa del Mondo per Club in palio a fine anno, mi sembra una iattura, una condanna che arriva nel momento peggiore. Lo specialista e i sanitari dell'Inter fanno un terzo e un quarto controllo, poi si chiudono in stanza a ponderare, alla fine mi convocano e si siedono tutti intorno a me.

Tra i libri preferiti di mio figlio Nacho c'è la fiaba di Pinocchio, e gli ho letto spesso il capitolo in cui la Fata Turchina, per salvare il burattino di legno, chiama tre dottori, il Corvo, la Civetta e il Grillo Parlante, che fanno ciascuno la propria diagnosi, mentre il povero Pinocchio è steso sul lettino. Adesso mi sento come lui, ad ascoltare in silenzio i miei dottori.

«Zanetti,» dice il primario «per l'esperienza che ho e per quel che ho visto dai suoi esami, se lei fa il bravo e mi ascolta, tutto andrà bene e a posto. In due settimane, a mio avviso, il suo polmone si chiuderà da solo, senza bisogno di nessun intervento chirurgico...»

Mi sento sollevato e interrompo il professore: «Mi scusi, vuol dire che guarirò senza andare sotto i ferri?».

«Sì. A patto però...»

«Che patto, dottore?»

«A patto che lei, Zanetti, stia fermo finché io stesso, per iscritto, non le darò il permesso di tornare ad allenarsi.»

«Vuole che stia fermo?»

«Non fermo, immobile. Niente pesi, niente corsa, niente jogging, camminate forzate, flessioni. Solo casa, poltrona, relax. Mi sono spiegato?»

«E per quanto tempo?» azzardo.

«Almeno per due settimane. Deve stare assolutamente fermo, altrimenti rischia l'intervento o peggio.»

Due settimane. Non ricordo di essermi fermato mai così a lungo, anche dopo qualche botta alle gambe, ho sempre continuato almeno a esercitare addominali e braccia. Adesso, invece, «El Tractor» deve restare in garage se non vuole grippare. Mi fermo il tempo richiesto, pensando: «Anche nella convalescenza devi essere disciplinato come in allenamento, hai capito?».

Ci riesco, rientro in campo il 17 ottobre 2011, in modo curioso: i medici sono ancora timorosi per gli effetti della pressione in alta quota sul mio polmone, così per la trasferta di Cagliari volo con un aeroplanino da turismo, che non si alza come un normale jet e arriva in Sardegna volando «rasoterra».

Tra gli applausi dei tifosi finisce l'avventura del mio «infarto» in diretta. Alla fine sono stato lontano dal campo solo per pochi giorni, e ho acquisito una cultura sullo pneumotorace.

A fine anno, il 18 dicembre, negli Emirati Arabi si gioca quella che un tempo si chiamava Coppa Intercontinentale e ora ha preso il nome di Coppa del Mondo per Club Fifa, torneo tra club vincitori delle coppe nei vari continenti. La Coppa Libertadores è stata vinta dai brasiliani dell'Internacional, e quindi le scommesse sono per una finale di «Internazionali»: l'Inter di Porto Alegre contro l'Inter di Milano. Noi eliminiamo i coreani del Seongnam per 3-0, in una partita a me cara perché segno il secondo gol. Il primo lo marca «Deki» Stanković: Sneijder viene azzoppato, Eto'o usa i coreani come birilli dello slalom, la palla arriva al Drago che ci porta in vantaggio.

Siamo meno tonici che a Madrid, in panchina siede un nuovo tecnico, esperto e vincente, Rafael Benítez: con lui abbiamo vinto la Supercoppa Italiana contro la Roma, nostra eterna avversaria, e perso la Supercoppa Europea contro l'Atlético Madrid. La Grande Inter di Moratti padre ha trionfato in due Coppe Intercontinentali, nel 1964 e nel 1965, in entrambe le edizioni contro la mia Independiente: è ora di fare il tris.

I coreani hanno sempre lasciato brutti ricordi ai tifosi italiani, con la clamorosa eliminazione della Nazionale ai Mondiali del 1966 da parte della Corea del Nord, e con la Nazionale di Trapattoni ai Mondiali del 2002 costretta dalla Corea del Sud a tornarsene a casa. Per noi niente «sindrome coreana». Milito mi passa un gran pallone di tacco e io, stavolta di destro, faccio gol. Divento il più anziano goleador della Coppa del Mondo per Club: all'anagrafe, per il record, segno trentasette anni, 127 giorni e neppure la magica Wikipedia dice quante ore. Diego poi timbrerà il terzo gol, il suo sigillo sull'intera stagione.

A sorpresa però – testimonianza della costante crescita, tecnica e atletica, del calcio africano – la squadra congolese del Mazembe, detta dei «Tout Puissant», gli Onnipotenti, elimina i brasiliani dell'Internacional. Per la prima volta una squadra non europea o latinoamericana accede alla finale, segno che il calcio sta ormai radicandosi in Africa e in Asia, e che ovunque nel mondo ragazzi, e ragazze, praticano il nostro sport. Finiamo senza prendere gol, 3-0 anche al Mazembe, ma i giocatori di quella squadra che fu fondata in Congo da monaci missionari benedettini sono felicissimi dell'illustre piazzamento.

Rafael Benítez non lega con l'ambiente interista, non so bene il motivo, è una di quelle miscele di umori che non riescono ad amalgamarsi, malgrado il reciproco rispetto. Al suo posto arriva Leonardo, testa brasiliana, passato milanista, un ragazzo intelligente. Alla stagione dei trionfi, i quattro trofei del 2010, segue una stagione con un solo trofeo, la

Coppa Italia, che Leonardo strappa in finale al Palermo. In Champions League otteniamo uno splendido risultato in rimonta, negli ottavi di finale, contro l'inossidabile Bayern Monaco: perdiamo 1-0 a San Siro ma vinciamo 3-2 all'Allianz Arena ed eliminiamo i nostri rivali del Santiago Bernabeu. Sembra che, dopo il cambio in panchina, la squadra abbia un suo equilibrio. Il Milan ci è avanti in classifica, ma la Champions League resta aperta. Invece la mia nemesi, lo Schalke 04, ci batte due volte e dobbiamo abdicare alla nostra corona europea.

Inizia così il rinnovamento della squadra, lasciano grandi campioni e amici, arrivano giovani svegli e pieni di voglia di fare. Sulla panchina siedono dopo Leonardo, Claudio Ranieri e il debuttante Andrea Stramaccioni, con risultati alterni. Ranieri, a lungo nostro rivale con la Roma, è un signore e ricordo con gratitudine un suo gesto generoso. A dieci anni dalla nascita della mia Fondazione Pupi per aiutare i ragazzi poveri a Buenos Aires, organizzo un'asta benefica con maglie, scarpette, souvenir di tante imprese. Io regalo la replica della Coppa del Mondo per Club, il trofeo vinto contro il Mazembe. La base d'asta è di 30 mila euro, serviranno per nutrire e fare andare a scuola i bambini del *barrio* La Traza. È una bella cifra, e nessuna mano si alza, finché non si fa avanti il mister Ranieri. «Nessuno offre di più?» chiede il banditore. «Uno, due, tre... aggiudicato!» Sono contento per la somma che arriverà alla Fondazione Pupi, ma resto di stucco quando Ranieri mi si avvicina sorridendo e mi restituisce la coppa: «L'hai vinta segnando tu, la coppa resta a casa Zanetti, per i tuoi figli».

Andrea Stramaccioni è arrivato in prima squadra nel 2012, dopo la vittoria in Europa con la Primavera. Ci ha portati al successo allo Juventus Stadium, la prima sconfitta patita dai bianconeri in casa nel nuovo campo, motivo di sfottò eterno da parte dei nostri tifosi: «Vi abbiamo rigato la macchina!». Ma poi la squadra si disunisce e su Andrea cade il solito tsunami che attende l'allenatore dell'Inter: nella gloria come nella polvere, non c'è mai pace. Troppo stress per un giovane allenatore esordiente, ma sono certo che, determinato e preparato com'è, sentiremo ancora parlare di mister Stramaccioni.

Il nuovo tecnico è Walter Mazzarri, che ha portato il Napoli in alto in classifica valorizzando, con la sua intelligente tattica e un buon approccio psicologico, giocatori che prima della sua cura non avevano brillato. Quando firma il contratto mi chiama, vuole vedermi benché io sia ancora convalescente: si dimostra un gran professionista, mi fa subito una bella impressione umana.

Nell'estate 2013 il bilancio della presidenza di Massimo Moratti è di sedici titoli: cinque scudetti, quattro Coppe Italia, quattro Supercoppe Italiane, una Coppa Uefa, una Champions League, un Coppa del Mondo per Club Fifa. Un tesoro di vittorie che poche squadre vantano, straordinario per un solo presidente. Dal 1995, anno del mio arrivo all'Inter, il presidente ha investito nella squadra, secondo i giornali economici, un miliardo e duecento milioni di euro, cifra che in dollari, la valuta della finanza, sale a un miliardo e mezzo. È il cartellino prezzi che solo un imprenditore con il cuore del vero tifoso può accettare senza perdersi d'animo. E Moratti è un tifoso, l'Inter la sua famiglia, e infatti spesso i suoi cari sono tra noi, a incoraggiarci.

Di Massimo Moratti ho spesso parlato, essendo la nostra avventura all'Inter parallela, dal 1995 a oggi. Gli ex giocatori possono essere molto lagnosi, lamentarsi di questo o quello ma mai – mai! – ho sentito qualcuno dei nostri ex lamentarsi di Moratti. Può darsi che nel calcio dei magnati russi, degli sceicchi arabi, dei fondi di investimento americani o globali, una «squadra-famiglia» come l'Inter di Moratti sia un anacronismo, risulti troppo romantica. Vedremo, so però che a me, come a tanti, mancheranno sempre quel mondo, quei sentimenti, quegli affetti.

Si arrivava a casa di Moratti al mare, a Forte dei Marmi, per una riunione, magari si faceva tardi, con me c'erano

Crespo, Córdoba e altri ragazzi. Il presidente diceva: «Ma dove andate adesso? A Milano? Con il buio? Ma no, vi cerco da dormire qui, mangiamo insieme...»: sono le stesse parole di un padre affettuoso.

Vi ho detto dell'abbraccio tra me e Moratti a Madrid, i due veterani di tutta la sua corsa. Nessuna parola, solo sentimenti. A Milano tutti sanno che quando c'è una buona causa, un guaio da risolvere, una voce che nessuno ascolta bisogna parlarne con il presidente Moratti e sua moglie Milly. L'impegno di Inter Campus, un'iniziativa che porta scuola, pallone e educazione a bambini ovunque nel mondo, lo testimonia. Il regista premio Oscar Gabriele Salvatores, grande interista, ne ha tratto un documentario struggente: quando lo guardo sono fiero di essere interista.

Massimo Moratti ha portato all'Inter qualcosa che purtroppo spesso manca nel calcio: lealtà, candore, entusiasmo, solidarietà, cultura. La domenica a San Siro, tra studenti, impiegati, operai, tifano Inter scrittori, artisti, cantanti, uomini e donne di cinema, di teatro, attori. Credo sia proprio il fascino di Moratti ad attirarli verso una squadra che ha valori anche fuori dal campo. Quando i nostri giocatori hanno avuto guai personali – Burdisso, Kanu, Adriano, Ronaldo – il presidente è sempre stato loro vicino, non come un dirigente scrupoloso, ma come una persona vera, di cuore.

E la regola è valsa anche per me, quando i guai sono capitati a me, quando «El Tractor» si è fermato per il dolore, e il primo a dirmi «*Huevos!*», coraggio, è stato Massimo Moratti.

Perché giusto nel mezzo della non felice stagione 2012-2013, giusto sul campo per me sfortunato della Favorita, alla fine di una delle sgroppate che tante gioie hanno dato ai miei fan, a fondo campo, mentre sto per crossare, sento uno schiocco secco alla caviglia sinistra, un dolore squassante, più acuto di quello dello pneumotorace. Non sono un medico né un fisioterapista, ma noi calciatori sviluppiamo con l'ortopedia un rapporto intimo fin da ragazzi: le gambe sono i nostri strumenti di lavoro, con quelle ci guadagniamo da vivere, come mio padre Rodolfo con calce e cazzuola.

So quindi subito di essermi fatto molto male, so che non è uno stiramento, uno strappo, uno di quei malanni che, se ben curati, dopo qualche partita e un po' di riposo, vi permettono di ripartire. A febbraio è già «saltato» Diego Milito, le battaglie di tante stagioni pesano su noi guerrieri lasciando dolorose cicatrici. Stavolta tocca a me.

Seduto sull'erba della Favorita, con il pubblico che applaude e mi sostiene, mentre dalla panchina dell'Inter accorrono medico e massaggiatore, mi chiedo: «E ora?». Stavolta non devo chiamare Paula, so che sta guardando la partita, può vedere che non è a rischio la mia salute, sto bene, anche se i primi commenti confermano la gravità dell'incidente. Il dottore mi sfiora appena la caviglia per non farmi male, poi sussurra: «Il tendine d'Achille...». «Saltato», come una corda di un arco che ha tirato troppe frecce. Questa volta non sfuggo ai ferri dell'operazione, la sosta non si conta a settimane, ma a mesi. Dicembre 2013? Gennaio 2014?

Sul prato, mentre vedo arrivare la barella, mi fisso su un pensiero: «È solo un'altra pagina del libro», questo libro a cui lavoro da tempo. Non penso al ritiro, la mia carriera da calciatore non è finita. Non intravedo la scrivania da dirigente a cui voglio dedicare la mia prossima carriera, visto che la panchina da allenatore non fa per me, con i suoi azzardi e le sue scommesse. Steso sull'erba siciliana penso a scrivere un'altra pagina di questo libro e della mia vita.

I medici mi prescrivono riposo, l'operazione del professor Benazzo riesce bene. Quell'anno all'Inter ci sono stati troppi infortuni, c'è chi li attribuisce allo staff medico, chi agli allenamenti del giovane mister Stramaccioni, esposto per la prima volta alla pressione spietata della Serie A e al tritacarne delle conferenze stampa. Io non ho mai detto nulla, non tocca al capitano polemizzare. Ma quando devo dimostrare, «sulla mia pelle» come si dice, che cosa penso davvero, confermo la fiducia ai nostri medici interisti e mi opero secondo le loro indicazioni, diagnosi e prognosi.

Il mio cellulare pulsa di sms, e Twitter, il nuovo social network, raccoglie l'affetto di tanti campioni. «Aho',» scrive capitan Totti «Javier non fare scherzi, ti aspetto al prossimo Roma-Inter, io il gagliardetto lo scambio solo con te, capitano»: il Re di Roma non ha voglia di restare, senza di me, il più vecchio in Serie A. Ogni squadra mi manda messaggi di «in bocca al lupo» tramite le sue «bandiere»: Buffon e Del Piero per la Juventus, Maldini per il Milan, dal Barcellona il mio pupillo Lionel Messi. David Beckham mi sorprende e commuove per affetto e tempestività. Mourinho non manca all'appello. Il vecchio centravanti argentino Martín Palermo, quello dei tre rigori sbagliati in Nazionale, si fa vivo con affetto. Potessi schierare in campo, agli ordini di Mou, la Nazionale degli Amici di Pupi Zanetti, raccoglierei uno dei team più forti del mondo. Dichiaro sereno: «La mia carriera non è finita, giocherò ancora, ho un anno di contratto in corso con l'Inter». Sì, voglio giocare, giocare una partita vera. Voglio andare in campo, in campionato, in Coppa Italia, a darle e a prenderle, per tutti i minuti che ho ancora nel contachilometri da «Tractor».

XXIII

Il sorriso più bello di La Traza

Mia moglie Paula ripeteva: «Tutte le mogli dei calciatori fanno i bambini subito, appena si sposano. Io non voglio. Già ci siamo messi insieme che ero una bambina, prima di fare la mamma voglio girare il mondo, zaino in spalla, con la mia amica Lole accanto, lo sai...».

Insieme abbiamo girato parecchio in Africa, in Europa, in America. Ma sapevo, anche allora, che Paula aveva qualcos'altro in mente. Avendo visto prima i suoi fratelli e poi me dedicare la vita al calcio, si preoccupava che i bambini restassero troppo da soli: «Pupi, guarda i figli dei tuoi compagni, sono sempre lontani dal papà, che fretta c'è? I bambini li faremo quando tu sarai a casa un po' di più». Invece io continuo ad andare in campo, mentre i miei coetanei celebrano il proprio addio uno dopo l'altro. In casa le cose sembrano complicarsi. Un giorno dico a Paula: «Tu vuoi fare i bambini quando mi ritiro e ancora non se ne parla. Che si fa?».

Lei, serissima, risponde: «Tu non ci sei mai, amore. Sabato e domenica, ritiro e partita. In settimana ti alleni. Poi c'è la Nazionale, i viaggi in Argentina. Io mi ritroverei sola con il pupo tutto il giorno».

L'ha impressionata molto, quando «El Cholo» Simeone giocava nell'Inter, un addio all'aeroporto. Tornavamo da una trasferta in Russia, a Mosca, credo in Coppa Uefa, e appena fatto scalo avevamo già il volo prenotato verso Buenos Aires per una partita con la Nazionale. A Malpensa il bambino piccolo di Diego, che adesso è un ragazzone di diciotto anni, lo guarda affranto: «Papà? Parti di nuovo? Vai ancora via?».

Paula si commuove: «Pupi, mi ha spezzato il cuore quel bambino. Capisci? Io non voglio che i miei figli passino il tempo a salutare il padre. Da grandi capiranno, certo, ma finché sono piccoli?».

Insomma, si andava avanti senza bambini, ci sentivamo sempre giovani, finché non arriva Sol. Io gioco meno in Nazionale, e questo aiuta. In più, abitando a Como, abbiamo la possibilità di dare alla bambina una famiglia stabile. Voglio, con Paula, che i figli siano come noi, «fortunati e felici». Non solo per una condizione sociale agiata: io e Paula non siamo cresciuti nel lusso, ma le nostre famiglie sono state meravigliose e in questo vogliamo imitarle. Così dopo Sol, che è è nata l'11 giugno 2005, arriva Ignacio, detto Nacho, il 27 luglio 2008 e poi l'ultimo, il piccolo di casa, Tomas – ma lo chiamiamo Tommy – il 9 maggio 2012.

Sono a Buenos Aires per la fisioterapia, e ho un po' di tempo per loro quando non vado al Predio a recuperare, posso osservarli mentre giocano.

A otto anni Sol è già una teenager, si veste come le amichette più grandi, va matta per la serie Disney «Violetta», che ovunque la ipnotizza senza sosta dal suo iPad, in televisione o dai libri. Paula fa già la mamma veterana: «Alla tua età io giocavo con la bambola e desideravo, senza poterla avere, una macchina fotografica. E tu, invece, con "Violetta" tutto il giorno!». Ma capiamo entrambi perché Sol straveda per il personaggio interpretato dall'attrice Martina Stoessel: Violetta pendola come noi tra Europa e Buenos Aires al seguito del papà, cercando di integrarsi bene in due mondi diversi, lontani nello spazio, vicini nella cultura. Violetta insegue il sogno di cantare, detta i gusti dei vestiti e dei gesti ad adolescenti e bambine ovunque, e Sol è già una sua fan, le vedo ripetere quei gesti, i tic di Violetta.

Penso alle mie due fidanzatine di Dock Sud, le due Carina, e capisco che, in una generazione sola, il mondo è cambiato. A otto anni ormai non sei più un bambino, ma un teenager, capace di chiedere al papà, sbattendo gli occhioni: «Papino, mi compri tre regali?». Non uno, che furbona... tre!

Mentre faccio queste mie riflessioni paterne, guardando i bambini giocare in giardino, Paula coglie il mio sguardo su Sol e mi prende in giro: «Amore, ci pensi? Mi sono fidanzata con te a quattordici anni, e non sei stato tu il primo ragazzo che ho baciato, lo sai. Ora Sol ha otto anni: quindi, "Violetta" a parte, se è precoce come me, tra soli cinque anni lei...».

Sol? La mia Sol che gioca a basket, fa i tuffi, studia karatè e ama la musica per imitare Violetta, che cosa dovrebbe fare a tredici anni? Baciare chi?

«Paula? Lasciamo perdere... ok?»

Nacho sta contendendo il pallone sull'erba a Tommy, è più grande, e non appena nonno Rodolfo gli fa un passaggio, spara un tiro che sbatte a terra il fratellino. Tommy, «Tractor» formato tascabile, si alza senza dire «ahi» e tira ancora, ricade sul prato e si rialza. Dei tre mi sembra il più sportivo. Sol è romantica, vuole fare la ballerina, anche se poi in Argentina mi sorprende e commuove, quando mi dice: «Papà? Mettimi gli scarpini, insegnami a giocare a calcio». Tommy sorride e attacca, viene falciato e si rialza, rimbalza e riparte. Un figlio giocatore? Decideranno loro, non lo desidero né li ostacolerei, avranno la vita per loro. Per adesso la vita di Nacho, il più pensoso, sono i libri, viene da me compunto e recita: «Papà, i miei libri prediletti sono *Pinocchio, I tre porcellini* e le *Storie di fantasmi*», racconti fantastici di terrore e paura cui lo ha iniziato il nonno Andrés, che Nacho ama sentirsi leggere anche al buio.

Felicità è guardare i propri figli seguire la loro passione: Sol con le avventure di «Violetta», Tommy deciso a dribblare il fratello più grande, Nacho impaziente di saper leggere e fantasticare tra fantasmi, Pinocchio e il lupo cattivo. Ogni padre e ogni madre desiderano questa serenità per i figli, un'infanzia felice, la possibilità di prepararsi bene al futuro da adulti. Ma quella che per tanti dei nostri bambini è la pacifica vita quotidiana, per tantissimi altri è un miraggio che vedono solo nella pubblicità in televisione, non in casa né a scuola o nel proprio quartiere.

I miei suoceri, Andrés de la Fuente e Monica Giacoletto, una psicopedagoga, da sempre si occupano di questi bambini. Insieme vedevamo altri calciatori battersi per chi ha meno fortuna: Beppe Bergomi con la sua organizzazione dei Bindun, Leonardo con il lavoro sociale e umanitario nelle *favelas* brasiliane, Gol de Letra si chiamano i suoi volontari. Diamo loro spesso una mano, ma la sera, riuniti a cena, abbiamo voglia di fare di più.

Andrés, che prima di parlare di un problema passa ore a studiarlo, snocciola cifre: «Se vi dico sette milioni di poveri in Argentina, che pensate? E se dico che la metà dei ragazzi non finisce la scuola? E che ci sono quartieri in preda a miseria, prostituzione, gangs criminali e droga? Un bambino senza padre, con la madre in strada, come potrà mai studiare, fare i compiti? Chi lo aiuta? Come si sottrae all'influenza delle bande? Da chi impara che un diploma è più importante di una rapina?».

Monica è preoccupata: «Il ritardo nell'apprendimento, i mancati stimoli da parte della famiglia e della scuola spesso si traducono in handicap che poi è molto difficile recuperare. Servono cure, pazienza, attenzione, amore. E invece che essere aiutati in istituti, scuole e da specialisti, gli adolescenti finiscono in riformatorio o abbandonati: diventano così adulti in difficoltà, la vita segnata fin da piccoli».

Volevamo meritarci il molto che abbiamo avuto, dividere con altri meno felici la nostra fortuna. Ma come? Fare donazioni andava bene, abbiamo adottato a distanza tanti bambini, ma serviva di più. Siamo molto amici di Guly,

Andrés Guglielminpietro, un giocatore passato da Milan e Inter. Alla sua festa di compleanno ci troviamo a chiacchierare con Leonardo del lavoro umanitario che lo impegna a San Paolo e a Rio de Janeiro. Ci illustra programmi, idee organizzazioni, ragioniamo con Monica e Andrés e decidiamo di tornare dove siamo partiti, Lanùs, Remedios de Escalada e lì, nel 2002, nasce Fundación Pupi, dalle lettere del mio soprannome ricaviamo la sigla *Por Un Piberio Integrado*, per un'infanzia integrata.

Non mi sono mai molto appassionato di politica, anche se mi informo e leggo i giornali. Mio suocero Andrés era peronista, mio padre Rodolfo canta ancora l'inno di Perón, cui mia mamma Violeta era grata per una bambola avuta in dono, l'unico giocattolo della sua infanzia. Ho vissuto i tempi del presidente Alfonsín, la gioia di rivedere la democrazia dopo la dittatura dei militari, la «guerra sporca», i ragazzi scomparsi. Ma l'economia non è ripartita con le elezioni. Ho sperimentato sulla mia pelle come le famiglie, la mia per prima, penassero, in difficoltà con i salari. Andavo a comprare il latte al mattino, costava un peso. Al pomeriggio? Due pesos. Alla crisi economica seguono la crisi della scuola, il declino della società. Non dico che sia stata colpa di Alfonsín, però non siamo ripartiti nel modo migliore. Arriva poi il presidente Carlos Menem, e per un po' tutto sembra andare per il meglio. Purtroppo ci raccontavano un sacco di favole, in realtà vivevamo sulle nuvole e la crisi del 2001 ci riporta sulla terra. Per andare bene l'economia richiede investimenti, ricerca, capitali, lavoro. Meccanismi enormi da innescare per una sola persona o per una famiglia come la nostra. Decidiamo dunque di lavorare su scuola e educazione, sperando di lasciare un segno.

Oggi, approfittando del fatto di avere finalmente la gamba sinistra libera dall'ingessatura, carico tutta la famiglia in macchina e guido fino al *barrio* La Traza di Remedios de Escalada, cinquemila persone che combattono con la più difficile delle esistenze. Conosciamo ogni rione a memoria: 1° de Mayo, Tres de Febrero, Los Chaqueños, Villa Talleres, El Tala. Qui Paula andava a scuola, qui allo stadio del Talleres, dipinto in vernice bianca e rossa, la mia vita da muratore si è trasformata, per incanto, in vita da calciatore. La miseria che Andrés denuncia per l'Argentina, a La Traza è regola. Vado a vedere come stanno le cose alla Fondazione Pupi, parlo con le mamme, con i bambini che frequentano i corsi, la scuola, la mensa, il doposcuola, i campi da calcio e rugby.

Non appena parcheggio, i bambini ci corrono incontro, Andrés e Monica sono già al lavoro. Non si tratta di carità, è un laboratorio per trasformare il bisogno in crescita, la disuguaglianza in solidarietà. Sotto gli occhi dei nonni – è venuto anche Rodolfo – Sol, Nacho e Tommy vanno a sedersi ai tavoli della mensa. Le bidelle, volontarie, servono il pranzo, pollo e purè. I tavolini sono bassi, come i banchi, a misura di bambino, secondo il modello pedagogico teorizzato da Maria Montessori. C'è tranquillità, disciplina, ma sono sempre bambini: uno ride e scappa, altri scherzano con il cibo, disegnando con la forchetta sagome sul purè. Tra loro ci sono volti che tornano dal mio passato, c'è un ragazzino cresciuto con noi che viene a salutarci e racconta ad Andrés e alle maestre cosa sta facendo, a scuola e al lavoro.

Ogni storia è per noi una lezione che la Fondazione Pupi elabora per migliorare. La bambina che zoppica visibilmente e ride giocando con Paula non camminava affatto quando è venuta da noi. La vedete ciondolare sul campetto e vi preoccupate, ma noi siamo felici dei suoi progressi, Andrés e Monica non speravano riuscisse a riprendersi così bene. Ci sono storie felici e storie dolorose, lavorare in un *barrio* non è il Paese delle Meraviglie di Alice, e come nel calcio si vince e si perde, ma qui la posta in gioco è più alta, non si perdono punti, si perdono vite umane.

Come è accaduto a un bambino che sembrava promettente, pieno di intelligenza ed energia, ma che ha trovato fuori da qui, a La Traza, fantasmi più famelici e sanguinari di quelli che spaventano Nacho nei suoi libri. Si è ucciso, quando era a un passo, a mezzo passo, dal farcela. La sorella più grande, che lavora al Comune qui vicino, viene a salutarmi, mi informa delle novità del quartiere. Con Paula sappiamo perché non si stacca da questa mensa, dalle aule con le lavagne, dalla sala computer al piano di sopra, perché sarà in prima fila quando, a dicembre 2013, inaugureremo il centro di cultura popolare e la biblioteca per adulti.

Torna perché sa che, nella breve e tormentata esistenza del suo fratellino, le ore trascorse alla Fondazione Pupi sono state le sole felici, quando era ascoltato con amore, quando poteva condividere speranze e idee con i compagni, quando il futuro non sembrava una minaccia ma una promessa.

Martín, piccolo sordomuto, è diventato un simbolo per tutti noi alla Fondazione Pupi. A soli tre anni, senza una chance di leggere, scrivere, andare a scuola o avere mai un lavoro, era già un ergastolano, condannato a vita dalla miseria. Monica ha smosso i migliori specialisti, ha raccolto i fondi per apparecchi acustici all'avanguardia, ha convocato i logopedisti di Buenos Aires. Quando lo sento parlare mi pare davvero di assistere al miracolo del Vangelo, l'amore che scioglie la lingua ai muti. Vedo i bambini che mangiano dai loro vassoi, per molti un lusso a casa propria, e ricordo il cammino di dolore che li ha portati qui, i progressi che hanno fatto, la strada che hanno davanti.

Jonathan è arrivato da noi alla Fondazione Pupi a cinque anni, da scolaro. Ora ne ha sedici e non è mai andato via, lavora come volontario, è un «veterano in erba» della nostra solidarietà. Se riuscissimo a creare tanti Jonathan avremmo vinto, ma ci vorrà tempo. Gli argentini hanno un talento unico, nel calcio, nella scienza, nella musica, ma se questa nostra «marcia» in più gira al male sono guai veri.

La Fondazione Pupi è un'officina, non un salvadanaio. Non ci basta raccogliere fondi, un lavoro pur fondamentale, serve disegnare un progetto di uscita dall'emarginazione. Ognuno di noi vi porta la sua esperienza, la sua sensibilità. Monica diagnostica in ogni bambino i problemi che la scienza, la medicina, la pedagogia possono risolvere, o attutire, secondo tecniche ed esperimenti provati. Ma l'accesso alle cure è bloccato dalla povertà, così una sindrome banale, che per un bambino dei quartieri più ricchi è solo un fastidio da curare in fretta con una buona terapia, a La Traza si trasforma in tragedia.

Paula è romantica, passionale: «Mia mamma si è laureata in psicopedagogia, occupandosi di bambini con problemi motori e dell'apprendimento. Lavorava nelle scuole pubbliche più povere dell'Argentina, ogni sera tornava a casa distrutta dalle storie terribili che toccavano in sorte ai suoi studenti e alle loro famiglie. Ci sono a Buenos Aires tante mense per i poveri, una scodella di minestra e un pezzo di pane per sfamarti, ma mancano strutture dove crescere, maturare, rompere il ciclo della povertà. Papà e mamma spronavano me e i miei fratelli: fate qualcosa per chi non ha la vostra fortuna alle spalle. Ogni volta che salviamo un bambino, uno solo, ogni volta che risolviamo un problema, per minuscolo che sia – un libro di testo, una bocciatura, un aiuto a una madre in confusione – io penso che l'intera Fondazione Pupi abbia trovato la sua ragione d'essere».

L'approccio di Andrés è radicale, politico, diverso da quello medico di Monica e dalla compassione di Paula. Lui è l'antico militante che sogna non solo il riscatto di un bambino, ma la fine della povertà in Argentina: «Paula ha ragione, certo, ogni piccolo strappato alla strada è un trionfo. Ma io so che non ce la faremo mai, da soli, con le nostre forze, anche con i tanti amici che ci aiutano, a vincere la guerra alla miseria. La mia formazione, da quando facevo il militante politico a quando sono diventato dirigente sportivo delle giovanili al Talleres, con la *unidad básica*, la cellula sociale di base, o nei consigli d'amministrazione delle scuole materne, mi porta sempre a dire: "Organizziamoci per aiutare gli altri". La mia idea è costruire, intorno alla Fondazione Pupi, un modello. Voglio che la scuola a La Traza diventi un laboratorio di idee, tecniche, pratiche di promozione ed emancipazione sociale che poi il governo possa riproporre da nord a sud in tutta l'Argentina. Altrimenti non basta aiutare 39 bambini su sette milioni di bisognosi, una goccia nel mare della miseria. Solo a Buenos Aires abbiamo 700 mila ragazzi che vivono in strada, tra i quattordici e i ventiquattro anni. E due studenti su tre non finiscono gli studi».

E il mio modello? Qual è il mio modello visto che, dopotutto, la Fondazione Pupi, se non il mio nome, porta il mio soprannome? Penso che abbiano ragione tutti e tre e che si debbano rappresentare tutti i loro punti di vista. Monica dice bene quando ci richiama a trovare una soluzione subito, terapeutica, nel campo di quello che la medicina e la psicologia già possono fare per un singolo paziente. Paula indica il bersaglio umanitario: migliorare l'esistenza di un bambino è sempre un successo morale universale. Andrés ci ricorda di non accontentarci mai, di non dimenticare chi non vive a La Traza, non ha accesso alle nostre strutture, in *barrios* o villaggi lontani da qui.

Da Gol de Letra, la fondazione di Leonardo, abbiamo ricalcato la possibilità di dare ai bambini un luogo fisico dove studiare al pomeriggio, quando la scuola resta chiusa, senza ciondolare in strada dopo le quattro ore di lezione. Non tutte le scuole hanno la mensa, e quindi molti ragazzi finiscono sul marciapiede a mezzogiorno, digiuni. Noi li accompagniamo a scuola alle otto del mattino, andiamo a riprenderli alle dodici dopo le lezioni, mangiano in mensa alla Fondazione Pupi, poi trascorrono l'intero pomeriggio lì, a studiare, fare i compiti, giocare a calcio o a rugby, fare corsi di computer, fotografia, cinema, quindi tornano a casa, cena e a letto. Un'intera giornata occupata, produttiva, stimolante.

Paula mi dice: «Il nostro lavoro è non lasciare che i bambini vengano emarginati dalla società, reinserirli. Conta il rapporto con la famiglia di origine, cambiarla, dare responsabilità a genitori spesso assenti o con guai gravi. Insegniamo anche ai papà e alle mamme che gli orari vanno rispettati, l'igiene mantenuta, la cena preparata, i compiti controllati. Il bambino ci offre la possibilità di dialogare con cittadini che altrimenti sarebbero per sempre isolati nella loro miseria».

Non sempre sono rose e fiori, Andrés lo vede in prima linea: «Decidiamo di fare un progetto che coinvolga anche i genitori: corsi di informatica, una biblioteca popolare, percorsi di avviamento al lavoro. Abbiamo un pulmino, ma ci servono autisti per i nuovi studenti, grandi o piccoli. Da cento bambini riusciamo a reclutare solo tre genitori, tanti non hanno la patente, altri sono degli irresponsabili, c'è chi ha abbandonato la famiglia, chi è in galera. "Il mestiere preferito?" chiedono in classe. "Calciatore e ladro" sono le due voci più votate».

Creare un modello, fare quel che possiamo, moltiplicare gli esempi. I guai crescono, oggi ci sono sette milioni di poveri ma siamo certi che diminuiranno? E se invece crescessero? Noi resistiamo con fiducia, ma non ci sono per ora segnali di ottimismo. Ci vorrà molto tempo prima che l'Argentina esca dalla sua crisi, perché troppo tempo è stato sprecato, intere generazioni. Non basteranno cinque o dieci anni per sconfiggere la povertà, ogni volta si rimandano le scelte, e certi mali della società peggiorano, si incancreniscono.

Quando, al mattino, guardo i miei figli andare a scuola, all'asilo, al nido, non posso che pensare a quelli che nei *barrios* restano a casa, davanti alla televisione se va bene, perché non ci sono soldi o aule scolastiche, o a volte neanche un papà o una mamma che li sveglino: «Forza, cominciano le lezioni, ecco l'aranciata e girati a salutarmi prima dell'angolo o ci resto male».

Un giorno, alla Fondazione Pupi, una giovane maestra arriva in classe e dice: «Bambini, stamattina faremo un esercizio. Prendete un foglio e disegnate quello che vorrete essere da grandi». C'è chi fa lo schizzo di un medico con lo stetoscopio, chi di un calciatore con il pallone, una bambina si raffigura in classe come un'insegnante. Uno scolaro, uno dei più svegli, disegna invece un uomo che punta una pistola.

«Cosa vuol dire?» chiede impressionata la maestra.

«Voglio essere uno Zorro, un ladro, come mio padre e i miei fratelli grandi» risponde lui sorridendo. Ha solo sei anni.

L'esempio negativo combatte contro quello positivo. L'aria è dura da queste parti, le maestre giovani hanno paura a venire, si ritraggono, parlano di aggressioni da parte di gangs di teppisti che non hanno più di dieci anni, ovunque sarebbero dei ragazzini, qui diventano pericolosi criminali abbandonati in periferia.

Finita l'ora del doposcuola arrivano alcune mamme: chi riprende i bambini per portarli a casa, chi si trattiene a parlare con le operatrici sociali o le maestre. Un programma speciale della Fondazione Pupi, «Mamá Amor», coinvolge direttamente le mamme, offre loro gli strumenti culturali per trovare un lavoro o per capire meglio i figli e i loro bisogni. Qui a La Traza una mamma – in qualche caso, a sua volta poco più di una bambina che ha avuto un bambino – può avere difficoltà a gestire la casa, la scuola, il lavoro. Darle ordine mentale, spiegarle come organizzarsi, insegnarle a usare un computer per non sentirsi sperduta in un ufficio o in fabbrica sono idee semplici ma fanno la differenza nella vita di ogni giorno.

Mentre ascolto le ultime novità della Fondazione Pupi, guardo nella sala lettura Sol, Nacho e Tommy che ascoltano Andrés leggere, con la sua voce di basso, le *Storie di fantasmi*, abbassando il tono quando vuol fare paura, alzandolo quando arrivano i buoni, mentre tutti insieme i bambini, i miei figli e i loro amici che vivono a La Traza, hanno il batticuore per l'avventura terrorizzante che ascoltano.

Ecco, quello che vogliamo ottenere con la Fondazione Pupi è che quei fantasmi siano per tutti i bambini una paura giocosa da libro di scuola, non minacciosi pericoli che li aspettano sul marciapiede, appena fuori da casa.

XXIV

Lo spogliatoio dei Fratelli del Mondo

Di ritorno da La Traza attraverso Buenos Aires percorrendo l'*autopista*: il traffico, i camion in coda, i ragazzini per strada, i grattacieli in vetrocemento, lucidissimi e neri, le povere baracche con il tetto di lamiera ondulata, il passato e il futuro, la ricchezza e la povertà sfrecciano accanto al finestrino, una dietro l'altra, senza sosta.

Ho bisogno di pensare, di riflettere. Parcheggio e vado a fare una passeggiata nel vecchio quartiere della Ferrovia, a La Quinta, case costruite per gli uomini che lavoravano alla stazione, diventate famose perché anche Diego Armando Maradona ha vissuto da queste parti, almeno fino a un litigio brusco con la moglie. La sua leggenda, dopo un boccale di *cerveza* Quilmes tra amici, fa discutere per ore.

Dietro casa mia c'è un campetto da calcio, non è di misura regolamentare ma il fondo erboso è buono, soprattutto adesso che in Argentina è fresco, mentre l'Europa brucia al sole. Le porte non sono da Serie A, ma vanno bene per una partita senza troppe pretese. Sorrido, perché uno dei segreti meglio custoditi del mondo del calcio, che i tifosi raramente apprendono, è che alcuni ex calciatori continuano ancora a giocare dopo essersi ritirati.

Una volta salutati i fan in una partita d'addio, raccolte in un baule tutte le maglie, souvenir di tanti match, regalate le scarpe in più, nell'attesa di una nuova occupazione o di un modo per far fruttare i risparmi di una carriera, molti calciatori smettono di giocare del tutto. Gianni Rivera, asso del Milan e della Nazionale azzurra, vicecampione del mondo nel 1970, per esempio ha raccontato: «Dopo essermi ritirato, dubito di aver mai più dato un calcio a un pallone. Ho fatto politica, sono stato eletto in parlamento: la vita cambia, basta calcio». E come lui tanti. Di Roberto Mancini vi ho detto, in panchina friggeva per giocare, come se dovesse chiamare per la sostituzione il suo vecchio numero ed entrare in campo. E magari respingeva al volo di tacco un pallone finito in fallo laterale, strizzando l'occhio: «Vedete che piedi ho?».

Senza dire niente a nessuno, invece, gruppetti di ex calciatori si incontrano e giocano a pallone. Niente ingaggi, agenti, riflettori, sponsor, punti in palio, pagelle, curve adoranti, arbitri inflessibili. Solo una palla, calzoncini, magliette, un gruppo di amici e via in campo, a stoppare, dribblare, entrare in tackle che non dovrebbero mordere le caviglie cigolanti, almeno nelle intenzioni. I cronisti non sono ammessi, a meno che non entrino a far parte di questa «confraternita segreta», non giurino il silenzio e, indossati un paio di scarpini, non tirino calci al pallone anche loro.

So che gioca Gianluca Pagliuca, portiere dell'Inter per anni, uno che in Nazionale provò a parare il rigore al favoloso brasiliano Romário, a Pasadena nel 1994, nella finale dei Mondiali. Gioca Maurizio Ganz, attaccante di Inter e Milan e papà di un calciatore. Quando non è impegnato con le sue telecronache su Sky insieme a Fabio Caressa, gioca anche Beppe Bergomi, l'ex capitano dell'Inter e campione del mondo con la Nazionale italiana nel 1982, che dicono non abbia perso quel suo tocco capace di annullare allora Rummenigge (Beppe sei un grande, ma dacci un filo di calore in più quando parli della tua ex squadra, te lo chiedono milioni di tifosi... obiettività, sì, ma un po' di affetto, dai!). Gioca mio fratello Sergio Zanetti, ex Deportivo Español. Gioca, senza dirlo mai a nessuno, il grande Paolo Maldini.

Una mattina, ad Appiano Gentile, becco Iván Ramiro Córdoba, team manager dell'Inter. Per anni al mio fianco ha spazzato l'area da palloni pericolosi, ora indossa eleganti abiti a due bottoni, alza la lavagna delle sostituzioni, si fa in quattro per sostenere i ragazzi, rendere la loro vita meno stressata, bravo come manager quanto lo era come centrale. Non sta riponendo in una ventiquattrore le note dell'ultima riunione con il mister Walter Mazzarri, ma infila in una borsa sportiva scarpe da calcio, parastinchi, calzoncini, una maglia.

Sospettoso gli chiedo: «Dove stai andando, Iván?».

«Io, perché?» fa il mio ex compagno di stanza di tanti ritiri.

«Sì, tu. Perché vai in giro con le scarpette?»

«Gioco, Pupi» mi dice Iván e arrossisce.

«Giochi? Ma se mi hai raccontato cento volte la tua ultima partita? "Guardavo la palla uscire e riflettevo: ecco il mio ultimo fallo laterale, ecco il mio ultimo rilancio, guarda quell'attaccante che prova a passare, ora gli faccio il mio ultimo fallo..." L'ho perfino scritto nel mio libro, Iván!»

«Bravo, hai fatto bene. Scrivi anche che gioco con qualche amico. Mi diverto un sacco, e me la cavo...» strizza l'occhio Córdoba.

Paula mi chiede: «Giocherai ancora quando smetterai di giocare, amore?». Guardo il campetto in periferia alla Ferrovia, mi immagino a dribblare Iván, a fare un *sombrero* a Beppe Bergomi che intanto a voce alta fa la telecronaca dal vivo solo per noi, come me bambino che imito la voce di Victor Hugo Morales: «Ecco Zanetti che scatta, elude la sorveglianza asfissiante di Ganz, scarta con una finta il fratello Sergio Zanetti e di sinistro al volo uccella l'esterrefatto Pagliuca...», un gol descritto nel gergo antico delle cronache sportive di quando ero ragazzo, vent'anni fa.

Qualche snob può storcere il naso davanti a un gruppo di ex campioni che non sa svezzarsi dal gioco, ma io trovo invece fantastico che la passione continui anche quando non ci saranno più contratti da firmare. Immagino partitoni all'ultimo respiro, come nei racconti di Soriano, come nelle riffe di Disneylandia, a sputare i polmoni per un fiasco di vino rosso e due salami. Una volta il mister Arrigo Sacchi ha detto: «Un palo preso quando allenavo i dilettanti e un palo preso in finale ai Mondiali danno le stesse emozioni, per chi come me ha il calcio nel sangue».

Córdoba mi confessa il suo segreto: «Ci sono squadre, tornei, ma siamo sempre tutti convocati, presenti. Qualche volta si uniscono a noi dei ragazzi, dilettanti, ci si mischia. E si cambia ruolo».

«Cioè?»

«Si cambia: per esempio Pagliuca parte dalla porta palla al piede e attacca, come da ragazzo quando a Bologna andava agli allenamenti in motorino.»

«Quindi io potrei tornare l'attaccante che ero, o la mezzala. Non mi confinate in difesa o a centrocampo?» chiedo a Iván facendo il serio.

«Eccome no? Centravanti alla Samuel contro il Siena» sfotte Córdoba e ridiamo.

Allora chiamo Paula e rispondo alla sua domanda, con un po' di ritardo: «Certo che giocherò ancora quando smetterò di fare il calciatore, ne sono certo adesso».

«Ah sì?» fa lei ironica, come se non ne avesse mai dubitato. «E in che ruolo? Debutti in porta?»

Non accetto la provocazione familiare: «Vedremo, amore... Di certo correrò tanto, dappertutto».

Sul prato, a La Quinta, oggi il cielo è grigio, dall'Oceano Atlantico il vento trascina nuvole cariche di pioggia. Penso al mio lavoro, alla mia vita, al silenzio dello spogliatoio prima di un match: gli odori, l'olio per i massaggi, le frizioni, le scarpette pronte all'uso, la schiuma da doccia. Dello spogliatoio amo tutto, l'eco dei passi quando entro, il cigolio degli armadietti, la scelta dei tacchetti. Quali usare? Sul vecchio prato di San Siro, quando pareva una marcita di campagna, usavo tacchetti da 11 o 13 millimetri, 11 davanti, 13 dietro. E adesso che è per metà sintetico? Sul sintetico preferisco i tacchetti di gomma, con gli altri non ce la fai, il campo è troppo duro, è come correre sul cemento armato, ti rovini la schiena. I miei compagni, quasi tutti, sono d'accordo con me e vedo tacchetti di gomma anche ai loro piedi. Bene, il capitano deve preoccuparsi anche di questi dettagli.

Amo ordinare la mia biancheria, un capo sull'altro: mutande, maglia, sottomaglia quando fa freddo, felpa, pantalone lungo, corto. Quindi le scarpe – che siano pulite o Rodolfo mi strilla a distanza – e i parastinchi. E poi il sapone, lo shampoo, l'asciugamano, le cose che usi tutti i giorni. Sono abitudini cui sei affezionato, che ti rassicurano.

Mi piacciono le confidenze con il compagno che ti siede accanto, che con te condivide le sue preoccupazioni in campo e fuori. Si fa insieme un po' di stretching, se è giorno di partita «si fiuta» il match, l'aria che tira: «I compagni sono in forma o battono la fiacca?».

Ogni cronaca sportiva gronda di questa parola: «Tizio è fuori forma», «Caio è in forma smagliante», «Sempronio deve ritrovare la migliore forma». Ma vi siete mai chiesti che cosa voglia davvero dire «essere in forma»? Che cosa prova un calciatore quando è, o si sente, al top della condizione fisica e mentale? Ragionando nello spogliatoio o a bordo campo con i compagni, cerco sempre di intuirne lo stato di forma fisica, se stanno bene, se sono allenati, se hanno qualche acciacco. Ma esiste anche la forma mentale per un giocatore: ha guai a casa, è di buon umore?

«Forma» è stare bene nel corpo e nella testa, «forma» è quando tutto quel che sai fare ti riesce con facilità e naturalezza. Altre volte invece tenti un passaggio, un dribbling, una finta che conosci a menadito e non ti riesce: il meccanismo che collega il corpo alla mente, e che si chiama in gergo «forma», si è inceppato. Fai fatica a ritrovare le giocate che ti sono naturali, hai voglia di confidarti con un amico, chiedere consiglio in panca, nel riserbo dello spogliatoio, su come «ritrovare la forma» e invece ti becchi davanti al naso una bella telecamera con un microfono spianato e un cronista vociante: «E oggi come ti senti...?».

Detesto con tutto il cuore il nuovo rito che permette l'ingresso delle telecamere a violare la pace dello spogliatoio. Ai tifosi vendono l'illusione di guardare dal vivo ciò che accade prima della partita, ma è solo una recita. Appena sentono che si apre la porta ai cameramen, i giocatori si irrigidiscono, dicono ovvietà, fanno quei sorrisi forzati che vedete in aereo sul volto della hostess alla prima turbolenza. Mastichiamo banalità, frasi fatte.

Uscita la troupe si riprende finalmente a ragionare, tranquilli. Una volta quel simpatico matto di Antonio Cassano fece rumore agli Europei del 2012 per qualche improvvida dichiarazione delle sue, a proposito dei gay nel calcio. Sono certo non volesse offendere nessuno, ma parte un bel casino. Bene, chi ha vissuto la vita degli spogliatoi sa che nel calcio di gay ce ne sono, come in ogni fabbrica, ufficio, scuola, e non ci sono, per fortuna, maggiori pregiudizi nei loro confronti né, purtroppo, minori. Il calcio non è una bolla sofisticata che svolazza sul resto della società, lontana, separata, distante, ma è una cellula, come tante, del nostro mondo, di cui condivide guai, odi, speranze, passioni. Sugli etero come sugli omosessuali.

Non appena parte da una curva il «buuu» dei soliti idioti razzisti, leggo il giorno dopo un articolo di fondo ponderoso sul «razzismo nel calcio», come se quei tipacci non fossero operai, disoccupati, impiegati, figli di papà ma calciatori, allenatori, massaggiatori, professionisti del mondo del pallone. Come se il loro ignobile razzismo facesse parte solo dello sport e non fosse – pericolo assai più grave – un male di tutta la nostra società.

Giocare in una squadra di calcio offre l'opportunità, non frequente in altri lavori, di condividere la tavola, la doccia, il lavoro, lo spogliatoio, la stanza, la preghiera, il campo, il tempo libero con esseri umani di altri paesi, culture, tradizioni, fedi religiose.

Da Hakan Şükür, Emre, Kallon ho imparato a capire l'Islam, la fede di centinaia di milioni di uomini e donne. Li ho visti pregare, digiunare durante il Ramadan, senza bere fino al tramonto pur sudando in campo sotto il sole cocente. Sulley Muntari mi diceva: «Durante il Ramadan digiuno anche di domenica, prima della partita. Alla fine, capitano, dimmi se sono andato male». Andava benissimo: pur senza cibo, senz'acqua, in partita era un leone.

«Ma come fai?» gli chiedo.

E lui, serafico: «Non potrei altrimenti, Pupi. Non rinuncerei mai alla fede, al Ramadan. Sui giornali c'è chi descrive l'Islam come terrorismo, ma è invece fede e compassione. La fede che ho in testa e nel cuore mi dà la forza per andare avanti. Ora, rispondimi sinceramente, da capitano: come sono andato in partita, pur digiuno?».

«Hai reso alla grande, sai che non ti mentirei se non fosse così.»

«Grazie, capitano» e Muntari sorrideva felice di aver saputo tenere insieme, con sofferenza e sacrificio, la fede e il calcio.

Come lui, anche il giovane interista Ishak Belfodil digiuna durante il Ramadan nell'estate del 2013: in partita non beve, il massaggiatore gli passa un panno bagnato per rinfrescarlo, e lui tiene duro, per lo sport e per la fede.

Grazie alle confidenze di spogliatoio ho capito le difficoltà di paesi lontani, di cui non si parla mai in prima pagina o al telegiornale. Noi non siamo «macchine da calcio» e basta: per tanti tifosi Mohamed Kallon è solo il ricordo di un gol parato in extremis da Abbiati con il ginocchio, quel gol che ci avrebbe portato alla finale di Champions League. Per me, invece, è anche il ragazzo che, quando eravamo tranquilli alla Pinetina, accendeva il videoregistratore per farmi vedere i filmati sul suo paese, la Sierra Leone, e spiegarmi come nasce e divampa dal niente una guerra civile. Mi raccontava che i bambini vengono reclutati a forza e non avviati al calcio come scuola di vita, sul modello di Inter Campus, né ai banchi con i computer, come alla Fondazione Pupi. In mano viene messo loro un fucile mitragliatore, cartucce a bandoliera sul petto smunto e via, bambini soldato ad ammazzare, o a essere ammazzati, da altri bambini soldato.

Quando la Curva Nord beccava il giocatore del Messina Marco André Zoro per il colore della sua pelle, io gli ero accanto in campo. Lui voleva uscire, chiudere la partita, lo ha fatto il Milan una volta per protestare contro i razzisti sugli spalti. «Credi che sia una buona idea?» mi chiedono spesso. «Davanti a cori razzisti e beceri, tutti i giocatori delle due squadre sottobraccio, e via negli spogliatoi, la partita interrotta... che ne pensi?»

Ne ho parlato con compagni italiani, europei, africani, cristiani, musulmani, laici, non credenti. Ho ascoltato i loro pareri, abbiamo discusso a lungo e sono arrivato alla conclusione che, per quanto possa sembrare un'ottima idea mandare a quel paese i razzisti mascherati da ultras e lasciare il campo, in realtà non funzionerebbe. Conosco la psicologia dei tifosi da quando mi spellavo le mani per i gol di Bochini all'Independiente e vi assicuro che fermare le partite ai cori razzisti farebbe solo sì che, in riunioni tenute in gran segreto in garage dove nessuno di noi mai si sognerebbe di entrare, verrebbe organizzato con precisione il boicottaggio dei grandi derby. Non appena il risultato in campo non soddisferà i pochi tifosi razzisti, non appena la situazione politica richiederà, nel delirio della loro propaganda, un incidente, ecco i cori per bloccare tutto e ottenere i titoloni.

Troppo facile cadere in questa trappola. Il calcio ha un problema di razzismo perché i nostri paesi e le nostre comunità hanno purtroppo un problema di razzismo. Illudersi di risolvere pregiudizi e ignoranza negli stadi è perdente, servono scuole, cultura, conversazioni in famiglia, in chiesa, in moschea e sinagoga. L'esempio del calcio, piuttosto, va indicato in chiave di convivenza e tolleranza. Chi odia gli ebrei fischia i giocatori del Tottenham, gli Hotspurs, considerati dai razzisti la «squadra degli ebrei a Londra». Chi odia i neri fischia Balotelli, Eto'o e Maicon. Chi odia i musulmani insulta Kallon, Muntari, Belfodil. Vedete? Questi giocatori sono bianchi e neri, italiani, africani, brasiliani, musulmani, cristiani, laici. Nessuno può saperlo dal colore della loro pelle, per conoscerli deve sedersi con loro, conversare, scambiare idee, informazioni.

Sono sceso in campo in Argentina-Inghilterra, ho visto e sentito dai miei compagni i resoconti di Serbia-Croazia: so che c'è chi gioca a trasformare una partita in una guerra. La soluzione, però, è in mano ai giocatori, chiamati a rivaleggiare nello sport, ad abbracciarsi con affetto e stima a fine partita, guardando verso i tifosi, soprattutto i più giovani pronti a imitare i loro idoli, e lanciando un messaggio chiaro: «Abbracciatevi anche voi adesso, ripiegando bandiere e striscioni».

Il razzismo si nutre di odio e ignoranza e va debellato con la cultura e la conoscenza. Ho partecipato, da capitano, alla grande festa di San Siro per il centenario dell'Inter, 1908-2008 e prima ancora di quella notte i «vecchi» interisti, dall'avvocato Prisco a Giacinto Facchetti, mi raccontavano della nascita del club Internazionale: «I soci fondatori erano riuniti al ristorante milanese L'Orologio, quarantatré dissidenti che avevano appena lasciato il Milan. Il motivo? La squadra rossonera aveva posto un tetto, una "quota" si direbbe oggi, al numero di giocatori non italiani, e invece i fondatori dell'Inter ritenevano che ognuno dovesse poter giocare, a prescindere dal passaporto che teneva in tasca o dal luogo di nascita». Per questo scelgono il nome di «Internazionale» e il pittore Giorgio Muggiani, che disegna maglia e simbolo, sintetizza per sempre la nostra natura e anima: «Questa notte splendida darà i colori al nostro stemma: il nero e l'azzurro sullo sfondo d'oro delle stelle. Ci chiameremo Internazionale perché noi siamo fratelli del mondo».

Qui sta il fascino di essere «neri come la notte, azzurri come il cielo», un Dna di sofferenza e felicità, l'orgoglio di essere «Fratelli del Mondo». Qualcuno, talvolta, storce il naso spulciando il numero di giocatori italiani in squadra nell'Inter. Sorrido perché io, per esempio, pur essendo un cittadino della Repubblica Italiana con pieni diritti politici, non vengo contato tra gli «italiani» in campo. Vado bene come italiano al seggio elettorale, non in formazione. Il presidente Moratti ha convocato i «Fratelli del Mondo» per una squadra «Internazionale». Dove non c'è posto, né in campo né in tribuna, per razzismo, odio, discriminazioni.

Sul prato, a La Quinta, le prime gocce di pioggia bagnano i giocattoli dimenticati dai bambini: un passeggino di Sol, un triciclo di Tommy, il pallone di Nacho. Lo sollevo piano con il destro, palleggio una, due, tre volte. Poi, sperando che nessuno mi veda, fulmino a porta vuota.

Giocando ancora, in Serie A o qui in una partitella, terrò sempre nel cuore l'amicizia dello spogliatoio, il sorriso per tutti i miei «fratelli del mondo».

XXV
La parte migliore del calcio

«Blazina, Vanzini, Basso, Zubieta, Grecco, Colombo, Imbellone, Farro, Pontoni, Martino, Silva» è una formazione che suona alle orecchie di un tifoso di calcio argentino come per un tifoso italiano la celebre «Sarti, Burgnich, Facchetti, Bedin, Guarneri, Picchi, Jair, Mazzola, Peiró, Suárez, Corso», una squadra diventata leggenda dello sport.

Riascoltandola per l'ennesima volta, non penso però al mitico «Terceto de Oro», gli attaccanti Farro, Pontoni e Martino del Club Atlético San Lorenzo de Almagro, rione Boedo di Buenos Aires, che con i loro 56 gol portano la squadra al titolo, indimenticabile in Argentina, nel 1946. Piuttosto guardo con attenzione, venerazione e stupore il tifoso che me la recita, con la tipica cadenza *porteña*, con le doppie «elle» che diventano «ggg», la lingua della mia infanzia.

«Avevo dieci anni, capisci? E tutti andavamo pazzi per il San Lorenzo. Che squadrone! Farro, Pontoni, Martino...»

A parlare è un «normale» tifoso, nato nel 1936, ancora un bambino quando la squadra del suo *barrio* travolge il Boca Juniors e vince lo scudetto. Sembrerebbe una storia comune, del resto a chi non piace ricordare le partite dell'infanzia? Ma stavolta a recitare la formazione del San Lorenzo de Almagro, campione nel 1946, è l'ex cardinale di Buenos Aires, il padre gesuita Jorge Mario Bergoglio, oggi Papa Francesco, primo pontefice argentino della Chiesa Cattolica Apostolica Romana.

La notizia della sua elezione mi ha commosso. Quando la Radio Vaticana diretta da padre Federico Lombardi mi ha chiesto un'intervista, ho detto: «Sono felicissimo, spero molto per la Chiesa e per l'Argentina, prego di incontrare presto il Santo Padre». Il Papa non si fa aspettare, ci chiama in udienza a Santa Marta, in Vaticano, dove risiede dopo la scelta da parte di Papa Ratzinger di ritirarsi. Bacia i bambini, li accarezza e benedice, poi parla dei drammi di oggi e di ieri, della povertà, della disoccupazione, del nostro paese, di ridare la speranza ai giovani, di come cancellare la piaga della pedofilia.

Parla anche del suo tifo per il San Lorenzo, il club di cui ha la tessera, al punto che in curva i tifosi gli hanno dato il loro soprannome, «Cuervos», I Corvi, celebrandolo come «Papa Cuervo». C'è un prete che lo segue da Buenos Aires, un bravissimo uomo, padre Guillermo, che ha l'incarico, discretamente e senza alterare il protocollo vaticano, di tenere il Santo Padre informato sui risultati del San Lorenzo, mormorandogli all'orecchio, come se stesse comunicando notizie della massima gravità: «Santità, siamo bloccati sull'1-1...», «Santità, rete, ci siamo portati in vantaggio...», mentre il Papa sorride come se nulla fosse.

Mi piace tutto di Papa Francesco, l'umiltà, lo stile, il battersi per i poveri. Quando l'hanno accusato di avere aiutato i militari ai tempi della dittatura in Argentina, mio suocero Andrés è diventato matto: «Ma che diavolo dicono? Io c'ero in quell'epoca maledetta, ragazzi. Bergoglio non si è mai compromesso con la giunta militare, mai. E allora bastava poco per rischiare la vita!».

In Vaticano girano le storie più fantastiche: il Papa che con una telefonata scioglie le lobby degli intrighi bancari, il Papa che chiede scusa a un edicolante a Buenos Aires per un conto non ancora saldato, il Papa che scopre la povera guardia svizzera di piantone, in piedi per tutta la notte, gli porta cappuccino e brioche, lo prega di sedersi, e il poveretto, impalato sull'attenti lo implora: «Santità, ho i miei ordini». E Francesco che ride: «Guarda che sono il Papa, sono io a dare gli ordini da queste parti!».

Mamma Violeta era religiosa, papà Rodolfo per niente, io invece sì, porto al polso il bracciale di Padre Pio, prego, credo.

Dopo una finale vittoriosa di Coppa Italia, mentre sono sul bus, sul cellulare trovo un sms di mia madre: «Sono fiera di te, Javi. Ti abbraccio, ti chiamo domani. La mamma». È l'ultimo messaggio di mia mamma Violeta, la donna che mi portava al campo quando papà lavorava, che per me e per mio fratello Sergio non solo era madre, ma anche angelo, infermiera, sarta, maestra, allenatrice, magazziniera, manager, cuoca, pasticciera, psicologa, maestra, donna ovunque. Era lei che sorridendo mi incoraggiava e celebrava urlando i miei maldestri gol sul campetto di Disneylandia. Il giorno dopo mi diranno che la mamma è morta. La ricordo al Papa, che chiude gli occhi e prega. Vorrei che anche i miei bambini avessero fede, ma so che toccherà a loro, come a tutti noi, disegnare la propria strada.

Andare dal Papa è, per un cristiano, un pellegrinaggio di fede. Ma essere ricevuti da Papa Francesco è, per un calciatore e un argentino, un'emozione doppia. Accusano spesso noi calciatori di essere solo mercenari, di distrarre la gente dai problemi concreti, di inseguire i soldi, la fama, i piaceri. Ma mi sento rinfrancato, mi dà forza, quando ascolto il Papa che, caloroso come allo stadio, ricorda quanto per lui bambino abbiano contato i gol del San Lorenzo, come la sua infanzia sia stata scandita dai «Cuervos» e come ancora li segua, pur impegnato nella fatica immane della sua missione, con più di un miliardo di cattolici che guardano a lui per ispirazione, conforto ed esempio.

La nostra vita, il nostro lavoro di calciatori, serve dunque a tantissimi come festa, colonna sonora, narrativa di un'esistenza altrimenti troppo spesso grigia, incolore, infelice. Noi la riscaldiamo, la riempiamo di gioia, speranza, conforto. Il Papa mi ammonisce: «Date modelli positivi ai giovani che vi guardano e vi ammirano. Avete una grande scena davanti al mondo, occupatela bene, con rispetto per i valori». Spero di non deluderlo.

All'inizio di questa mia storia, quando non ero all'ombra della meravigliosa Cappella Sistina in Vaticano ma all'ombra del Predio e lungo le strade, oggi selvagge, di Dock Sud, vi ho detto di considerare i calciatori la parte migliore del pianeta calcio, e a Papa Francesco lo ripeto, assicurandogli che tantissimi compagni seguiranno il suo cammino. Penso, tra gli amici, a Samuel, Milito, Córdoba, Ranocchia, ai tanti brasiliani che ho visto pregare con fervore commovente.

Capita che chi legge delle imprese notturne di alcuni miei colleghi in discoteca con le ragazze, mi chieda curioso: «Capitano, sei ricco, famoso, sei un bell'uomo, ma come fai? Possibile che tu non abbia mai avuto una sbandata? Una velina? Una notte brava nel privé di un night club, magari quando i paparazzi vanno finalmente a dormire?». Qualcuno fantastica perfino sulle mie performance da cantante nel coro di *Pazza Inter* che vedete su YouTube, ma la mia «carriera» da musicista mi ha visto anche intonare un brano di Eros Ramazzotti in Indonesia, davanti a migliaia di persone. Mi accompagnava nella melodia Angelo Palombo, ex Sampdoria, che giocava con noi. La base musicale non partì, e dovetti cantare senza orchestra: spero di essermela cavata! Mi andò meglio con Mina, grande artista e grande interista. Suo figlio, Massimiliano Pani, altro tifoso, mi disse che lei voleva cantare con me. Come giocare con Maradona e Pelé! Abbiamo interpretato insieme *Parole parole*, un brano che Mina cantava con Alberto Lupo. Che esperienza, fantastica!

A dire la verità in discoteca sono stato un paio di volte, all'Hollywood e al Tocqueville, invitato da un ex compagno, Fabio Galante, per il compleanno della fidanzata Laura Freddi, sempre con Paula. Non è che mi piaccia molto l'ambiente, c'è troppo frastuono, non si riesce neppure a parlare. Quanto alle veline, meglio sentire cosa dice mia moglie Paula: «Che un calciatore come Javi, in una città come Milano, possa avere oggi tutte le ragazze che desidera lo so bene, non sono più la ragazzina di quattordici anni di Buenos Aires e, sinceramente, anche allora non ero mica Alice nel Paese delle Meraviglie. Ma non sono gelosa di Javi, non gli controllo il cellulare, non sto lì preoccupata a spiare. Ci siamo scelti tanti anni fa per amore, siamo stati fortunati, ora dobbiamo tirare su questi tre ragazzini. Mi pare abbiamo abbastanza da fare, no?».

Paula ha ragione, la fedeltà è scelta, non sacrificio. Se ti innamori, ti innamori e basta, non è che la prima bellezza di passaggio in bikini ti stende. I calciatori che si ficcano in certi guai sanno purtroppo cosa li aspetta. Perdono l'equilibrio, diventano ostaggio di situazioni impossibili da gestire. Perché, alla fine, discoteca, notti brave e riflettori sempre accesi non ti permettono più di fare la vita da calciatore e il risultato sono solo altri guai, in famiglia e in campo.

Il Papa mi chiede della Fondazione Pupi, in Diocesi a Buenos Aires gliene hanno parlato, io ascolto i suoi consigli, anche lui è spaventato dalla troppa povertà e vuole combatterla. Ci incoraggia e spiega come la metropoli viva di pericolo e speranza, come l'economia globale crei e distrugga ricchezza, e il benessere e la miseria convivano a pochi passi. Predica ideali, ci dice: «Non arrendetevi».

Quando la mia Partita Infinita in campo si concluderà, ne comincerà una nuova, diversa, come dirigente, spero all'Inter, a casa mia. Durante la fisioterapia al Predio, guardavo la squadra dei calciatori disoccupati che si allenava, testardi, coraggiosi, caparbi, pensando a quanto io sia stato fortunato. E a come voglia, adesso, meritarmi questa fortuna. Lo dico al Papa: «Santità, ho avuto molto, è giusto che provi a dare agli altri». La Fondazione Pupi è il primo passo, una mano tesa verso i più poveri. Voglio però impegnarmi anche per i miei colleghi, i calciatori.

Lo sport sta cambiando, ci sono novità che non mi piacciono affatto, come le telecamere negli spogliatoi, le interviste in campo nell'intervallo, proprio quando cerchi di ordinare i pensieri e recuperare la fatica. Propongono di misurare gol e fuorigioco con sensori sulle porte, chip nel pallone, video a bordo campo. Io sono contrario, credo nell'arbitro, nella sua buona fede, anche quando sbaglia. Ho sofferto per le decisioni errate dei fischietti, ma non voglio sostituirli con un robot. Niente automi in campo, il calcio è – e deve restare – a dimensione umana: noi non siamo macchine e non ci devono essere macchine tra noi.

Quando mi ritirerò, prenderò vari numeri dalla rubrica del mio cellulare e comincerò a chiamare vecchi compagni e amici. Voglio dire loro: «Ragazzi, noi calciatori contiamo poco o nulla nelle decisioni dei grandi organismi che controllano il nostro sport: la Fifa di Joseph Blatter, l'Uefa di Michel Platini. Cambiano le regole, cambiano i calendari, i ritmi con cui si gioca, e nessuno ci consulta, nessuno si preoccupa di sentire il nostro parere. Eppure, senza di noi in campo, il miracolo del calcio si spegnerebbe subito».

Quando nel regolamento è stato inserito il divieto di passare indietro la palla al portiere per una parata con le mani, dettando l'obbligo da parte dell'estremo difensore di usare i piedi o la testa sul retropassaggio, è cambiato per sempre il rapporto tra difesa e attacco a favore delle punte. In una partita degli anni Sessanta, ogni terzino in difficoltà appoggiava indietro al portiere che parava e si cavava dagli impicci. Ogni squadra che voleva perdere tempo, magari custodendo un prezioso 0-0 o un ricco 1-0, si limitava a passare la sfera indietro al proprio numero 1, che poteva palleggiare e rilanciare senza fretta, facendo scorrere il cronometro.

Abolire il retropassaggio è una rivoluzione, e ha senza dubbio velocizzato il gioco, ma non trovo giusto che nessuno abbia ascoltato noi calciatori prima di mutare le regole del mestiere con cui ci guadagniamo da vivere, mantenendo con la nostra fatica l'immenso Circo Pallone.

Ai compagni, al telefono, ricorderò problemi che conoscono bene: «Oggi si gioca troppo. Tra campionati, coppe, amichevoli e Nazionale un giocatore può andare in campo sessanta volte l'anno, è un macello. Guardate il mio amico Lionel Messi, lo chiamano ogni momento per questa o quella esibizione. È una follia, rischiano di affaticare i talenti».

Non mi piace che al business si conceda tutto e si trascuri invece lo sport. Non sono contrario al business, sono anch'io un uomo d'affari, è un modo pulito per creare ricchezza e lavoro. Ma il profitto non può essere il fine della vita – Papa Francesco lo ha detto chiaro – il fine è darci una mano tra noi. Voglio rimettere al centro il calcio, prima lo sport e i giocatori, poi gli affari e la finanza. Se i giovani pensano di poter fare qualsiasi cosa per guadagnare, nel calcio o in altri mestieri, siamo finiti.

Il calcio deve avere ritmi umani, non da catena di montaggio: fischio di inizio, gol, fischio finale e via, ci rivediamo fra quarantott'ore. Ma nessuno invece parla ai giocatori, ne ascolta le esigenze compilando i calendari. Quando giocavo in Nazionale pendolavo sull'Oceano Atlantico: venti giorni in Italia, dieci in Argentina. La partita a Buenos Aires, poi l'aereo, venerdì e sabato gli allenamenti, domenica la partita a San Siro: ma siamo matti? I giocatori sono diventati «macchine da calcio», gli organizzatori sfornano partite, partite, partite, mentre le televisioni e gli sponsor chiedono altri appuntamenti. La lista degli infortunati si allunga, lo stress mina i professionisti e le loro famiglie, le carriere si accorciano, ma *the show must go on*, il carnevale non si ferma.

E intanto tu giochi a quaranta gradi d'estate, e a meno dieci d'inverno, solo perché si sognano la Cina, gli Emirati Arabi, gli Stati Uniti. Poi ci sono il fuso orario, gli aerei, i continui allenamenti, una dieta folle: ricordate il titolo di quel film sulle gare di danza, *Non si uccidono così anche i cavalli*? Si gioca la Supercoppa, dopo tre giorni c'è il campionato, intanto amichevoli, preliminari di coppa, eliminatorie di Coppa Italia. Torni dalle ferie, non ti abitui al cambio di ritmo, alla temperatura, rischi l'infortunio. I cronisti scrivono, e stavolta hanno ragione: «Squadre stanche, gioco inguardabile, noioso», la gente diserta gli stadi.

I tagli si possono fare da subito, nelle amichevoli, in Coppa Italia, nelle partite invernali alle ventuno, campo gelato e stadio vuoto. Al massimo in un anno, senza sovraccaricare corpo e testa di acido lattico e stress, un calciatore dovrebbe giocare non più di quaranta, quarantacinque partite. Per un titolare – fidatevi del veterano *recordman* Zanetti – sono già troppe: se sta appena male sono guai. Nei giorni del Triplete si andava in campo due volte la settimana, senza soste. Preghi sempre di non farti male, tra sabato, domenica e mercoledì. Dal 1967 al 2013 solo un club esclusivo di squadre vanta questo miracolo: Celtic, Ajax, Liverpool, PSV Eindhoven, Manchester United, Barcellona, Inter e Bayern Monaco. Una maratona.

La stanchezza mentale frustra e logora quanto quella fisica, ma nessuno tutela l'integrità psicologica dei calciatori. Lo strappo muscolare di un campione va in prima pagina, il prezzo di depressioni, alcolismo, uso di sostanze, divorzi, solitudine, che in tanti hanno pagato, fa notizia solo se lo scandalo è clamoroso, altrimenti pesa sulle famiglie, in silenzio. Ho visto compagni spegnersi così, perdere lucidità per la fatica, cedere il controllo sulla forza mentale, svuotarsi.

Soffrire indurisce, fa maturare e rafforza, ma il calcio non può essere il Circo Massimo in cui solo i gladiatori più forti sopravvivono. Dobbiamo prenderci cura di tutti. I calciatori devono contare, capire che sono il motore del calcio, la parte più sana, pulita, i protagonisti che, quasi sempre in buona fede, provano a esprimersi in modo leale. Sono troppi gli interessi che rovinano il nostro sport. So che qualcuno obietterà: «Anche voi giocatori guadagnate troppo», ma serve chiedersi perché. Forse perché senza chi va in campo l'intero circo si fermerebbe. Quanti vivono di calcio senza giocare? Televisioni, stampa, sponsor, pubblicitari, organizzatori, staff, addetti alla manutenzione, impiegati, e io sono felice che tantissima brava gente lavori nel mio mondo, condividendone gioie e dolori. Ma i calciatori sono i protagonisti, senza di noi niente sport e niente lavoro per tanti.

Ricordo che, quando abbiamo fermato il campionato per il contratto, sentivo brontolare in giro: «Ma come si permettono questi milionari, quando c'è gente che deve alzarsi alle sei del mattino per lavorare!». Sorridevo, pensando a mio padre Rodolfo, sveglio alle cinque per preparare attrezzi e calce che poi sveglia me, poco più che bambino, giusto alle sei: «Javierito, è ora di andare a guadagnarci la pagnotta figliolo». Sono cosciente di essere un privilegiato, ma so che la vera ricchezza è la famiglia, la felicità di bere insieme il mate, respirare il profumo dell'*asado*. I soldi aiutano, certo, ti assicurano quella tranquillità purtroppo negata a troppi, quella che mio padre inseguiva, che io pregavo di potergli dare una volta famoso, e che manca in troppe case in Argentina come in Italia. La serenità per il futuro dei propri ragazzi è il frutto migliore del lavoro, è una vera fortuna. Sono stato povero e, adesso che non lo sono più, non dimentico il valore del denaro. So che i calciatori fanno soldi in fretta e spesso troppo in fretta perdono tutto: non mi piace, siamo professionisti, non giocatori d'azzardo.

Al telefono ai miei vecchi amici, dunque, proporrò che il calcio, sport globale diffuso nei cinque continenti, «passione delle masse», crei una commissione di giocatori con l'incarico di indirizzare, coordinare e rappresentare la voce di chi va in campo, davanti a Fifa, Uefa, leghe nazionali, sponsor, squadre di club e Nazionali. Al momento di stilare i calendari, inserire nuove regole, cambiare ruolo agli arbitri, usare tecnologie, dai palloni ai sensori sulle porte, questa commissione deve essere consultata, dare il proprio parere, discutere con la base dei calciatori. I membri possono essere eletti a rotazione, portando esperienze, età, culture diverse, ma è importante che le nostre idee contino.

Gli uomini adatti non mancano. Paolo Maldini ha equilibrio e cultura, da suo padre Cesare sente parlare di calcio da quando è nato, può riflettere sull'esperienza di tre diverse generazioni. Roberto Baggio ha fantasia, saggezza, umanità. Gabriel Batistuta conosce il calcio in Sudamerica e in Europa e i ritmi frenetici delle Nazionali. Luís Figo è un diplomatico nato, sa parlare, ascoltare, mediare, negoziare. Aldair ha la passione dei brasiliani e la pazienza di un centrocampista, nessun burocrate lo logorerà a forza di meeting. Il portiere veterano del Camerun N'Kono può rappresentare bene l'Africa, Lothar Matthäus la Germania, Raúl la Spagna, Beckham la Gran Bretagna. In Asia non mancano esperienze e cervelli. Michel Platini è un ex calciatore, ha giocato il calcio moderno, ci ascolterà, e Joseph Blatter ha troppa esperienza per ignorare la voce dei campioni che danno energia allo sport.

È un'idea a cui mi dedicherò, sono stufo di vedere la parte migliore del calcio negletta quando si tratta di regole e bilanci.

So quanto i calciatori possano amare il lavoro e la maglia. Per me essere il giocatore che ha più difeso quelle di Inter e Argentina sarà sempre motivo di fierezza. La maglia è la nostra responsabilità, la nostra storia. Ci sono giocatori che si stufano di un club dopo poche settimane e a metà stagione smaniano già per trasferirsi, ma se il pubblico ama le «bandiere», quelli che danno l'anima, una ragione c'è. Io amo il calcio. Da bambino giocavo attaccante, poi mezzala, quindi terzino destro e poi sinistro, centrocampista a destra e poi a sinistra, mi manca solo andare in porta e ho fatto tutto: centrale in difesa, davanti alla difesa, al vertice basso, di nuovo il terzo attaccante in Nazionale, contro l'Italia, e una volta perfino mezzapunta, un ruolo raffinato, con Lucescu in panchina. Il calcio mi ha fatto maturare, sbattendomi in faccia i miei limiti e incitandomi a superarli.

Avevo appena iniziato a giocare, nel Talleres, e contro

l'Almirante Brown facevo il terzino destro. Non dimentico quella partita, ho in mente da sempre un'azione, rivista alla moviola della mia testa mille volte: un mio compagno difensore, l'attaccante avversario che lo segue, poi io, e dietro di me un secondo avversario. Sono sulla fascia destra, l'azione va sviluppandosi sulla sinistra, il giocatore dell'Almirante Brown arriva sul fondo e fa partire il cross. Io avrei dovuto – leggete un buon manuale di calcio – chiudere sulla palla che spiove incontro all'uomo che ho davanti, il più vicino alla porta, in grado di tirare subito. Invece mi preoccupo che la traiettoria raggiunga l'avversario che ho alle spalle, il meno pericoloso. Se pure la palla gli fosse arrivata, pochi guai, avrei avuto tutto il tempo di girarmi e contrastarlo mentre lui cercava di entrare in area o passare. Risultato della mia incertezza, l'uomo al centro dell'area segna.

È una durissima lezione per un terzino debuttante: mai sbagliare una chiusura in area o prendi gol. Nello spogliatoio sono accasciato, resto seduto su una panca, avvilito. Passa un compagno e mi scarruffa i capelli: «Che fai, *chico*? Guarda che devi imparare, sei solo all'inizio della carriera. Imparerai fino alla fine, credimi».

Verissimo. Questa compassione, questa solidarietà, non è rara nella vita. Ho ricevuto gesti magnifici dai miei compagni e spero di essere stato capace qualche volta di incoraggiare chi era a pezzi. Il cinismo, il qualunquismo, l'idea che tutto sia inutile, che non ci sia più nulla da fare e che il mondo vada di male in peggio, non mi persuade.

Da bambino sentivo alla radio il *Tango Cambalache*, cantato da Julio Sosa, un artista argentino. Era un testo amarissimo: «*El mundo ya será una porquería, ya lo sé. En el Quinientos diez, en el Dos mil también*», il mondo sarà una merda, nel Cinquecento come nel Duemila. Lo ascoltavo, era impressionante quel che diceva sui politici che rubano: «È lo stesso essere giusto o traditore... Tutti uguali! È lo stesso un asino e un gran professore!... Chiunque è un signore, chi non ruba non è furbo. A nessuno importa se sei onorato... Non fa differenza se lavori giorno e notte come un bue, se sfrutti le donne, se ammazzi, curi o sei un fuorilegge, è tutto uguale...».

Tango Cambalache, il tango del disordine, risale se non sbaglio agli anni Trenta, ma risuona oggi forte, in Europa, in America Latina, nel disordine politico che viviamo. Non dobbiamo però rassegnarci, sarebbe troppo triste vivere in questo modo. Non voglio che i miei figli crescano «alla *Cambalache*»: il giusto non è – non deve essere – uguale all'ingiusto, nel calcio come nella vita.

Credo che Papa Francesco stia appassionando il mondo proprio perché in tempi di cinismo, sfiducia, delusione, alza il tiro, ci chiede di puntare lontano lo sguardo, essere migliori.

Un giorno, dopo una delle mie oltre mille partite di calcio, in un momento di riposo ad Appiano Gentile, guardo un giovane e promettente compagno di squadra, Joel Obi, sprofondato nella lettura di un giornale, assorbito da pagelle, titoli, servizi, come capita ai tempi del debutto. Gli passa accanto Santiago Solari, navigato veterano argentino, uno degli uomini più intelligenti che abbia incrociato nel calcio. Si mette davanti a Obi, gli sorride affettuoso e dice: «Joel, ascolta il vecchio Santiago e fidati: non cercare mai, dico mai, sul giornale al lunedì quello che non hai fatto davvero in campo alla domenica, mi capisci?». Perfetto, vecchio Solari, mai cercare fuori da noi quel che non abbiamo fatto noi stessi, con la nostra vita.

Non cercate dunque in queste pagine qualcosa che io non abbia davvero fatto, nel bene o nel male, durante la mia vita. Ma quel che ho fatto, in tante domeniche e in tanti altri giorni, ho provato a raccontarvelo per intero e vi ringrazio per avermi ascoltato.

FSC
www.fsc.org
MISTO
Carta da fonti gestite
in maniera responsabile
FSC® C115118

S.I.A.E. Società Italiana degli Autori ed Editori
Aut. AG 90/10/2013

Arnoldo Mondadori Editore S.p.A.

Questo volume è stato stampato
presso ELCOGRAF S.p.A.
Stabilimento - Cles (TN)

Stampato in Italia - Printed in Italy